지금까지 행정사에 대한 이런 책은 없었다

맨땅에 헤딩

행정

나의 행정 일기

행정사, 공부부터 개업, 그리고 실무까지
1년의 생생하고 자세한 기록

이승주
행정사·공인중개사

★★★
6잡을 하며
새벽공부,
극한의 합격
노하우

★★★
A to Z부터,
수임 성공/실패
사례까지!

★★★
실수 비용 0원!
초보 행정사
성공 로드맵

담아
Books

행정사 업이 두려운 당신께,
저의 경험이 도움이 되길 바라며 이 책을 바칩니다.

CONTENTS.

Chapter2. 행정사 합격, 그리고 또 한 번의 개업 준비 – 개업 준비 A to Z

Chapter3. 맨땅에 헤딩, 나의 행정 일기 – 행정사 업무

Chapter4. '이어짐'의 관계가 중요한 직업, 행정사로 브랜드가 되자

Chapter5. 마치며 - Epilogue

들어가며

첫 저서 '맨땅에 헤딩, 나의 중개 일기'를 처음 쓰던 기억이 생생합니다. 처음 책을 내기로 했을 때의 설렘은 잠시, 책을 쓰는 것이 이렇게 어려운 줄 몰랐기에 책 첫 페이지의 첫 문장을 어떻게 시작할지 몰라 글자 하나 없는 백지에 깜빡이는 커서를 두고 새벽 시간 한참을 멍하니 모니터만 바라봤던 기억이 납니다.

여러 번의 교정 작업을 거쳐 '맨땅에 헤딩, 나의 중개 일기'가 세상에 나와 많은 분들에게 사랑을 받았습니다. 그 이유는 제가 훌륭한 필력을 갖고 있어서가 아니라, 100% 저만 겪었던, 누구에게도 듣기 어려운 이야기들을 생생하게 기록하고 좌충우돌 성장하며 자리를 잡는 과정이 낱낱이 전달됐기 때문이라고 생각합니다. 우연한 기회에 좋은 출판사를 만나 좋은 책이 나온 후, 중개업의 한계를 느낌과 동시에 직업적인 업그레이드를 하고 싶었던 저는 행정사 자격증 취득에 대한 욕망을 떨칠 수가 없었습니다.

그래서, 마음이 시키는 대로 힘든 길을 택했습니다. 부업까지 6개의 일을 병행하던 저에게는 점심시간도, 누군가와의 짧은 티타임도 사치였습니다. 그만큼 분 단위로 시간을 쪼개어 살아가던 터라 과연 그 공부를 할 수 있을지에 대한 의심이 많아 수없이 많은 고민을 했습니다. 고생 끝에 힘들게 따먹는 열매는 항상 그 이상으로 달콤했습니다. 그만큼 인고의 과정이 길고 고통스럽더라도, 그것을 이루고 성취했을 때의 값진 결과가 매우 기쁘고 가치 있다는 것을 잘 알기에 도전을 시작했습니다. 남들이 공부를 끝내고 잠이 드는 새벽에 애써 책상에 앉아 공부를 시작했습니다.

책을 보다가 잠이 오면 뺨도 때려보고, 일어서서 공부하기도 하고, 찬물로 샤워를 하며 잠을 깨려 이를 악물고 공부했습니다. 잠깐 눈을 감았던 것 같은데 목이 꺾여 책상 앞에서 침을 흘리며 자다 깨서 고통스러워했던 기억까지도, 아직 생생합니다. 무더운 여름에는 땀을 뻘뻘 흘리면서도 시작한 공부에 대한 끝에는 반드시 합격이라는 두 글자가 기다릴 것이라는 믿음을 가지고 '12회 행정사 이승주'라는 단어를 책마다, 제가 보이는 곳마다 적어놓고 다짐하고 또 다짐했습니다. 행정사 시험공부는 단언컨대, 제가 했던 공부 중 가장 어려운 공부였습니다. 외워도 기억이 나질 않는 마법 같은(?) 신비로움, 심신의 피로가 극에 달했을 때 순간순간 드는 '포기'의 유혹도 많았습니다. 모델 시절 함께 했던 동료 중 한 명이 세계적 스타가 되어 '크게 잘 되는 모습'을 보면서 새벽에 혼자 센티해지며 지금 가는 이 길이 맞는지에 대한 의심도 참 많이 들곤 했습니다. '주변에선 모두 결혼을 하고 행복한 시간을 보내는데, 나는 뭐 하는 걸까?'라는 생각도 새벽마다 참 많이 했습니다.

합격의 길에는 무수하게도 많은, 험난한 과정이 따르지만, 성취했을 때의 그 쾌감은 겪어보지 않으면 말할 수 없을 것입니다.

행정사 1차에서도 나오는 학자인 '매슬로우(Abraham Harold Maslow)'의 5단계 욕구설이 있습니다. 가장 기본적인 욕구가 채워지고 상위 욕구로 갈수록 자아실현의 욕구와 같은 '무형의 가치'를 높이기 위한 욕구들이 높아진다고 합니다. 저 역시 그랬습니다.

끊임없는 고민을 하고 또 하며 결국 마음을 먹고 새로운 공부를 시작한다고 했을 때, 주변에서는 하나같이 뜯어말렸습니다.

"먹고 살만 한데 무슨 공부를 또 하냐."

"빨리 결혼이나 하지 그러냐. 나이도 많이 됐는데 공부는 그만 하는 게 어떻겠냐."

"욕심이 너무 많다. 그 정도면 충분히 또래에 비해 성공한 삶을 살고 있지 않냐."

마음을 약하게 만드는 만류에도, 저는 시작해서 결국 끝을 보았습니다. 행정사 공부를 하시려는 분들에게 꼭 당부드리고 싶은 것은, "왜 이 공부를 하려는가?"에 대한 확고한 목표 설정이 있으셔야 한다는 겁니다. 이 시험은 끝까지, 꾸준히 완주하면 합격할 가능성이 높아지는 시험입니다. 그 말인즉슨, 그만큼 과정이 힘들기 때문에 많은 이들이 중간에 포기한다는 반증이기도 합니다. 그렇기에, 시험장에서 '이하 여백'을 쓰고 나오는 그 순간까지, 답안지를 제출하는 그 순간까지 포기하지 마시라는 겁니다. 유튜브를 운영해서 그런지 제 사무실에 갑작스럽게 방문하거나 전화로 수험에 대한 문의를 한 수험생들이 정말 많았습니다. 그들 중 끝까지 완주한 이들은 손에 꼽습니다. '포기 말고 끝까지!' 이 말을 꼭 명심하시길 바랍니다.

　다음으로 말씀드리고 싶은 것은 '정신적인 회복'의 시간과 방법을 꼭 만드시라는 겁니다. 슬럼프가 와서 잠깐의 휴식은 있을 수 있지만, 포기하면 시간만 낭비하게 된 꼴이 됩니다. 끝까지 완주하기 위해서는 의지도 중요하지만, 재충전할 줄 아는 방법을 아는 것도 중요합니다.

　제게 행정사 합격은 인생에서 가장 큰 기쁨 중 하나였던 것은 확실합니다만, 그 기쁨이 그리 오래 가지는 않았습니다. '자격이 있는 자'가 되었을 뿐, 금전적으로 보장해 주는 부분은 없었으니까요. 바로 야생에 나와야 합니다. 그 야생에서는 많은 선후배들과 동기들이 때로는 용기를 주지만 결국에는 '수임'의 경쟁을 할 수밖에 없습니다. 저 역시 필수로 이수하여야 하는 실무교육 과정을 거쳐 개업을 준비하며 주변에서 한두 마디 도움을 주긴 했으나, 정작 정말 필요한 엑기스나, 업무상의 큰 도움을 받기엔 어려웠습니다. 가족이 아닌 이상 절대 자신의 노하우와 모든 스토리를 알려주진 않습니다.

　제 책은, 제가 늘 미친 듯이 메모해온 습관을 바탕으로 모두 기록한 일기이므로 낱낱이 기록된 부분이 많습니다. 중개 일기 때처럼, 초고는 날것 그 자체였기에 출판사 대표님이 초고를 보시고 "욕이나 과격한 표현이 많다."라고 하실 정도였으니까요. 다듬고 또 다듬어, 여러분께 불편함 없이 읽으실 수 있는 책을 만들기 위해 많이 노력했습니다. 특히, 개업 부분에서는 정말 순간순간 잊어버리지 않기 위해 진행 과정, 단계, 유의사항, 놓칠만한 부분을 모두 세세하게 기록했습니다. 부디 본서를 읽으시는 독자님들께서는 저의 시행착오를 통해 얻은 엑기스를 바탕으로 고생 없이 쉬운 개업 과정을 거치셨으면 좋겠습니다.

우리는 이번 생이 모두 처음이며, 항상 매 순간이 처음이고 오늘이 제일 젊은 순간으로 하루하루를 살아가고 있습니다. 저 역시 매일이 배움이고 또 선택의 연속인 삶을 살아가고 있습니다. 중개업도 7년 차임에도 이렇게 모르는 것이, 배울 것이 많은데 행정사는 어떨까요? 모르는 것이 거의 대부분이라고 해도 과언이 아닙니다. 그럼에도 초보 행정사로서 주제넘게 저의 일기를 출간하는 이유는 제가 초보였기에 누구보다 그 막막한 그 마음을 잘 알아서입니다. 처음에는 작은 정보도, 누군가의 호의도 크게 와닿아 힘이 되기 때문이죠. 제 인생의 모토 중 하나인 '작은 점이 모여 선이 되는 것'처럼, 제 책이 여러분이 한 발 한 발 내디딜 때 작게나마 힘이 되면 기쁠 것 같습니다.

어떤 분야에서든 성공할 수 있는 사람은 많지 않기에, 부족함을 극복하고 성장하는 일기를 통해 많은 분들에게 '공감 · 안심 · 위안'이 되어드리고, 함께 성공을 향해 달려나가고자 합니다. 물론 개인적으로 성장에도 도움이 됩니다. 순간의 경험과 감정들, 과정을 남기고 그것을 기억하여 발판 삼는다면 반드시 매일 조금씩 나아지는 내가 되겠지요. 행정사 역시 이제 시작하여 갈 길이 멀지만, 저자인 제가 제 책을 보며 먼 훗날 "저것도 몰랐어?"라며 제 책을 다시 보며 웃을 수 있는, 그런 날이 오길 바라는 마음입니다. 행정사의 업무는 정말 다양하고, 방대합니다. 개업 후 초반, 틈틈이 오는 상담 및 수임 의뢰 연락 건에 대해 '이 일도 할 수 있는 건가?', '이 일은 또 뭐지?'라는 생각으로 가득 차게 됩니다. 고소장 등 행정사가 할 수 없는 일임에도 아주 당연하다는 듯 "지금까지 다른 데서 해 왔다."라며 의뢰하는 분도 있습니다. 할 수 있는 일과, 할 수 없는 일을 구분하고, 대리인지 대행인지를 구분하는 것이 행정사 업무 수임의 첫 단계라 볼 수 있습니다. 또한, 분야가 다양한 만큼 각 분야에서 전문 업역을 확보하고 있는 선배 행정사님들이 많기 때문에 공조와 협업, 소개가 중요한 분야이기도 합니다.

본서에서는 개업 후뿐 아니라, 개업 전 행정사가 되려고 마음먹은 순간부터, 수험생활, 시험 후기, 합격 후 개업을 하고 또 실무를 하며 겪는, 순수한 느낀 점과 개업 초기의 과정 및 주안점입니다.

다음으로, 본서의 몇 가지 특징을 열거하려 합니다.

첫째, 업무 수임 파트에서는 수임으로 이어지지 않았거나 수임 후 완료되지 못했던 건들도 간략하게 담았습니다. 그 이유는, 행정사는 업역이 정말 넓기 때문에 어떤 업무 의뢰가 왔을 때 부딪쳐보며 최종적으로 완료가 되지 않았더라도 그를 통해 충분히 '참고와 공부'가 될 수 있기 때문입니다. 또한, 마무리가 되지 않은 경험을 바탕으로 이를 보완하여 안 된 이유를 파악해서 여러분은 되도록 같은 과정을 밟지 않으셨으면 하는 바람에서입니다.

둘째, 많은 업무를 얇게 다루기보다, 맡은 업무를 자세히 기재했습니다.

셋째, 동일하거나 유사한 업무를 여러 개 수임하여 완료한 경우에는 기억에 남는 한 건을, 또는 최초에 해 본 건만을 기준으로 책에 담았습니다. 유사 업무를 여러 건 나열하는 것은 의미가 없기 때문입니다. 어디까지나 제 경험을 공유한다 하더라도, 여러분들은 제 경험과 제가 겪은 시간들을 제 저서를 통해 사는(buying) 것이기에 더 다양한 경험을 보여드리는 게 낫다고 생각했습니다. 끝으로, 미리 의뢰받아 진행할 예정인 건이나 진행 중인 건은 본서에 담지 않았습니다.

추후에 방대한 행정사 업무에 대해 제가 겪은 건들을 모두 묶어 실무 강의를 하게 될 날이 오면 좋겠습니다. 또한 업무 사례집 등을 내어 다양한 업무의 매뉴얼처럼 사용하실 수 있도록 따로 집필할 수 있는 그날이 오면 좋겠습니다.

행정사라는 직업을 알게 된 것이 엊그제 같은데, 힘든 수험생활을 거쳐 합격 후 개업하여 본서를 집필하게 되었다는 기쁨에, 설렘에 몇 날 며칠을 들뜬 기분으로 피곤한 것도 못 느끼며 밤낮으로 글을 수정했습니다. 약 1년의 시간 동안 꾸준히, 그날그날, 그때그때, 순간순간, 바로바로 원고를 썼기에, 더욱더 생생한 일기가 되리라 확신합니다. '맨땅에 헤딩'을 하고 성장하는 초보 개업 행정사의 일기는, 정말 '초보'시절에, 생생한 경험을 했을 때 아니면 작성할 수 없는 것이라 생각합니다. 많은 연예인들이 '신인상'에 큰 의미를 부여하고 욕심을 냅니다. 베테랑이 되고 나서 우수연기상, 최우수연기상은 언제든 잘하면 받을 수 있다고 해도, 신인상은 처음, 즉 '신인 때 아니면' 다시는 받을 수 없는 상이기 때문입니다.

이 책도 마찬가지로, 업무에 대한 자세한 매뉴얼 보다는 1명의 개인이 행정사가 되기까지, 그리고 개업하고 업무를 하며 성장해 나가는 '신인' 행정사로서의 모습을 재미있게 봐주시면 좋겠습니다. 제게 이 책은 다시 겪지 못할 한 번뿐인 개업 행정사로서의 '신인상' 같은 것이니까요.

부디, 이 책이 행정사 공부를 하고 계신 수험생분들에게 강한 동기부여가 되는 책이 됨과 동시에, 초보 행정사분들의 좋은 가이드북이자 길잡이가 되어주길 바랍니다. 또한, 먼 훗날 행정사로서 다양한 행정 업무에 대한 노하우들만을 다루는 '이승주 고수의 행정 일기'가 나오는 날도 기대해 봅니다.

끝으로 늘 짜증만 내는데도 제 옆에서 아들이라는 이유 하나로 저를 세상에서 가장 사랑해 주시는 제 하나뿐인 어머니께 진심으로 사랑한다는 말을 전합니다. "키워보니까 딸 가진 친구들이 부럽다."라고 하셨던 어머니의 말씀에, 표현이 서툰 저는 한없이 죄송했습니다. 효도와 사랑의 표현을 지체하기엔 부모님이 늙어가시는 시간이 너무 빠르네요. 본서를 빌어, 잘 키워주셔서 감사하다는 인사와 사랑을 담은 진심 어린 마음을 진합니다.

아울러, 이 책을 출간할 수 있도록 도움 주신 출판사 대표님과 많은 제 측근 분들께 깊은 감사 인사를 전합니다.

행정사 이승주 올림

Prologue
나는 왜 또 '맨땅에 헤딩'했는가

공인중개사 개업 후 5년이 지나면서 현업인 중개와 더불어 파생되는 중개업의 부업과 강의들로 눈코 뜰 새 없는 하루하루가 지속됐다. 가족사업까지 사업을 2개를 하면서도 여러 부업에 욕심을 내며 하루를 일주일처럼 썼다. 또한 광적으로 자기개발과 자기계발에 늘 꽂혀있는 나는 '어떻게 하면 직업적으로, 또 나 자신에게도 더 레벨업을 시켜줄 수 있을까?'라는 생각을 자주 해왔다. 중개업에 권태가 있었던 것은 아니다. 단지, 중개업을 5년 이상 하면서 각종 정책과 경기 흐름으로 인한 영향을 많이 받았고, 그와 동시에 공인중개사들에 대한 사회적 인식과 이미지는 나날이 추락하고 있었다. 매일 매스컴에 나오는 전세 사기, 공인중개사의 사기 가담, 계약서를 작성해 주는 것 외에는 공인중개사는 아무것도 해주지 않는다는 등의 프레임으로 몇몇 악한 공인중개사들 때문에 공인중개사 전체의 이미지는 추락할 대로 추락했으며, 이미 '직거래시장' 활성화로 이어지고 있었다. 중개사라는 직업을 갖고 힘든 시기를 이겨내고 내 집 마련도 했으며, 많은 좋은 사람들을 만났다. 그랬기에 중개사의 직업에 대한 사회적 인식의 부정적 확상은 내 마음을 아프게 했다. 중고 거래 사이트와 직거래 사이트에는 온통 직거래 매물이 즐비했고, 비싼 중개 보수를 낼 바에야 직접 공부하고 위험성이 조금 더 높더라도 직접 거래를 하겠다는 사람들이 늘어났다. 중개를 해주어야 할 중개사가 중간에 말을 전달하지 않거나 말장난을 하여 가운데서 조종하는 경우들을 겪은 이들 역시 중개 시장을 믿지 못하는 이유 중 하나였다.

엎친 데 덮친 격으로, 24년에는 대법원 판례가 나왔다. 공인중개사의 권리금 계약서 작성 권한이 없기에 행정사의 고유 업무라는 판결이었다. 대필과 연장 계약서 역시 서류 및 계약서를 작성해 줄 수 있는 행정사의 고유 업무로 구분되어, 중개사의 암암리에 성행했던 소소한 밥값 벌기인 대필 업무와 상가 중개 시 대부분 따라붙었던 권리금 계약서 작성과 권리금 보수도 이제는 불가능해졌다. 나는 상가 전문 중개사는 아니었지만, 실무에서 일을 하면서 많은 제한이 따름을 몸으로 느꼈다. '안되는 건 안 된다'는 지극히 고지식하고 양심적인 나로서는, 그 찜찜함을 이루 감출 수 없었다. 잘 아는 임대인들의 대필 요청도 칼로 무 자르듯 항상 싹둑 잘라버릴 수도 없는 노릇이었으며, 계약 진행 중에 갖가지 변수들과 상황들로 중간중간 다른 양식의 계약서, 또는 서식들을 사용해야 할 일들이 많았다. 중개업의 연차가 쌓일수록 금액이 크거나 난이도가 높은 계약들이 늘어감에 따라 직업적으로 제한이 없어야겠다고 느꼈다. 중개사로서, 더 강해지고 역량을 키우고 싶었다. 의도치 않게 현실적으로 제도적, 업무적 제한이 생긴 것이 안타까웠다. 날개를 달고 싶었다.

법대 졸업은 아니지만, 생활법률과 민법, 임대차보호법 등은 중개업무와 관계가 높아 평소 정말 많은 책을 읽고 다년간 공부했다. 그럼에 따라 적지 않은 지식을 갖추게 되며 강사로서 강의를 나가게 되면서도 '일개 공인중개사'라는 이유로 내 말에, 내 목소리에는 큰 힘이 없었다. 같은 말을 했을 때 내 말이 맞고 심지어 상대가 틀렸음에도 지위적으로, 법적으로 더 인정받는 직업을 가졌기에 그 말을 더 신뢰했다. 그때 느꼈다. '한 단계 직업적인 레벨업을 하자.'

주경야독의 시작으로 수면과 식습관이 망가짐에 따라 심신도 망가져갔기에, 수험생활을 오래 할 수 없었다. 반드시 짧고 굵게 끝내야 했다. 그렇기에 공부 시간보다는 공부의 질로, 집중력으로 나의 머리를 믿어보기로 했다. 맨땅에 헤딩, 나의 중개 일기 편에서 다루었듯 20대 때에는 정말 '살기 위해' 악착같이 돈을 벌고 공부를 했다. 하지만 이제는, '어떻게 하면 더 명예롭고, 같은 시간 대비 더 높은 효율로, 더 인정받으며 돈을 벌까'에 초점을 잡고 일을 하고 있기에 내 마음이 시키는 공부를 하기로 마음을 먹었다.

가끔 내 유튜브에 달리는 댓글이나, 커뮤니티에 떠도는 익명의 이들이 하는 말들이 있다. "공인중개사, 행정사를 딸 시간과 머리로 세무사, 감정평가사, 법무사, 변리사를 따고 말지."라는 말이다. 한 가지 꼭 하고 싶은 말이 있다. 자격증은 난이도가 높을수록 사회적으로 인정받고, 가치가 있는 것은 사실이다. 하지만, 자격증의 난이도나 가치가 반드시 그 사람의 가치나 영업능력이 아니기에, 자신이 맞고 원하는 일을 하기 위해 그 자격을 갖추어야 할 공부를 하면 되는 것이다. 자격증 많다고 돈을 많이 벌거나 지위가 높아지는 것이 아니다. 자격을 취득하고, 전문적으로 일을 해나가며 영업을 하여 돈을 벌 수 있어야 그 직업을 제대로 하고 있는 것이다.

나도 공부할 시간만, 공부할 여유만 더 주어진다면, 자격증만 따고 살라고 한다면 더 상위 자격증을 공부할 수도 있다. 하지만, 나는 내가 필요한 자격을, 꼭 취득하고 싶은 자격을 취득하기 위해 열심히 노력했으며 그 자격증에 대한 진지한 마음가짐과 시험에 임하는 태도, 간절한 마음이 합격을 만들었다고 생각한다.

혹자는 말한다. 중개사는 개나 소나 하기에 돈이 안되고, 다 굶어죽는다고. 나는 개나 소가 되고 싶지 않았고, 더불어 흔한 '개나 소'가 아니었다. 나만의 전략으로 영업하고 일하여 살아감에 있어 금전적으로 부족하지 않다. 동네에서도 줄줄이 폐업을 하는 중개사무소들을 보면서도 굳건히 버텨나가는 나에게 감사할 따름이며, 그간의 노력과 마음가짐이 결코 헛되지 않았음을 보여주는 시간이라 느끼기도 한다. 누군가는 어떠한 자격증으로 100의 능력을 발휘하고 영업하고 성장하여 큰 부자가 될 수도 있고, 누군가는 더한 자격증을 가져도 돈 한푼 못 벌 수도 있다. 이 책을 보고 있는 독자라면, 분명 행정사에 대한 관심과 기대가 많을 것이다. 사회적으로 아직 행정사에 대한 인식은 갈 길이 멀다. 다만, 한 가지 내가 갖고 있는 확신이 있다. 행정사에 대한 비전은 밝다는 것이다. 내가 내 인생의 일부분을 투자하여 힘들게 취득할 만큼의 가치가 충분히 있었다. 그 선택에는 앞으로도 후회가 없을 것이다. 이 책은 늘 그래왔듯, 맨땅에 헤딩하는 내가 또 한 번 헤딩하는 행정사에 대한 히스토리(history)이다. 히스토리의 어원은 라틴어 historia(과거의 사건에 대한 이야기나 회고)에서 유래됐다. 이는 그리스어 historia(회고, 역사적 기록, 기술)에서 비롯되었다고 한다. 사전적으로는 나와있지 않지만, 누군가는 하나님, 그의 이야기라고 하여 his-story라는 단어가 합쳐졌다는 말도 한다. 행정 일기로 나의 history를, 나만의 his-story를 기록해 보려 한다.

이번에도, 내가 먼저 깨지고, 흔들리며, 부딪치며 체득한 순간순간의 생생했던 느낌들과 안개를 헤치며 나아갔던 하루하루를 여러분께 알려드리려 한다. 생생한 나의 스토리를 통해 많은 분들이 든든한 파트너를 만난 기분으로 전진할 수 있기를 바란다. 끝으로, 누군가 나의 이야기를 통해 공감과 용기를 얻고, 희망을 얻어 성공적인 창업을 할 수 있기를 희망한다. 그럼, 수험생활부터 합격 후 개업까지, 그리고 개업 후 업무 수임을 하며 느끼고 성장해 나가는 초보 개업 행정사의 스토리를 함께해 주시길 바란다!

인생을 갈아 넣어 행정사 시험에 합격한 당신, 부푼 꿈을 안고 행정사업에 뛰어들고자 하는 많은 예비 후배 행정사들에게 이 책을 바친다.

개업 1년 차
또 한 번의 '맨땅에 헤딩'을 하며
이승주행정사사무소에서.

Chapter

1

행정사가 되기까지

합격은 목표가 아니라 '진짜 인생 2막'의 시작이다.

행정사라는 자격증이 있어요?

행정사라는 직업은 예전부터 알았지만, 자격증 시험을 처음 알게 된 것은 공인중개사 4년 차, 2022년 초의 일이다. 공인중개사 업도 자리를 잡아가고, 조금씩 심신의 여유가 있을 무렵이었다. 2020년부터 운영해 온 채널 '공인중개사 이승주 TV'의 초창기 때부터 종종 댓글을 달아주는 고마운 이가 오랜만에 글을 달았다. "요즘 공부하는 게 있어서 열심히 공부 중이에요." 지방에서 공인중개사사무소를 운영하고 있어 친분이 생겨 아주 가끔 전화 통화를 하곤 했는데, 글을 보고 전화를 걸었다. 어떤 공부를 하는지 물어보았다.

"행정사라는 자격증이 있거든요. 그 공부 하고 있어요. 엄청 어려워요. 공부를 해도 해도 매일 새로운 기분이랄까?"

중개 일기에도 적었지만, 나는 자기개발에 병적으로 미쳐있다. 그 말을 듣자마자 혹하기 시작했다. 행정사를 취득하게 된 계기는 뒷부분에 자세히 다루겠지만, 간단히는 마침 중개업의 한계를 슬슬 깨닫고 조금 더 발전하고자 하는 욕구도 있었고, 어떻게 한 단계 더 가치를 업그레이드할 수 있을까를 고민하던 시기와도 맞물렸다. 그렇게 정보를 찾기 시작했다. 2022년 1월 초, 당시 9회(2021년 합격자) 행정사들의 합격 후기들이 올라오며 학원에서 합격자 인터뷰 영상들을 올리기에 하나하나 다 찾아보았다. 점점 관심이 갔다. 공인중개사 공부를 해 본 이라면 모두 다 혹할만한 이야기들이었다.

"공인중개사와 업무 시너지가 좋고, 민법 베이스가 있으면 매우 유리한 시험입니다."

"각종 계약서를 제한 없이 쓸 수 있는 장점과 3,000여 가지 이상의 업역이 매우 넓습니다."

자고 일어나면 생각이 날 정도로 마음이 끌렸다. 당시 연 초였기에, 학원에서 무료로 배포하는 입문서, 또는 무료 자료집 같은 것을 회원가입하고 신청해 보기도 했다. 입문 강의는 무료인 경우가 많아 한두강 들어보기도 했다. 하지만 이미 당시에도 여러 개의 겸업을 하는 터라, 또 무리하게 공부를 하는 것이 맞나 고민도 됐고 흐지부지 1년 가까이 시간이 지났다. 2023년이 되었다. 매년 12월 31일에 한 해의 목표 달성을 모두 기록하고 다음날 새해 1월 1일에는 신년 목표를 모두 세우는데, 23년의 목표에 '행정사 취득'을 나도 모르게 적었다. 더군다나 이전에 내게 공부 중이라고 했던 구독자는 2차 시험에 낙방을 해, 다시 공부를 시작한다고 하여 나도 서로 힘이 되어보자는 마음으로 23년에는 전의가 불타기 시작했다.

이번이 정말
마지막 자격증입니다

2023년 1월 초, '이렇게 수십, 수백 번 고민할 바에 그냥 한번 시작해 보자!'라는 마음을 먹었다. 마음을 먹기까지, 내가 스스로에게 두려웠던 한 가지가 있었다. '시작하면 무조건 끝장을 본다'는 내 신조와 성격 때문에, '심신이 많이 망가지지는 않을까?', '혹시라도 장수생으로 가면 어떻게 하지?', '나 정말 악필인데 내 글씨 못 알아보면 어쩌지?'라는 걱정이었다. 그럼에도 불구하고, 내 마음이 시키는 대로 하기로 했다. 성격상 큰 결심을 하고 나면 나 자신에게, 주변에게 부끄럽지 않기 위해 공표를 하는 편이다. "~하겠다. ~할 거다."라는 미래형 공표는 별로 좋아하지 않는 편이라, "~시작했다. ~를 하고 있다. ~를 이뤘다." 등의 진행형 또는 완성형 공표를 좋아하기에 공부를 시작하고 반드시 성취할 것이라는 목표를 내 SNS와 주변 지인들에게 모두 알렸다. 당시에 주변은 모두 다 나를 뜯어말렸다.

"지금도 충분히 바쁘고 먹고 살만하지 않나."

"더 이상은 무리다. 그러다 죽는다."

극단적인 표현들까지 써가며 나를 말렸다. 또한 2년 전 당시에도 이미 서른 중반을 넘어 후반이 된 나이였기에, 결혼도 안 한 (못한 건가?) 상태에서 짝을 찾기도 바쁜데, 무슨 공부를 해서 시간을 쏟냐는 거였다. 다 뒤로하고서라도, 무엇보다 어머니의 걱정이 가장 컸다. 쉬질 않는 내 모습을 보시며, 그 상태에서 무리하며 또 공부를 하겠다고 하니 어머니 입장에선 당연히 걱정이 되실 법 했다. 그럼에도, 나는 반드시 내 목표를 이뤄 나 자신에게, 그리고 어머니의 아들로서 더 당당하고 멋진 삶을 살고 싶었다. 사실 행정사 자격을 취득하고 난 지금 글을 쓰는 이 순간에도, 나는 또 자격증을 취득하고 싶은 마음도 있고 더 어려운 시험에 도전해보고 싶은 마음도 있다. 그렇지만, 당시 어머니와 내 주변에 이렇게 약속했다.

"이번이 정말 마지막 자격증입니다. 이번까지만 할게요."

누가 들으면 고시 장수생 혹은 백수에 장수 수험생인 줄 알겠다. 공부를 그만하라는 가족과 주변의 만류가 있는 경우는 참 드물 것이란 생각을 해보며 당시 일들을 회상하면 피식 웃음이 나기도 한다. 나는 당시 부업까지 약 6개의 업을 하고 있었기 때문에, 운동을 마치고 집에 와서 유튜브 편집 등 잔업을 하고 나면 새벽 12시 또는 1시가 되었다. 그때부터 새벽 공부로 짧으면 1시간, 길면 2시간가량 공부를 했다. 주말에는 중개업 특성상 토요일까지 일을 해야 했기에(토요일이 더 바쁘다) 평일과 동일했다. 일요일 단 하루만 늦잠을 자고 공부량은 평일의 2배(3~4시간)를 했다.

10시쯤 잠자리에 들어 새벽 3시 반 경에 기상하셔서 매일 산에 2시간 정도를 다녀오시는 어머니는, 늘 잠에서 깨어 산행을 가기 전 스탠드 불빛이 흘러나오는 내방을 볼 때마다 가슴이 저렸다고 하신다. 내가 방해될까, 신경 쓸까 하여 발뒤꿈치를 들고 조용히 집 현관문을 열고 나가셨던 어머니의 매일 새벽 순간이 생각난다. 그럴 때마다 나는 늘 마음속으로 다짐했다.

"이번이 정말 마지막 자격증이에요. 꼭 합격할 거예요."

그렇게, 처절한 내 수험생활이 시작됐다.

아버지 때 일로 경험해 본
공무원 출신 행정사의 '대서' 업무

약 10년 전, 공인중개사를 취득하기도 전의 일이다. 당시 대학을 졸업한 후에 해외에서 모델 활동을 하다가 귀국하여 불안정한 수입에서 벗어나고자 취업을 준비하려던 참이었다. 대학 시절 40개의 아르바이트를 하며 학비와 생활비를 혼자 벌어가며 힘든 20대를 보냈다. 돈을 아껴야 했기에 악착같이 장학금을 받으며 학교를 다녔다. 대학을 졸업하고 일반적인 직장에는 들어가고 싶지 않았다. 우연히 국내의 항공사에서 남자 승무원인 스튜어드를 모집한다는 공고를 보았다. 1년에 단 1회, 그것도 소수만 모집한다는 공고를 보고 '나도 한 번 지원해 볼까?'라는 생각을 했다. 자기소개서 작성 방법, 면접 방법, 시중에 즐비한 승무원 준비 학원 등은 근처에도 가본 적이 없었다. 그냥, 내 이야기를 진솔하게 자기소개서에 썼다. 서류 합격이 어렵다고 유명한 해당 항공사에 운좋게 서류 합격을 했다. 모델 시절 똑바로 서 있는 자세를 연습했던 기억으로 면접장에서 웃으며 면접을 봤다. 나에게 단독 질문세례가 쏟아졌다.

운 좋게 최종 면접만을 앞두고 있던 시점, 나의 첫 저서인 『맨땅에 헤딩, 나의 중개 일기』 초반 부분에 언급했던 가정사의 이유로 아버지가 내게 사업을 도와달라 부탁을 했다. 고민을 길게 하지 않았다. 그렇게 짧게나마 꿈꿨던 승무원의 꿈은 접게 되었다. 그리고, 어머니와 함께 아버지의 사업을 이어받아 시작했다.

길게 얘기할 수는 없지만, 당시 아버지는 여기저기 진술서나 소명서 등을 써서 제출해야 했다. 그때, 처음으로 따라가 본 곳이 사당역에 있는 퇴직 경찰 출신 행정사의 허름한 사무소였다. 아버지보다 연배가 지긋해보이는 어르신이 아버지가 얘기한 내용을 바탕으로 열심히 타자를 쳤다. 흡사 그 모습은 경찰서에서 진술 받는 모습과 같았다. 허름한 사무실, 무더위에 단 하나의 선풍기, 삐뚤빼뚤 걸려있던 오래된 행정사 자격증. 그 사무소의 이미지는 지금도 선명히 남아있다. 그렇게, 행정사사무소를 처음으로 경험해 보았다. 그 당시에는 상상도 안 해본 일이다. 10년 후 내가 행정사가 되어 행정사사무소를 운영하고 있을 줄은 말이다.

"저는 행정사가 되어야겠습니다."
나의 공부 일기

　첫 번째는, 자기개발과 자기계발 측면이다. 중개사로 자리를 잡았다지만, 계속 바뀌는 제도와 경기의 흐름을 심하게 타는 업종 특성상 계속 불안했다. 주변의 만류에도 불구하고 마지막 자격증이라는 슬로건을 내세워 도전을 하고 싶었다.

　둘째로는, 겸업 가능한 전문 자격사 중 거의 유일하다고 판단했다. 6잡을 하고 있었기에, 타 전문자격사를 공부하여 합격한다고 해도 기나긴 수습 기간, 필수로 취업해야 하는 기간 등은 내게 적합하지 않았다. 또한, 중개사를 보완해 줄 보완재로서의 의미도 컸기 때문에 시너지가 없는 자격증은 의미가 없었다. 그렇다고 40을 금방 바라보는 나이에 로스쿨을 갈 수도 없는 터였다. 단지 자격증의 난이도가 높다고 그 일이 본인에게 필요한 일이라고 볼 수는 없다. 나는 내가 하고자 하는, 하고 싶은 일을 하기 위해 자격을 취득한 것이다.

　셋째는, 서류 작성이나 각종 계약서 작성 등은 모두 행정사가 할 수 있는 일이기에 조금 더 당당하게 작성하고 그 노고에 대한 대가를 받고 싶었다. 또한 중개업을 하며 각종 제한이 많아졌다는 부분은 익히 알 것이다. 많은 공인중개사가 현재 행정사에 관심을 갖고 있는 이유이기도 할 것이다. 상가의 권리금뿐 아니라, 중개 거래를 할 때에도 직거래, 연장, 대필 계약서뿐 아니라 상황에 따라 위임장을 급하게 서식으로 작성해 줄 일이 생긴다. 각서, 차용증 등 각종 서류 작성 등 생각보다 갑자기 요청해서 작성하게 되는 상황들이 종종 있었다. 계약 당시 급하게 요청받거나, 대금을 정산할 때 특히 많았다. 또한 부동산 관련 사실확인서, 증명서, 시세확인발급 등 업무를 하고 싶었다.

꽤나 많은 공인중개사 유튜브의 구독자 수 덕에, 네이버 Expert를 통해 상담을 해준 고객들의 연락 덕에 심심치 않게 계약서 작성 의뢰를 받았다. 또한 당근마켓 직거래를 하는 이들의 계약서 작성 요청도 매우 많았으며, 상가 중개 시 권리금 계약서 작성할 일도 많았기에 그때마다 찝찝한 느낌을 지울 수가 없었다. 참고로, 공인중개사가 그럼 무슨 계약서를 쓸 수 있는 것이냐 의아할 것이다. 정확히는, '자신이 중개한 중개대상물'에 한하여 계약서를 작성할 수 있는 것이다. 이렇게 설명하면 대부분 납득을 할 것이다.

공인중개사를 하다 보니 많은 중개사들, 많은 손님들과 소통하게 된다. 당연히, 지금도 암암리에 다들 계약서 작성을 몰래 해주고 또 권리금 계약서도 직접 작성했다는 명목으로 몰래 작성해 주고 수수료를 받고 있다. 하지만 그것은 양심의 문제, 합법과 불법의 큰 차이점을 내포하고 있으며 나라에서 권한을 준 것인지 아닌

지부터 명확히 다르기 때문에, 그 가치는 분명히 다르다고 생각한다. 다만, 단지 그 업을 하기 위해서만 행정사를 취득한 것은 아니라는 것을 밝힌다.

넷째, 내 말의 힘을 키우기 위해서다. 강사를 하다 보니, 다양한 직군의 사람들을 만난다. 소위 전문직, 고학력자 등을 많이 만나게 된다. 그뿐만 아니라 강사로서 나를 소개할 때 공인중개사라고 소개하면 직업적인 어감에서 큰 신뢰를 주지 못한다는 느낌을 많이 받았다. 또한, 동일한 법률상의 이야기로 논의 또는 토의를 하더라도 직업이 공인중개사라는 이유로, 더 상위 자격사를 가졌다는 이유만으로 나의 말에 힘을 실을 수 없었다. 정확히 말하면, '공인중개사가 알아봤자지.' 정도의 느낌이었달까? 그래서, 조금 더 상위 자격사이자 인정받는 자격사로서 행정사를 취득하여 나의 명함과 내 말의 힘을 키우기로 했다.

다섯째, 민원인들의 방문이었다. 사무실 바로 옆이 동사무소였다. (현재는 동사무소가 조금 위로 이전했다.) 그러면서 자연스레 단골 손님들, 어르신들, 그리고 정말 동사무소를 온 민원인들이 각종 부탁과 요청을 했다. 행정사에 관심을 갖고 보니 모두 행정사가 대리 또는 대행해 줄 수 있는 일들이었다. 모든 게 일로 보였다. 제 발로 들어온 손님을 그냥 보낼 수밖에 없는 일들이 즐비했다.

여섯째, 불합리한 행정처분 받은 적이 있었는데, 그때 불이익한 처분에 대한 행정 구제 수단 또는 의견 제출 수단에 대해 알지 못했다. 부모님과 힘께 운영하는 사업체는 소독제 사업이다. 36년째 운영하고 있다. 2020년에 코로나가 터지면서 초반에 큰 수익을 거두게 되었다. 물론, 그 이후 거래처들의 줄도산, 담당자들의 권고사직, 영업시간제한, 집합금지 등 제한으로 벌었던 수익이 모두 적자로 전환되어 본전치기를 했지만, 시점상 그 초반으로 돌아간다. 그 당시, 몇몇 소독제들을 신고하는 전문 신고자들이 있었다. 사실 어떤 법이든, 어떤 상품이든 털어서 먼지가 안 나올 수가 없다. 실제로 조사를 받으러 경찰서에 갔을 때에도, 담당 형사는 이렇게 말했다. "신고한 사람이 아예 모든 법을 전문적으로 다 준비해서 접수 자료만 보시는 대로 50장이 넘어요. 이건 말이 안 되는 수준이에요." 그렇게 불이익한 처분을 받기 전에 사전 통지를 받았는데, 처분의 담당자가 의견 제출에 대한 절차 안내와 응대를 매우 소홀히 했다. 너무 당황스러웠고, 화도 났다. 그 담당자는 마치 남일이라는 듯, 내가 범죄자라는 듯 대할 뿐이었고, 억울한 나머지 감정적으로 변할 수밖에 없었다.

행정절차법이 있고, 절차적 하자가 있으면, 그들에 대한 의견 제출과 소명, 나아가 심판까지 행정사가 할 수 있었는데 당시 소명을 어떻게 하는지에 대해 전혀 알지 못했기에 제대로 된 대응을 못했던 순간들이 생각난다. 그 기억을 떠올려보니 더욱더 전의가 올랐다.

끝으로, 외국인 손님들과 지인들의 소개 건으로 인한 비자업무, 그리고 상가 중개업무를 하며 발생하는 인·허가 부분을 원스톱 패키지로 할 수 있다는 매력적인 부분이었다. 특히 상가는 인·허가 부분에서 봐야 할 부분이 많기에 행정사가 대행해 줄 일이 많다. 각종 서식을 발급해 준다든지 등의 민원업무 대행이나 인·허가 모두 행정사가 할 수 있다는 점은 큰 매력 포인트였다. 생각보다 주변에 외국인 국적을 가진 이들이나, 외국인 지인이 많다. 행정사로서 출입국 업무를 대행할 수 있기 때문에, 소개가 많으면 당연히 일거리는 늘어난다. 그뿐만 아니라 간혹 국제결혼한 부부들 중개를 하게 되는데, 행정사 수험생활 시절, 내 중개사무실에 방문한 손님이 책상 위에 올려져 있는 행정사 수험서를 보더니, "행정사 공부하세요?"라고 했다. "행정사를 아세요?"라고 물었더니, 남편이 외국인인데 그때마다 행정사를 통해 비자업무를 의뢰했다고 한다. 중개업과 연결하여 영업을 하기에 좋을 것 같아 매우 큰 매력으로 다가왔다.

앞선 일곱 가지의 큰 이유를 살펴보았다. 개개인마다 행정사를 취득하려는 이유가 있을 것이다. 꼭 말해주고 싶은 것은, '왜 취득하려는 것인가'에 대한 이유와 동기는 명확해야 한다는 점이다.

문제를 풀 때에도 문제에 맞는 답, 논점, 가장 올바른 것을 골라야 정답이 된다. 수험생활과 업무도 마찬가지다. 힘든 수험생활 기간을 지나 합격을 한다고 해도 동기와 목표가 명확하지 않다면 금세 권태를 느끼거나 힘든 시간이 있을 경우 버텨낼 원동력이 없다. 따라서, 글을 읽는 독자 여러분도 반드시 그 이유를 찾고 시작하길 바란다. 그 이유가 곧 그 문제의 정답이 될 것이다.

처음으로 시험을 보고
불합격을 해보다

    살면서 가장 큰 좌절감을 맛봤던 순간이 아니었나 싶다. 그만큼, 소위 시험이라는 제도와 공부에 관해서는 자신감이 넘치던 나였기에, 불합격이라는 세 글자는 더욱더 크게 다가왔다. 절실함의 부족이었는지, 행정사 시험에 대한 예의가 부족했는지 모르겠다. 객관적으로 보통의 수험생보다 아주 짧은 시간과 기간을 공부했기에 절댓값을 놓고 보면 턱없이 부족했지만, 없는 시간을 쪼개고 또 쪼개어 힘들게 했던 공부였다. 술 한 잔 입에 대본 적 없으며 허송세월을 보낸 하루도 없었다. 너무 바빠서 녹초가 된 상태에서도 악착같이 이 악물고 새벽에 책을 펴고 책과 씨름하다 잠들었다. 이렇게 과정 또한 결코 쉽지 않았기에 좌절감과 상실감은 엄청나게 컸다. 불합격 당일, 엄청난 우울감과 좌절감에 하루 종일 식음을 전폐했다. 그 어떤 위로도 와닿지 않았다. 당시의 생생한 기분과 감정들을 나의 블로그인 '행정사 & 공인중개사 이승주'에 '[2023-55] 231209 태어나서 처음 받아본 자격증 불합격 후기'라는 제목으로 기록하여 올려두었다. 더 길게 쓸 수 없는 이유는,

그 불합격 후기는 매우 길고 또 생생함을 전달하기에 많은 육두문자와 부정적인 어구가 많아 본서에 담기에는 다소 무리가 있다고 판단한다.

혹시라도 불합격을 하여 본서를 본 독자들이 있다면, 꼭 강조하고 싶은 게 있다. 다시 공부를 할 거라면, 후회가 남는다면, '반드시 합격'해야 한다. 그렇기 위해서는 첫째로 그때의 감정을 기록하고 두고두고 그 글을 보며 절치부심(切齒腐心)하기를 바란다. 둘째로, 왜 불합격하게 됐는지를 자세히 들여다보아야 한다. 실패를 발돋움과 성공의 계기로 삼아야만 그 실패가 훗날 웃으며 추억할 수 있는, 값진 자양분이 된다. 꼭 명심했으면 좋겠다.

인간승리!
피 말렸던 유예생 수험 기간

2024년 10월 7일, 새벽녘 잠이 오질 않아 더 늦기 전에 최대한 정갈하게 작성했던 내 메모장의 내용을 가져왔다. 복기를 해야겠다 싶어 더듬더듬 기억의 조각들을 맞춰 틈틈이 메모한 복기 내용들을 취합하여 완성하였다.

심신이 참 힘들었던 기억이 난다. 유예 때에는 '절치부심', '작년의 2배'라는 키워드를 잡았다. 생일 겸 첫 저서 출간 기념을 명분으로 홀로 4년 만의 해외여행을 다녀온 후, 24년 6월부터 2차 유예생으로서의 2차 공부를 본격 시작했다.

초시의 불합격은, 절대 자만하지 말고 거만하지 말라는 계시로 받아들이고 주말반으로 학원을 등록해 모의고사도 12회를 빠짐없이 응시했다. 바쁜 일정 때문에 매주 벼락치기로 밤을 새우고 시험을 보러 갔다. 중개업 특성상 주말에도 사무실을 운영해야 했기에 모의고사 시험 후에는 바로 지친 몸을 이끌고 일을 하러 갔다. 그 후엔 피곤에 절어 잠만 잤기에 주말엔 공부를 하지 못했다. 초시 때의 불합격 요인을 분석해 보았다. 사무관리론 문제 1번 40

점 문항을 너무 낮은 점수를 받았고, 행정사실무법 비송사건절차법 2개 문제를 완벽히 외우지 못했던 것이 패착이라 판단했다. 사무관리론 논술형 40점 1번 문제와 비송사건 부분을 확실히 잡고 나머지는 유지를 해도 합격한다는 목표와 전략을 뚜렷이 세웠다. 실제로 유예생 때 그 계획대로 이루어졌기에 합격을 했다고 생각한다. 바로 이러한 점이 내가 앞서 언급한, '유예생이 되면 반드시 패착을 분석해야 한다.'는 것이다.

목표를 설정하고자 할 때에는, 모의고사를 보면서 반복적으로 본인이 약한 과목, 나아가 약한 파트를 집중적으로 공략하여야 한다. 이 시험은 한 과목만 정말 잘해서 다른 과목에 점수를 보태주기에는 변수가 큰 시험이다. 전략 과목이 불채점을 하는 해가 되거나, 폭탄의 해가 되면 그 해는 끝이다. 고루 합격점이 나와야 합격한다. 실제로 3과목을 다 잘 보고 1과목 과락으로 불합격한, 실제 합격자들보다 평균이 높은 불합격자들이 수두룩하다. 이 시험은 허수가 많지 않고 진검승부하는 합격자 커트라인 쪽 분포가 매우 두터우므로, 단 한 번이라도, 조금만이라도 미끄러지면 카운터를 맞고 끝나는 시험이다.

시험 전날, 아무리 자려고 해도 잠이 오질 않았다. 아예 1분도 눈을 붙이지 못했다. 뜬눈으로 밤을 새웠다. 망했다 싶었다. 심장이 요동치고, 온갖 순간들이 스쳐갔다. 모의고사를 백날 잘 보면 뭐 했으며, 시간 아껴 그 힘든 시간들을 버텨온 것이 시험날 망하면 무슨 의미겠는가 말이다.

더군다나 마지막 정리를 해야 할 시험 전날에 오한에 몸살이 심하게 왔다. 몸을 일으킬 수 없을 만큼 아팠다. '하루 전 총정리를 해야 하는데, 정말 다 끝났구나.' 그렇게 끙끙 앓다가 전략을 바꿨다. 몸을 회복해야 시험장에 갈 수 있다는 생각이었다. 집에 있는 상비약, 감기약을 거침없이 입에 밀어 넣었다. 밀린 잠이 쏟아졌다. 땀을 쭉 빼면서 깊이 자고 일어나니 한결 나아졌지만 그게 화근이었다. 낮에 푹 잔 잠 때문에 몸이 회복되고, 밤에 더욱 정신이 또렷해져 잠을 잘 수 없었다. 별 짓을 다해도 잠이 들지 않았다.

집에서 시험장인 여의도 윤중중학교까지 한 번에 가는 버스가 있어서 넉넉히 50분을 잡고 출발하면 여유가 있었다. 6시 40분에 맞춘 알람은 의미가 없었다. 5시가 넘자 '정말 망했다'는 생각이 가득해 아예 나갈 준비를 했다. 시험장에서 입을 속옷부터, 옷까지 미리 준비해둔 대로 입었다. 문제는, 몽롱함이었다. 정말 망했구나 생각이 들고 또 들었다. 나 자신에게 너무 화가 났다.

공인중개사 시험날에도 비슷한 상황이었다. 그날은, 어머니가 내 이마를 어루만져 주시며 "너무 부담 갖지 말고, 잘할 수 있어 아들." 이 한마디에 스르르 잠이 왔다. 1시간, 정말 깊은 잠을 자고 일어나 시험장에 갔던 기억이 난다. 동차 합격을 했으며, 최상위권 점수로 합격한 기억(당시 1차는 상위 2% 남짓으로 통계에서 내 점수 분포를 보았던 기억이 난다. 29회 초시 동차 합격률이 약 7% 였다.)이 있었지만, 행정사 시험 땐 어머니의 말씀도 나를 잠들게 하지 못했다.

수십 번 "망했다."를 중얼거리며 세수를 했다. 글을 쓰며 다시 돌이켜봐도, 그날 그 순간들은 정말 끔찍했다. 세수를 해도 몽롱함이 가시질 않던 끔찍한 기억의 당일 새벽, 내 멘토께 문자를 했다.

"아무래도 잠을 못 자서 어려울지도 모르겠습니다."

본인은 잠을 아주 잘 잤고, 오늘 좋은 꿈을 꿔 네가 붙을 거라 생각한다며 편하게 보고 오라 하셨다.

'올해 정말... 망했다. 유예는 처음인데 진짜 더는 못하는데, 시험장은 가야지 하....' 될 대로 돼라라는 마음까지 생기며 소위 마음을 '내려놓게' 됐다.

어머니가 끝까지 차로 태워다 주신다는 권유를 수락하고 나니 마음이 약간 가벼워졌다. 차에서 약간 더 쉴 시간이 생긴 것이다.

내비게이션을 찍어보았다. 토요일 이른 오전이라 그런지 예상 소요시간이 불과 20분이었다. 드디어 잠이 왔다. 집 거실의 소파에서 20분을 잤다. 드디어 잠을 자고 일어나니 초사이언이 된듯했다. 각성 모드가 되었다. '살 것 같다'는 생각이 들었다. 단 20분 선잠을 잤는데도 몽롱함이 싹 사라졌다. 자신감이 생겼다.

그렇게 어머니 덕에 편하게 시험장 입구에 도착했다. 정진석 행정사가 시험장 앞에 학생들을 위해 응원을 나왔다. 동시에 내 유튜브 구독자이자 멤버십 회원 중 1인인 11기 이연우 행정사가 나를 꼭 껴안아주며 볼펜을 주었다. 볼펜을 보았다. 초시 때에도 받아본 '대한행정사회' 글자를 보고 각성이 되었다. 강사로서 강의를 다니고 있고, 농네에서 보는 이늘마다 내 수험생활을 다 알게 되면서 주변에서 보는 눈이 많다는 부담감이 내 온몸을 자주 짓눌렀다.

그때의 그 중압감과 책임감, 떨림은 시험 합격한 사람들 대부분이 겪는 느낌이었을 것이고 국가 전문자격시험 출신의 위대함과 대단함은 그 모든 과정을 마지막 날까지 뚫고, 또 뚫어 바늘구멍과 같은 최종 경쟁률을 뚫고 합격했다는 것 아닐까 싶다.

초시 때에는 시험 날 1등으로 7시 40분경에 시험장에 도착했으나 무의미하단 것을 깨달았다. 유예 때 집에서 20분을 자고 나왔던 것이 신의 한 수였다. 이번에도, 어머니의 사랑과 배려가 나를 합격으로 이끌 수 있었다.

심장이 터질 것 같은 시험
시작!

시험지를 받기 전의 그 두근거림, 내 심장 뛰는 소리가 들리는 기분. 그리고 문제를 하나씩 볼 때 1년 농사의 결실이 어느 정도 결정 나는 그 순간. 그러한 난관들을 뚫고 성취하여 얻어내는 자격증의 값지고 귀함을 누구보다 잘 알기에 나는 또 이번에 시험에 도전했다.

시험지를 받았고, 시험이 시작됐다. 사각사각 내가 준비한 모든 걸 쏟아붓겠다고 생각했다. 시험 시작 전 30분, 17개의 자격증을 취득할 때 한 번도 빠짐없이 했던 나만의 세리머니, 초코바를 먹었다. 이날도 어김없이 30분 전 시간을 재고 굳은 결의를 다지며 스니커즈를 먹었다. 그리고 다짐했다. '18번째 자격증, 이번이 정말 마지막이다. 오늘이면 다 끝난다. 합격으로 끝내자!'

1교시 중 민법은 잘 봤다는 판단을 했다. 정말 책 내용 그대로를 썼다고 생각했으며 논점 이탈도 없었다. 다만, '문제 1 - 물음 1'의 결론이 틀렸기에 점수 배점에 영향이 약간 가겠으나 수석에 가까운 답안을 작성했다고 생각했다.(그때 당시 혼자만의 생각!) 나중에 보니 많은 수험생들이 소위 '버렸던' 조합 문제를 끝까지 버리지 않았던 것이 좋은 결과를 주었다. '끝까지 눈에 바르자. 그리고 한두 번 정도는 더 써보자.'라는 마음을 놓지 않았다. 최종 1주일 전 외워두고, 시험 바로 전 최종적으로 빠르게 보았던 게 시험에 나왔다. 그 덕에 해당 문항에 나쁘지 않은 점수를 받을 수 있었다.

그렇게 좋은 느낌으로 시작하여 쉴 새 없이 써 내려갔으나 문제가 너무 길어서 파악이 쉽지 않을 수 있었다. 내 개인적인 생각으로, 문제를 많이 보고 답안을 많이 써보아야 한다는 말은 행정사 수험생활을 하는 수험생에게 정말 만고불변의 진리라고 생각한다.

"손이 써 준다."

"무의식적으로 머리에 있는 기억이 손으로 나온다."

이런 말들이 그 순간 조금 공감되었다.

시험 후, 민법의 신(神) 김묘엽 교수님에게 전화를 했다. 전체적인 시험 느낌을 말했다. 그리고, 모범답안을 확인했다. 논점 이탈이 없었다는 사실을 확인하고 안도의 한숨을 지었다.

반면에 행정절차론은 소위 '망했다'는 느낌을 받았다. 과락이 나올 수도 있겠단 생각까지 하며 '멘탈'이 나갈 수준이었다.

1교시가 끝나자마자, 같은 시험장에서 만난(학원 모의고사 때 매주 봤던) 노년의 남성이 다른 동료와 행정절차론 문제 1번의 논술형 40점 논점에 대해 본인이 적은 논점과 답안에 대해 큰 소리로 말하는 것이 들렸다. 그들은 사례형 논점을 내가 작성한 논점과 전혀 다른 논점을 말했다. 나와 다른 내용을 정답이라며 블라블라

하는 것을 들으면서, 멘탈이 또 한 번 무너질 뻔했다.

하지만 이미 답안지를 냈고 바꿀 수 없는 것에는 신경 쓰지 말자고 생각했다. 정신 차려서 2교시를 더 잘 봐야지라는 생각에 초각성 모드로 초코바 하나를 더 입에 물었다. 눈을 지그시 감고, 멘탈 관리를 시작했다.

시험 2분 전, 1인이 짐을 놓고 안 들어왔다. 그를 다들 기다리느라 시험지 파본 검사가 늦어졌다. 감독관이 결시로 판단하고 시험지를 배부하려는 찰나 그 1인이 담배 냄새를 풍기며 입실했다. 그로 인해 다소 지연됐으나 문제지를 빨리 보지 못한 영향이 크진 않았다. 그렇게 다시 시작되었다.

시험장에서의 빌런,
마지막까지 시련의 연속

2교시가 시작되었다. 1교시의 떨림보다는 훨씬 덜했다. 모든 게 익숙해진다. 그렇기 때문에 더욱더 2교시 시작 전 정신줄을 놓으면 안 된다. 명심해야 한다. 나는 시험장에서 한 번이라도 만나기 힘든 최악의 빌런들을 양옆에 모두 끼고 큰 시험을 치렀다. 합격을 하게 되면 꼭 웃으며 그들을 언급하리라고 다짐했는데, 정말 합격하여 저서에 쓸 수 있게 되어 정말 다행이라 생각한다.

빌런 1은, 우측에 있었다. 마치 짐승이 하울링을 하듯, 큰 소리를 내며 입을 쩍쩍 벌리고 하품을 소리 지르듯 계속했다. 더욱 심각했던 건 2교시 시험을 치는 중에 혼잣말로 계속해서 욕을 했다. 육성으로 말이다. 아니, 정확히는 혼잣말이 아닌 거의 교실 사람들이 다 들으라는 수준으로 쌍욕을 하며 중얼거렸다. "아 XX, 비송 이거 뭐였지? 아 진짜 XX." 근데, 감독관이 제지를 안 했다. 이해할 수 없었다. 그 빌런 1을 우측에 끼고, 더 심한 왼쪽의 빌런 2를 만나게 된다.

2교시 사무관리론의 불의타를 만나고 문제 하나가 헷갈려 고민을 하느라 처음으로 50분을 넘긴 시간을 사무관리론 과목에 할애하였다. 실무법에 할애할 시간이 적으면 안 되기 때문에, 찝찝함을 뒤로 안고 행정사실무법을 써 내려가고 있었다. 시험 종료 약 20분 전, 갑자기 내 주변에서 진동이 들리기 시작했다.

"딩~ 딩~ 웅~ 웅~."

정신이 멍해졌다. '어? 이거 휴대전화 진동인데? 혹시 난 아니지?' 철저히 휴대전화 종료를 확인했고, 다시 보고 또 보고 휴대전화를 가방 안에 집어넣은 기억이 선명한데, 내 주변에서 진동이 울리니 걱정이 되었다. 분명히 시험 시작 때 감독관이 휴대전화에 관해 엄격한 규정을 이야기했다. 그럼에도 내 근처에서 시험 종료 20분 전부터 진동이 쉴 새 없이 울렸다.

감독관이 별도의 제지 없이 내 주변 및 내 근처를 어슬렁거렸다. 정면에서 시선을 떼지 않은 상태로, 뒤돌지 않고 앞을 보면서 내 주변을 서성거렸다. 내가 의심받으니까 시험 중에 기분이 아주 안 좋았으며, 집중이 흐트러졌다.

다행히 내가 아닌 것 같으니 왼쪽 빌런에게 갔다. 방귀 뀐 놈이 성낸다고, 본인은 아니라고 하며 정색을 했다. 내가 볼 때 그 사람이 유력했지만 가방 검사는 하지 않았다. 어이가 없는 것은, 그 빌런의 앞자리 수험생 아저씨의 가방 검사는 했다는 부분이다. 개인적인 감정이 섞여있다고 생각한다. 이유는, 1교시 때 그 남성이 답안지를 늦게 제출하면서 감독관과 서로 언쟁이 있었기 때문이다.

'성발 끝까지 모든 게 날 괴롭히는구나.'

신경이 쓰였지만 진동음과 친해지기로 했다. 익숙함을 만드는 것이 우선이라 생각했다. 내게는 그 마지막 20분을 불태워야 했으므로, 초집중하여 마무리 비송사건의 2문제를 써 내려갔다. 등에서 식은땀이 났다. 갑자기 머리가 하얘졌다. 비송 2문제와 행정사법을 남기고 있었는데, 행정사법의 지문이 잘 읽히지 않았다. 문제 2였던 행정사법 문제는, 평소 공부했던 '행정사의 업무'라고 나오지 않고 '위임받은 업무'라고 나왔다. 집중이 흐트러진 상태에서 눈에 익지 않은 문제가 나오니 당황을 심하게 한 것이다. 외운 목차들을 아무리 끄집어내도 '위임에 대한 내용을 쓸 게 없는데....' 생각했다. 그러다 문제의 의미를 '유레카'처럼 파악한 순간, 행정사법은 미친 듯이 클리어했다. 그 이후, 비송사건 2문제, 초시 때 나를 불합격으로 이끈 원흉 중 하나인 그 비송이 남았다. 이 2문제만 잘 쓰면 끝난다. 한데, 진동 소리 때문에 더욱 식은땀이 났다. 집중이 안됐다. 그 때문에 끝까지 문제 4번, 비송사건의 목차가 자세히 기억나질 않았다. 목차 구성이 엉망이 되었다. 결국 목차를 기억해야 세부 내역까지 다 기억이 나는 법인데, 하는 수 없이 그 목차의 내용들을 생각나는 대로 쓰게 됐다.

답안을 모두 작성하고 나니 7분이 남았다. '어? 이럼 안되는데? 시간이 남으면 안 되는데.'라는 생각에 우선 문제 번호, 답안지 작성을 제대로 된 과목에 제대로 다 썼는지를 보았다. 약 2분간 문제가 없는 것을 확인한 후 다시 비송의 문제 답안 구성을 생각해 냈다. 아무리 생각해도 더 이상 이 이상 구성을 할 수 없었다. 초시 때에는 실무법의 '이하 어백'을 딱 쓰는 순간 감독관이 답안지를 걷어갔었는데, 유예 때에는 마무리까지 뭔가 찝찝했다. 시간이 남으면 안 되는 시험인데 말이다. 그렇게 시험을 마쳤다.

결과적으로 범인은 내 왼쪽에 앉은 빌런 아저씨였다. 그 수험생이 휴대전화를 켜뒀던 거였다. 그럼 뭐 하나. 시험이 다 끝나고 나서 알게 된 것을. 결국 범인이 밝혀지면서 멋쩍어하던 그는 자백을 했다.

선임 감독관이 웃으면서 "이런 경우 원래 작년까진 답안을 안 걷는 건데, 올해는 걷어갈게요."라며 그의 답안까지 같이 걷어갔다. 후임으로 보이는 여자 감독관은 나름 열심히 뒤졌는데 범인을 못 찾아내고, 주변인들을 의심하고 피해를 줬으니 미안했는지 시험장을 나가고 있는 내게 다가왔다.

"불편하셨죠... 죄송합니다."

"네 불편했어요."라고 정색을 했다. 군 시절, 전역날 1초라도 빨리 나가고 싶던 그 심정으로 고사장에서 뛰쳐나와 규정에 어긋남 없이 잘 꺼져있던 내 휴대전화를 켰다.

진동의 휴대전화 주인은 알람이 켜졌다고 하고 혼자 멋쩍어했다. 속마음 같아선, 그를 정말 세게 한 대 쥐어박고 싶었다. 또한, 감독관들의 대처도 매우 아쉬웠다. 시험장을 나오면서 그의 얼굴을 익혀두었다. 만약 떨어지면 지옥까지라도 찾아가겠다는 생각까지 했던 것 같다. 다만, 좌우 앞뒤 다 가만히 있었는데 나 혼자 너무 예민하게 구는 것 아닌가 생각도 들었다.

밖을 나오니 그 아저씨에 대한 화남보다 시험이 끝난 후련함이 내 기쁜 마음을 지배했다. 20명 정도 한 교실에서 시험을 보는데, 한 고사장에 1명이 붙는 시험이다. 신기하게, 결과는 빌런의 앞자리였던 나와 같은 학원 출신 아저씨와, 빌런의 우측 옆자리였던 나, 둘만 합격했다. 우리 교실에서 2명의 합격자가 나왔다. 확실한 것은, 내 양옆의 빌런들은 모두 불합격이라는 것. 합격자 모임에서 혹시 몰라 그들의 얼굴을 찾았지만, 어디서도 볼 수 없었다.

참고로 초시 때와 유예 때 모두 내가 시험을 치른 고사장에서는 2교시 끝까지 아무도 중도 퇴실자가 없었다.

홀가분한 기분
그렇게 시험이 끝났다

2교시까지 모든 시험이 끝난 직후, 시험을 망쳤다고 생각했다. 11화 시험 직후에는 뭔가 붙을 수도 있겠다는 생각이 컸었는데 불합격, 12회의 시험은 끝나자마자 찝찝한 기분들이 들었다. 불의타 문제들과 더불어 애매하게 쓴 답안들이 떠올라 홀가분하면서도 찝찝한, 제대로 쓴 게 없는듯한 불안한 기분이 가득했다. 즉 시험 직후의 느낌으로만 정리하면, 초시 때에는 합격할 것 같다고 생각했는데 불합격했고, 유예 때는 불합격할 수도 있겠다고 생각했는데 합격을 했다.

시험장을 나와서 여기저기 통화하며 이틀간 아이스 아메리카노를 못 마셨던 나에게 주는 보상으로 집 근처 단골 카페에 들러 원샷을 했다. 거의 대부분 불의타는 다 못썼을 거라는 생각, 이 힘든 과정을 6개의 직업을 풀로 뛰며 완주했다는 사실만으로 엄청난 성취감과 개운함이 들었다. 나 자신에게 느끼는 그 대견함은 시험장을 나오면서 이루 말할 수 없었다. 하루가 지나고 시험 모범답안을 보고 후기들, 가종 평을 들어보니 합격 가능성이 농후하다는 기대감이 생기기 시작했다.

　당시 결과는 모르지만 나는 다시는 못할 만큼 열심히 했다. 물론, 내 기준과 내 상황에서 말이다. 누구는 1년, 2년을 열품타('열정 품은 타이머'의 약자로, 공부 시간 등을 다른 수험생들과 함께 측정하고 볼 수 있는 어플리케이션을 말한다.) 기준 10시간, 15시간씩 찍는 모습을 보며 '어떻게 저렇게 하지? 내 순공부 시간을 체크해 보면 하루 종일 다른 짓 안 하고, 일하고 공부만 해도 8시간 넘기기 힘들던데. 15시간이면 자면서도 책을 본다는 건가?' 열품타는 믿을 만한 게 못 된다는 자기 위로를 했다.

　막판에 하루 8시간을 못 채웠음에도 열품타 순위 중간도 못 미치는 걸 보며 다들 정말 악착같이 공부한다는 생각에 불안감이 증폭되었다. 다른 이들과 함께 있는 공부방의 처참한(?) 내 공부 시간 순위를 보고 싶지 않아, 내가 방을 하나 만들어서 나만의 1인 공부 타이머용으로 열품타를 사용했다. 막판에 어떤 이가 들어왔는데, 누군진 모르지만 좋은 결과 있었으면 좋겠다는 생각을 했다. (합격자 발표 후 들어가 본 열품타에는 그 이는 불합격한듯했다. 다수가 공부하는 인기 방에 들어와 있었고 다시 공부를 시작하고 있었다. 발표 후 확인하니 그 이는 내가 만든 그 방을 나갔다.)

　나의 수험 기간과 공부시간을 정리하면, 6월부터 시작, 짧게는 하루 1시간, 시험 1달 전이나 돼서야 6시간 확보를 할 정도로(그것도 그나마 하루 2시간 남짓의 수면 시간만을 확보하여) 타이트했다. 캘린더를 보니(난 D-100 캘린더를 활용하였고 정말 꼼꼼히 메모했기에 작년 공부와 비교하며 올해는 작년의 실수를 만회하자는 목적으로 비교 분석하고 매일 사진을 찍어두었다. D-100 캘린더를 구입해서 공부 기록을 꼭 하길 추천한다.) 11회 초시동차 때에는 8월까지 인터넷 강의로 심화 강의조차 다 못 마쳤다. 심지어 모의고사도 한 번도 응시하지 못하였던 것을 대비하면 그래도 초시 대비 훨씬 앞서간 상태였다. 그럼에도 초시 때 처음 써 본 답안지라는 것을 감안한 상황에도 최종 본 시험 스코어는 53.08을 득점했다. 사례형 문제들을 고득점한 것에 나름대로 긍정적인 판단을 했다. 단문은 암기 싸움이기에 엉덩이가 무겁지 못했던 결과를 받아들이면 되었다. 대학입시를 위한 수능 때 이후로 처음 해 본 '수험 재수생활'을 결심하고, 다시 공부하여 시험이라는 레이스를 완주했다. 대학을 가기 위한 재수는 불합격이 아닌, 내가 가고싶었던 대학을 위해서였기에, 이번 재수는 그야말로 '처참한 불합격'을 맛보고 겪는 쓰디쓴 유예였다.

유예생 때에는 공교롭게도, 감사하게도 6개의 직업이 모두 잘되고 바빴다. 월수입도 역대 최고를 달성한 월이 2번이나 될 만큼 높은 수입을 얻으며, 녹초가 돼서 집에 도착했다. 새벽에 뺨을 때려가며, 냉수로 세수를 하며, 서서 책을 봐가며 잠과 씨름하여 공부했다. 특히 중개업은 '너무나도' 바빠 목에서 피 맛이 날 정도로 하루 수십 통에서 100통 이상의 통화를 했다. 그래서 성대결절 판정을 받게 되었다.

본업들 만으로도 너무 바빴는데, 거기에 부가적으로 저서 출간과 각종 칼럼 기고(특히, KB와 인연이 닿아 여러차례 칼럼을 기고했다. 출간 전인 25년 11월에도 칼럼을 의뢰받아 진행 중이다.), 유튜브 채널 운영자 자취남의 책 감수 역할을 하며 책을 쓰다시피 하고, 여기저기서의 인터뷰 요청 등이 들어와 업무가 더욱더 과중했다. 이를 모두 소화하면서도 중개업의 특성상 다양한 변수와 인간관계, 다양한 갈등 등을 모두 겪으며 심신이 매일 녹초가 됐다. 그 바쁘고 많은 일정을 모두 다 말끔히 소화한 나 자신이 정말 '미친 놈' 같다는 생각이 들 정도로 대견했던 것은 사실이다. 참고로 나의 공부 스타일을 잠깐 말하자면, 나는 집중력이 매우 짧고 집중력의 편차가 크지만, 긴장하거나 본 시험장에 가면 실전에 강한 편이 되는 경우가 많았다. 공부를 할 때에는 휴대전화를 쉴 새 없이 들여다보는, 집중력 결핍 수준의 수험생이었다. 심각할 정도로 말이다. 엉덩이를 오래 붙이고 앉는 성격이 못 되어 1시간을 공부하면 30분을 다른 일을 하거나 쉬어야 했다. 다시 돌아가도 난 똑같았을 거다. 초시에 불합격했을 당시에도 집중력은 어떻게 할 수가 없었고 유예생 때 이를 갈고 했음에도 똑같았기 때문이다. (물론, 시험 아주 막바지에는 2 ~ 3시간씩 앉아있게 되는 초인적인 집중력이 발휘될 것이다.)

<1차 시험 합격>
6잡 & 새벽공부로 단기 합격을 맛보다

 2023년 1월 중순, 학원의 강의를 결제했고, 17일에 사무실로 교재들이 도착했다. 자격증 공부를 새로 할 때마다 느끼지만, 처음 마음먹고 공부를 시작할 때 새 교재가 도착할 때의 설렘과 기대감이 있다. 새 책 냄새, 새로운 계획 등 삶의 활력을 불어넣어 주는 시작이 된다. 물론, 어려운 시험일 수록 그 책은 닳고 또 닳게 되며, 지옥과도 같은 힘든 시간을 견뎌내야만 하지만 말이다. 전문직 시험이다 보니 1차, 2차 시험으로 나뉘어져 있기에 1차 교재가 먼저 도착했다. 객관식 시험에는 강한 편이라 앞서 언급했듯 새벽에만, 약 2시간가량 할애하여 소위 '주경야독'을 시작했다. 1차는 그렇게, 새벽 공부로 충분히 커버가 가능한 범위였다. 객관식이었으며 당시 11회를 준비히던 상황이었으므로 회차가 많이 되지 않아 반복 출제 되는 경향이 강했다. 실제로 합격자들 중 1차 시험은 초단기 혹은 단기로 합격한 이들이 많고, 기출문제만 반복해서 풀었다는 이들도 깨나 보았다. 나는 그정도 천재도 아닐뿐더러 혼자 독학할 수 있는 시간이 거의 없었기에, 강의 들으며 수업만 잘 따라가자고 계획했다. 객관식 시험은 키워드, 문장 등을 소위 눈에 바르면 맞출 수 있는 문제들이 많고 60점만 넘기면 된다. 따라서 큰 부담감을 갖기보다는 당해 응시로 2차까지 준비하는 초시생들 중 전업 수험생 또는 시간이 많은 이들이라면 초반에 2차를 공부하는 것을 추천한다. 시험 1개월 전 정도부터 문제풀이를 양으로 승부하면 눈에 보이고 마지막에 오답정리, 최종 점검 등의 과정을 통하면 합격률이 매우 높다. 당시 나는 2차는커녕 1차도 제대로 공부할 시간이 부족하다고 판단, 1차나 제대로 하자는 계획을 세웠다. 2차는 1차가 붙고 고민하자고 생각했다. 1차가 떨어지면 2차는 응시조차 할 수 없기 때문이다. 실제 내 기억에도 1차는 공부하면서 크게 걱정이나 긴장감이 없었다. 단, 정말 강렬하게 기억에 남는 것은, 1차 시험 전날이었다. 오랜만에 소위 '전문 자격사' 시험을 치르는 터라, 어김없이 시험 전날 잠이 오지 않았다. 불면증이 있는 것도 아닌데, 예민한 성격 탓인지 시험 전날이나 중요한 강의, 혹은 큰 계약 등이 있는 전날에는 유독 잠이 잘 오지 않는다. 그중 시험 전날이 가장 그 압박감이 컸다. 1년에 한 번뿐이라는 것, 그날 컨디션과 그날 정하는 답에 따라 다시 1년 농사가 결정된다는 것, 시험장에서의 변수, 실수에 대한 걱정 등 오만가지 생각들이 불 꺼진 방 안에서 끊임없이 상황으로 그려졌다. 이론상으로는 너무나도 잘 안다. 전날 푹 자야하고, 컨디션이 좋아야 하고, 두뇌 회전이 좋아야 하며 등. 그 어떤 것도 마음의 중압감을 이길 수가 없었나 보다. 결국 1시간가량 선잠을 자고, 시험장에 갔다. 2차 시험까지 치르고 합격한 후에 돌이켜 보면 1차는 긴장할 게 아니었다고 생각이 들 수도 있지만, 당시 나는 1차 시험조차 처음 치르는, 그리고 비록 매일 짧은 시간이었지만 나름 내게 긴 시간 동안 수험생활이라는 큰 기회비용을 치르면서 응시하는 시험이었기에 떨림이 컸다. 시험지를 받아보기 전의 순간, 시험지 파본 검사를 할 때의 떨림, "시작하세요."라는 안내가 나오면서 종이가 넘어가는 소리까지... 2차 시험장과 그 과정은 같기에, 그때 당시의 떨림은 컸다. 그렇게 시험을 치르고, 수험생들의 단체 대화방에서 다들 자신이 고른 답이 정답인 것처럼 '몇 번 문제는 답이 무엇이다.' '어떤 근거로 이 답이 정답이다.' 등을 논하곤 했다. 집에 가는 버스에서 그들의 답과 맞춰 보니, 마치 다 틀린 것 같았다. 1차 시험은 가채점 결과를 빨리 알 수 있다. 학원별 선생님들이 가답안을 올려주기 때문인데, 오후 일찍 답이 나왔으나 나는 바로 맞춰보지 않았다. 토요일이었는데, 사무실에 와서 잔업을 할 게 있었고 당시 친구와 점심 약속을 해 둔 터였기 때문이다. 점심을 먹고 사무실에 올 무렵, 1과목 행정학 답안이 먼저 공개됐다. 친구에게 이야기했더니 "내가 채점해줄까?"라고 했다. 차라리 그게 더 낫겠다 싶었다. 5문제 단위로 끊어 내가 답을 불렀고, 친구는 동그라미, 빗금을 나누어 문제별로 체크하기 시작했다. 첫 부분에서 많이 틀린 것 같아 더 이상 보지 않고 마음을 비우며 번호별 답안만 불렀다. 과목별 25문항이기에, 한 과목 채점은 금방 끝났다. 포커페이스인 듯 하지만 약간의 웃음기를 띈 친구의 표정, 점수는 76점이었다. 행정학을 제일 못 봤다고 생각했고, 단체 대화방에서 내가 틀렸다고 체크한 문제들이 너무 많았기에 사실 반 포기였지만, 생각보다 높은 점수에 놀라 친구와 크게 하이파이브를 했다. 하지만 2과목이 남은 상태, 먼저 만난 친구는 집에 가고, 나머지 2과목을 채점하려는 찰나, 다른 친구가 퇴근길 내 사무실을 지나가는데 커피 한잔하자고 연락이 왔다. 마침 1시간가량 기다리면 친구가 올 수 있을 듯하여, "네가 와서 2과목 채점 좀 해줄래?"했다. 친구를 기다리는 1~2시간이 참 길게 느껴졌다. 다른 수험생들은 이미 합격 불합격 결과를 알고 단체 대화방이 불이 났다. 나도 빨리 결과를 알고 싶었다. 그냥 혼자 채점할까 했지만, 불합격하면 친구와의 약속을 깰 것 같아 그냥 얼굴 본 김에 채점하자고 생각했다. 친구가 도착했다. 나머지 2과목을 한 과목씩 채점했다. 민법은 워낙 자신이 있는 과목이라 공부 시간을 크게 투하하지 않았지만, 그래도 예상 밖으로 고득점은 하지 못했다. 물론, 60점은 넘었지만 내 기대치에는 한참 못 미쳤다. 2과목까지 60점 평균 기준 합격 점수에 아주 안정적인 상황이라, 나머지 행정법 과목이 과락만 면해도 무조건 합격하는 상황이었다. 25문제이므로 문항당 4점, 10문제만 동그라미가 쳐지면 합격이 확정된다. 행정법 역시 내 예상과는 다르게, 이번엔 낮은 득점을 예상했음에도 민법보다 고득점이 나오는 신기한 경험을 했다. 3과목 평균 안정권 합격인 것을 보고, 시험지를 들고 소리를 질렀다. 그리고 친구와 진한 포옹을 했다.

그렇게 1차 시험에 합격을 했다.

<2차 시험 최종합격>
주경야독, N잡러의 인간승리

2024년 12월 04일. 쓰디쓴 불합격의 고배를 마셔본 작년의 나는, 정확히 약 1년 만에 똑같은 결과를 맞이할지, 꿈에 그리던 합격의 순간을 맞이할지의 귀로에 섰다. 합격자 발표 전날은 시험 전날만큼 떨렸던 기억이 생생하다. 아니, 시험날보다 더 떨렸다고 해도 과언이 아니었다. 잠을 거의 설쳤다. 전년도 불합격할 때의 전날처럼, 잠이 오지 않아 평소 하지 않던 컴퓨터 게임을 했다. 오랜만에 잡생각을 잊고 싶어 어릴 때 하던 게임까지 하며 떨림을 잊으려 노력했다. 초시 불합격 당시에는, 정말 기대감이 컸다. 복기 내용을 말했을 때 주변에서의 반응, 선배 행정사들의 예측, 교수님들의 예측 등 모두가 합격을 예상했다. 나 역시 지금 돌이켜 보면 무슨 자신감이었는지 합격을 강하게 예측했었기에, 기대가 컸던 만큼 실망감이 컸다. 불합격의 쓰라림은 너무 컸다. 방문을 열고 내 표정을 바라보시며 애써 안타까움을 감추고 나를 위로하기 바빴던 작년의 어머니 표정도 다시 아른거렸다. 내 방문을 열고 나갔을 때 내 표정을 보고 애써 날 위로하시려던 어머니의 모습은 절대 잊을 수 없었다. 그 모습을 두고두고 기억하고, 12회를 준비했다. 12회 유예 합격 발표날 당시에는 마음을 어느 정도 비웠던 거 같다. 물론, 기대감이 없지 않았으나 작년처럼 설레발을 치지도 않았다. 그리고 주변에 아무 얘기도 하지 않고 조용히 기다렸다. 다만, 합격이든 불합격이든 그때의 내 모습을 온전히 담고 싶어, 오전 8시 50분에 영상을 켜 촬영을 시작했다. 불합격하면 개인 소장이 될 것이고, 합격하면 바로 '행정사 이승주 TV' 채널을 개설하여 첫 영상으로 올리겠다는 수험생일 때부터의 내 가시화된 목표 중 하나였기에, 그대로 실행했다. 8시 51분, 52분, 53분 미친 듯이 심장이 뛰었다. 그 어떤 때보다 떨렸다. 촬영 중이던 영상에 기도를 하고 오겠다고 말하고, 어머니와 미리 약속한 대로 8시 55분이 되어 작년의 나처럼 똑같이 거실 마룻바닥에 무릎을 꿇고 기도했다. 다만, 올해는 어머니와 함께 손을 맞잡고 기도했다. 8시 58분, 59분 무릎이 아프고 등에서 식은땀이 흘렀다. 군기가 정말 세다던 나의 대학 1학년 시절 연극영화과의 기합을 받을 때와도, 군대에서 받았던 어떤 힘든 훈련 때와도 비교할 수 없을 만큼 시간이 흐르지 않았다. 그때만큼 시간이 더디게 흐른 적은 없었다. TV 시계가 9시 정각을 가리켰다. 컴퓨터에 카카오톡 PC버전 로그인을 해두고 음향을 크게 키워두었기에, 알림이 오면 바로 소리가 나서 알 수 있었다. 9시가 된 후 10초, 20초, 30초 점점 희망이 사라졌다. 작년의 내 모습과 똑같았다. 어머니는 다른 경우의 수는 없는지, 혹시 누락이 돼서 안 온건 아닌지 물어보셨다. 기도를 마치고 방에 들어가 모든 게 다 물거품이 된 것 같은 기분으로 "떨어졌나보네...."라고 말하며 앉았다. 9시 1분이 넘은 시계를 바라보았다. 모든 게 절망적인 느낌이 들었다. 그래도 혹시 몰라 큐넷 사이트에 로그인 해둔 화면을 새로고침 화면을 하고 합격자 발표 조회를 눌렀다.

헉!!! '합.격.'이었다.

시험명	구분	수험번호	응시종목	시험결과	일자리찾기	취업지원
2024년 제 12회 행정사	2차	▨▨▨	일반행정사	합격	찾기	보기

"이승주님 일반행정사[2차] 합격 을 진심으로 축하드립니다."

1

· '나의 시험결과'는 해당시험의 합격자발표기간(발표일로부터 60일간)만 조회되며, 수험번호를 클릭하면 득점내역을 조회할 수 있습니다.
· 시험정보(모범답안, 배점, 세부문항별 득점 등)는 '공공기관의 정보공개에 관한 법률 제9조제1항제5호' 의거 비공개 사항임을 반드시 확인하시기 바랍니다.

〖제12회 행정사 최종합격을 했다. 꿈만 같은 순간이었다.〗

'합.격.' 두 글자를 보는데, 정말 믿기지가 않았다. "오!! 오!!!!! 오!!!!!! 어머니!!!!! 어머니!! 합격!!! 합격!!!!"이라고 외쳤다. 내가 정말 합격이라고? 정말? 온몸에 소름이 돋았다. 어머니 역시 이 기쁨의 순간을 나보다도 더 기뻐해 주시며, 합격을 확인함과 동시에 나와 부둥켜안았다. 나보다도 내 합격을 더 기뻐해 줄 수 있는 사람, 세상에서 단 한 명, 어머니다.

"이승주 행정사님~!!!!"이라고 말씀하시며 날 꼭 껴안아주시던 어머니의 작고 가녀린 품이, 생생히 기억난다. 얼마나 기다리셨을까. '이승주 행정사'를 얼마나 불러보고 싶으셨을까. 그리고 어릴 때 그렇게 내가 쏙 안기던 그 품이, 이젠 왜 이렇게 작고 가녀린 것일까. 그 순간 울컥했다. 만감이 교차했다. 그래도 무엇보다, 가장 큰 감정은 '미친듯한' 기쁨이었다.

〖합격 순간, 어머니와 부둥켜안고〗

　작년의 설움과 그 복잡 미묘한, 미칠듯한 패배감과 좌절감을 딛고, 1년간 매일 6개의 일을 하고 하루 2시간을 자며 정말 온몸이 상하는 느낌을 겪었다. 심신의 한계를 딛고 끝내 합격했기에 기쁨은 배가되었다. 매주 주말 새벽 늦게 자고 새벽 일찍 일어나는, 거의 밤을 새우듯 하고 시험을 치러 간 12주의 주말반 학원. 평일에 정말 많은 손님과 각종 업무들, 저서 출간, 다른 이의 출판의 감수, 칼럼 기고 요청 등까지 업에 포함하지 않았던 모든 일들까지 다 소화를 하고 이룬 쾌거였다. 몸이 많이 망가지는 느낌을 받았으며 정신적으로 매우 피폐했다. 잠을 못 자니 면역이 약해지고 손과 발의 습진, 몸 전체의 염증, 원형 탈모, 대상포진, 점액 낭종 수술(입안에 크게 부종 같은 것이 생기는 것), 무좀, 비문증, 역류성 식도염, 몸살감기, 인후염, 어지럼증 등 약 5개월의 유예 생활 동안 이 많은 병이 생겼다. 대부분 내가 대표이거나 내가 책임자로 일을 하는 업무기에 업무를 놓을 수도 없었다. 모두가 뜯어말렸다. 그럼에도 나는 끝까지 갔다. 맨땅에 헤딩, 나의 중개 일기의 마지막 문구처럼, '그럼에도 불구하고 나는 직진'했다. 시작하면 끝을 봐야 했다. 그게 내 성격이었기에. 그리고 끝내, 이겼다.

정신을 차리고 이곳저곳 내 합격 소식을 기다렸던 가까운 지인들에게 연락을 돌렸다. 연락을 돌리기 시작하니 한국산업인력공단에서 카톡 알림이 왔다.

시간은 9시 6분, 매우 늦은 시간이었다. 초시 때, 불합격 때에는 정말 불합격이어서 그랬다지만, 그 이전에도 원래 매년 9시 정각에 카톡 알림이 울리는 것이 맞다. 안 울리면 불합격이라는 정설에 따라 불합격이라 판단했는데, 의아했다. 알림 신청도 해두었는데, 이상했다. 정확한 이유는 공식적으로 듣지 못했지만, 전날인 12월 3일, 윤석열 대통령의 계엄 선포로 전국이 밤새 야단 났었던 이유가 아닐까 싶다. (새벽에 그런 일이 있었던 것을 전혀 모를 만큼 온 정신이 합격자 발표 한 곳에만 가있었다.) 산업인력공단 역시 그 여파로 6분이나 카톡이 늦지 않았나 싶기도 하다. 그 이유 말고 아직까지 다른 심증이나 가능성은 없다. 만약 밖에 있었거나 카톡 알림으로 확인만 가능했던 상태였다면 그 6분은 정말 지옥 같았을 거 같다. 아니면, 그쯤이면 포기 단계에 있었을까 싶기도 하다.

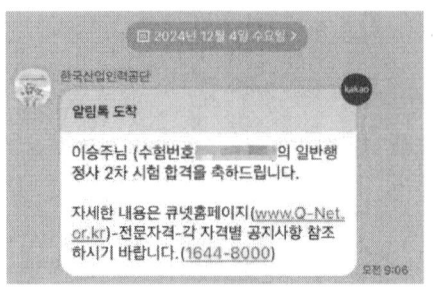

〖큐넷 합격자발표 카톡. 오전 9시 00분이 아닌, 6분 늦은 9시 06분에 왔다.
해당 메시지 대화방은, 지금도 '고정'을 해두어 대화방 제일 위에 있다.〗

다시금 지금 생각해 봐도, 그때의 합격 순간은 그 어떤 합격 때보다 기뻤으며, 어떤 순간보다도 기뻤다. 그만큼 힘들게 준비했고, 나 자신에 대한 도전이었으며, 나 자신의 한계를 극복했기에 그 성취감은 정말 컸다. 무엇보다 작년 불합격을 확인하고 방문을 열고 나올 때 내 표정을 보시던 어머니의 표정을 정말 잊을 수 없었기에, 사진처럼 이렇게 해맑게 기뻐하시는 모습을 볼 수 있게 되어 더더욱 기뻤다.(혹시 이 내용을 영상으로 보고 싶은 독자분들께서는 '행정사 이승주 TV' 채널의 첫 영상을 보시면 된다.)

이렇게, 최종 합격을 하며 '12회 행정사 이승주'가 되었다!

"불합격하는 운명이라고요?"
합격으로 증명한 그들의 헛소리

    나는 종교가 없다. 종교적 선입견도 없으며 종교에 대해 유연한 사고방식을 갖고 있다. 종교를 강요하지 않는 한, 비판적이지도 않을뿐더러 종교에 대한 자유는 누구나 있으며 존중한다. 다만, 종교 외적으로 미신이나 사주, 신점 등은 믿는 편이었다. 7년 전, 공인중개사 공부를 시작할 무렵이었다. 지인이 유명한 점집이 있다며 한번 가보라고 했다. 재미 삼아 신점을 보러 갔다. 깃발 몇 개를 돌리면서 혼잣말로 중얼거리는 무당의 인상은 사납고, 무서웠다. 나에 대해 얼추 맞췄다. 대화의 끝 무렵, 본론을 물었다. "제가 올해 중요한 시험을 보...." 여기까지 말했는데, 말을 탁 끊더니 "올해는 죽어도 안돼. 때려 죽여도 못 붙어. 천지신령님이 와서 도와줘도 못 붙어. 책 봐야 아예 헛수고니까 시간 낭비하지 말고 내년에 해." 기가 찼다. 그 말을 듣고 의지가 생기지 않아 1달간 책을 쳐다도 보지 못했다. 그 후, 한낱 무당의 말을 듣고 내 인생을 결정지을 수 없다는 생각에 공부를 다시 시작했다. 약 6개월 만에 공인중개사 동차 합격을 했다. 그것도 1차 시험은 상위 점수 2%로 말이다. 초시 동차 합격률이 약 7% 정도 였던 해였기 때문에, 나름 자부심을 가져도 되는 점수였다. 시험 전날, 시험 당일까지 그 무당의 말이 미친 듯이 맴돌았다. 시험을 공부하는 중에도, 그 과정에서 힘든 시간들과 나날들에서도 그 말들이 계속 메아리쳐서 포기하고 싶은 순간도 많았다. 그 무당이 틀렸다는 것을 증명한 이후로, 다시는 점을 보지 않으리라 생각했었다. 그 다짐은 행정사 공부를 하며 깨져버렸다. 행정사 초시 때, 시험 일자에 다다르면서 겁이 났다. 솔직히 말하면, 시험을 보기 전에 이렇게까지 겁이 났던 적은 처음이었다. 학원에서 모의고사를 쳐본 적도 없이 인강으로, 혼자 공부로 시험을 준비했기 때문에 주관식 논술 시험에 대한 두려움이 커져갔다. 지푸라기라도 잡는 심정으로 마음의 위안을 위해 덕담이나 받아볼까 하여 사주를 봤다. 이번에도 "떨어진다."였다. 그 말을 희석하고 싶어 다른 사람들에게 전화상담으로 사주를 봤으나, 3명의 사람들이 모두 "떨어진다."고 했다. 그 말은 씨가 됐다. 시험에 떨어지고 나서, 겁이 더 났다. '아, 내년에 만약 공부하게 되면 정말 안 봐야지.'라고 생각했다. 신년이 되었고, 바보 같이 또 신점을 보러 갔다. 신점을 본 사람은 초지일관 굿을 해야 풀린다는 말만 하면서 거액의 굿 값을 요구했다. 누가 돌아가실 거니 굿을 해라, 잘 풀리려면 굿을 해야 한다. 시험에 붙을 거면 굿을 해야 한다는 등 온갖 이야기를 굿으로 승화했다. 내가 들어오는 순간부터 불합격이 보였다며, 결과가 정해져 있다고 했다. 기분이 또 찜찜했다. 그렇게 바보같이 혼자 계속 무덤을 파는 행위를 했다. 그 후 몇 개월이 지나 유예생으로서 공부를 시작하게 됐다. 5월 말, 생일 겸 첫 저서 출간 기념으로 혼자 해외여행을 다녀왔다. 그 후 6월부터 마음먹고 공부를 시작했다. 공부를 하면서 놓아야 하는 것들이 다시 많아졌다. 이번에는 주말반으로 학원을 다녔기에, 금요일 밤부터 밤을 새워 공부를 하고 이른 오전 학원에 가서 시험을 봤다. 그리고 사무실에 출근해서 일을 하고, 또 밤을 새워 공부하다가 일요일도 시험을 봤다. 한 주도 빠지지 않았다. 성적은 올라갔고, 모범답안으로 선정된 경우도 몇 회가 있었을 만큼 점수는 괜찮았다. '아, 이제 합격권에 들어갈 수 있을 것 같은데. 이번에 한 번 또 봐볼까?' 신점, 사주 중독(?)에서 벗어나기가 힘들었다. 여름부터 시작하여 거의 10명에 가까운 이들에게 사주, 타로를 봤다. 그중 단 한 명만이, "올해 붙으시겠네요."라고 했다. 그는 작년 초시 때에도 유일하게 "올해 붙으실 거예요."라고 했던 사람이다. 11회 시험때에는 그가 유일하게 틀렸지만, 12회 시험때에는 반대로 그가 유일하게 맞춘 사람이 됐다. 심지어 시험 2일 전에 타로를 봤던 이는 "시험지를 받아보는 순간 머리가 하얘지실 것이고, 실력 발휘를 못하시는 그림이 나와요. 시험에 기대를 하지 않으시는 게 좋겠어요."라는 말을 했다. 기분이 매우 나빴다. 시험 이틀 전까지 그런 말을 듣다니. 그래도, 10명 중 단 한 명이 붙는다고 했으니, 그의 말에 힘을 내보자고 생각했다. 100명 중 1명은 아니니까. 친구가 내게 했던 말이 생각났다. "승주야, 넌 늘 뭐든 10% 안에 들지 못한 걸

못 봤어," 그래, 이번에도 증명하자. 난 자신이 있으니까! 무엇보다, 나를 믿자고 생각했다. 그렇지만, 주관식 시험은 어떤 문제가 나올지도, 경쟁상대들이 어떻게 답안을 썼는지도 매우 중요하기 때문에 소위 '천 · 지 · 인'이라고 하는 '하늘 · 땅 · 사람' 3대 요소가 모두 도와야 합격할 수 있다고 생각했다. 시험 후 2달간의 피말리는 시간이 지나갔다. '최종 합격' 두 글자를 보는 순간. 딱 1년 전의 슬펐던 나와 정반대로 세상에서 가장 기쁜 내가 된 순간, 모든 것을 보상받는 기분이었다. 합격 후 정말 많은 축하를 받았다. 시간이 지나 떨어질 거라고 했던 그 많은 이들에게 다시 결제를 하여 "저 붙었는데요?"라고 한 마디 한 방씩 날려주고 싶었지만, 무의미하다고 생각해서 넘겼다. 근거도 없이 내키는 대로 말하면서 푼 돈을 받아먹는 돌팔이들에게 다시 돈을 써가며 내 좋은 소식과 기운을 나눠줄 필요가 없었기 때문이다.

그렇게, 합격으로 그들의 '헛소리'를 또 한 번 증명했다.

당부하건대, 독자 중 수험생이 있다면, 절대 미신에 의지하지 말라고 전하고 싶다. 먼저 여러분 본인을 믿을 것이며, 주변에서 진심으로 응원하는 가족의 사랑과 응원만을 힘입어 공부를 하길 바란다.

합격후기 작성과
시험문제 복기에 관하여

처음 원고에는 시험 후 복기한 내용을 메모장에 모두 적은 내용을 다 옮겨 적었다. 하지만, 내가 푼 나의 시험 문제 복기는 많은 독자 여러분에게 큰 의미를 주지 못할 것 같다는 생각에, 이를 줄이고 복기에 관하여 합격자로서 도움되는 내용을 정리하고자 한다.

첫째로, 시험을 끝까지 치르고 나서 복기를 해야 한다. 1교시 2과목이 끝난 후에 복기를 하는 순간 본인이 본인을 갉아먹는, 멘탈이 무너지는 상황이 생길 수 있다. 다른 수험생들의 중얼거리는 소리, 정답이 어쩌고 저쩌고 하는 이야기는 모두 '마이동풍' 해야 한다. 꼭 명심해야 한다. 시험장에서의 멘탈 관리도 시험의 일부다. 내가 빌런을 양옆에 만나고도, 1교시 후 다른 수험생의 다른 답안 복기를 듣고도 합격할 수 있었던 이유는, 바로 이 멘탈 관리였다. 한순간 무너지면 와르르 무너지는 게 시험장에서의 멘탈이다. 끝까지 부여잡기 위해서는, 복기는 뒤로 미루자. 잊지 말자. 기회는 1년에 단 한 번, 그 순간뿐이라는 것을.

다음으로, 복기를 한다면 추천하는 순서가 있다. 가장 애매했던 것, 가장 어려웠던 부분, 가장 헷갈렸던 문제의 논점이나 키워드를 가장 먼저 복기한다. 그 이유는, 어차피 본인이 알고 쓴 문제라면 잘 아는 문제일수록 복기는 하루가 지나든, 이틀이 지나든 가능하다. 시간이 지날수록 본인이 어떻게 썼는지 모르겠는 바로 그 부분 때문에 합격자 발표까지 2달의 시간이 피를 말리게 한다. 물론, 이는 굳이 따지면 그러하다는 것이다. 실제로는 대부분 과목 순서대로, 문항별로 복기를 한다. 신기하게도 복기가 대부분 될 것이다. 본인이 미친 듯이 집중해서 썼기 때문이 아닐까 싶다. 다만, 불의타는 절대 복기가 완벽하게 되지 않는다. 아니, 복원이 안된다. 하지만 대략 어떤 목차를 구성했고, 어떤 키워드를 썼는지 정도는 분간이 될 것이다. 그 정도라도 빠르게 복기해야 한다. 문득 갑자기 다른 일이나 생각을 하고 있다가 기억이 안 나던 복기 내용이 확 떠오를 때도 있다. 그 기억은 오래가지 못하기 때문에, 그 순간 바로 기록하자.

끝으로, 복기를 위한 시험을 보면 안 된다. 주객이 전도되어서는 안 된다는 것이다. 설사 복기할 여력이, 여념이 없을 만큼 미친 듯이 써 내려갔더라도, 그냥 그걸로 된 것이다. 어차피 복기는 모범답안을 확인하고 본인의 점수 및 당락 여부를 조금이나마 가늠해 보는 가늠자 역할을 해줄 뿐, 답안에 한 자라도 더 적는 것이 100배, 아니 1,000배 낫다.

끝으로, 만약 유예생이 되었다면 꼭 해야 할 것이 있다. 바로 '답안지 열람 신청'이다. 합격자 발표 후 답안지를 열람할 수 있는 제도가 있다. 한국산업인력공단에서 정해준 시간에 신청을 하고 방문하면, 감독관의 통제하에 열람을 할 수 있다.(답안을 볼 수 있는 시간은 충분하니 걱정하지 않아도 된다.) 유예생으로 합격한 사람 중 상당수가 답안 열람을 한 것으로 알고 있다. 나 역시, 절치부심을 위해서 정말 꼴도 보기 싫었던 불합격 답안지를 확인하러 추운 겨울에 추운 마음까지 안고 갔던 기억이 난다. 실제 받은 배점을 기억하고 갈 수 있기 때문에, 예상보다 못 나온 문항이나 과목은 반드시 집중해서 보아야 한다. 그 또한 복기의 일부고, 내년을 위한 준비의 일부다.

끝으로, 나의 합격 후기 및 복기를 보고자 한다면, 네이버 블로그 '행정사 & 공인중개사 이승주'를 검색하여 2024년 12월 19일에 포스팅한 '[행정일기] [Ep. 3] 뒤늦은 12회 행정사 시험 합격 후기와 합격 후 답안지 열람 후기'에서 자세히 볼 수 있다. 정말 길게 작성했으므로, 본서에서는 더욱더 유익한 내용을 담고자 나의 시험 복기 내용을 생략한다.

처음 행정사 공부를 하기 전, 정말 많은 합격자 후기를 찾아본 기억이 난다. 초반 한두 달, 그 이후 힘들 때에도 습관처럼 합격자 후기를 찾아보고 또 보면서 힘든 시간을 이겨냈던 기억이 난다. 이 책을 보는 여러분 중 수험생이라면, 이 책을 보고 큰 동기부여를 받기를 바란다. 합격 후기를 쓰는 꿈만 같은 순간을, 꼭 느껴보기를!

합격하기 위한 필수 꿀팁

1. 여러분만의 필수 세리머니(Ceremony)나 심벌(Symbol)을 만들 것.

국가대표들, 선수들, 생명을 거는 일을 하는 이들은 각각 자신만의 시합 전, 경기 전, 출타 전 세리머니나 심벌이 있다. 형사들은 범인을 잡기 위해 속옷을 어떤 색만 입거나 안 갈아입는다는 것이나, 어떤 국가대표는 시합 전에 무얼 한다 같은 것이다. 나의 경우 꼭 시험 전에 스니커즈를 먹었다. 실제로 집중력을 높여주는 효과가 있고, 효과가 좋기도 하다. 또한 21살에 우연히 주웠던 '게스(guess) 메탈 시계' 역시 18개의 자격증을 취득할 때 항상 함께했다. 시험장에 가서도, 그 과정을 함께 했던 친구라는 생각에 마음이 조금 놓이고 실제로 심리적인 효과가 크다. 그 시계를 앞에 놓고, "이번에도 꼭 합격하자!"라고 말하며 기운을 불어넣었다.

2. 행정사 배지를 하나 선물 받아보자.

행정사 배지를 올려두고 공부를 했다. 배지를 달고 일하는 내 모습을 상상했다. 난 항상 꿈을 꾸면 상상을 하고 그 꿈을 이루기 위해 그리고 또 그려왔다. 꿈을 자신의 눈앞에 두길 바란다. 누적 사용한 펜들을 모아두는 것, 다 쓴 답안지를 모아서 사진을 찍어두는 과정을 거쳐 순간순간을 집중하고 그 점을 모아 선을 만들겠다는 생각을 했다.

3. 책마다 '12회 행정사 이승주'를 꼭 써두었다.

자기암시를 아주 강하게 했다. 그리고 합격 후 배지를 달고 개업하는 내 모습을 정말 많이 그렸다. 그리고, 꿈이 모두 이루어졌다. 정말 힘들 때에는 꼭 가고 싶었던 해외에 놀러 가는 것을 상상하고 비행기표를 캡처해두기도 했다.

4. 앱을 활용하자.

'열품타'라는 앱을 들어보았을 것이다. 나는 우연히 인강을 듣다가 칠판에 적힌 '열품타 행정사 수험생 방'을 보고 알게 되어 시작했다. 앞서 언급한 앱이다. 열정을 품은 타이머의 약자로, 목적을 가진 수험생 중 한 명이 방장으로서 방을 개설한다. 수험생들이 목적에 맞으면 그 방에 들어가서 타이머를 켜고 공부시간을 측정하는 것이다. 정말 강한 자극이 되고, 외로운 수험생활에 외로운 느낌을 없애주는 앱이기도 하다. 나 혼자만 이 고독한 싸움을 하는 것 같은 기분을 자주 느낀다. 특히, 나는 모델을 했을 때에 친하게 지냈던 동생이 힘들게 수험생활을 하는 당시에 세계적으로 톱스타가 되는 것을 보기노 하고, 마음을 나누었던 지인들이 모두 결혼하는 소식을 들으며 '고독'과 '뒤처지는' 기분에 심적으로 매우 힘들었다. 특히, 새벽에 주로 공부를 했기 때문에 감수성이 예민해지는 시간대였다는 것도 영향이 컸을 것이다. 다시 돌아와서, 누구나 공부하는 시기인 고3이 아닌, 선택하여 본인만이 고독한 길을 걷는 것이기 때문에 위로받고, 마음 나누고, 경쟁할 사람이 없다. '자기 자신과의 싸움'이라는 말이 맞다. 그럴 때 같은 목적을 갖고 달리는 다른 수험생들의 공부시간을 보면서 많은 자극을 얻고 힘을 얻는 것이다. 다만, 유의할 부분이 있다. 절대적인 공부시간 타이머에 너무 목을 메지 말란 것이다. 하루에 10시간을 넘어 15시간씩 타이머를 켜둔 수험생들이 제법 보였다. 만약 정말 그 시간만큼 공부했다면, 떨어질 수가 없다. 인간의 집중력과 체력에는 한계가 있다. 공부 시간만 채우는 것은 의미가 없다. 그냥 앉아있는 것뿐이다. 짧고 효율적으로, 집중해서 공부하는 것을 권한다. 시험공부는 그래야 한다.

다음으로, 유튜브에서 asmr을 검색하여 듣고, '뽀모도로'를 검색하여 공부 타이머 역할 겸 집중력을 함께 키우자. '뽀모도로 45분', '뽀모도로 1시간', '뽀모도로 90분' 등으로 검색하면 시간대별로 콘텐츠가 있으니 본인의 집중력에 맞추어 타이머로서 활용하면 좋다.

5. 자투리 시간을 '무조건' 활용하자.

가장 중요하다고 생각한다. 전업 수험생이 많다고 하더라도, 성인이고 더불어 나이가 조금 있다면 소득활동과 사회생활을 미루며 전업 생활을 하기는 불가능에 가깝다. 더욱이, 육아까지 병행한다면 수험생으로서의 상황은 가장 힘들 것이다. 이동하며 다닐 때, 집안일을 할 때, 운전할 때, 자기 전에 학원 강의 애플리케이션이나 pdf 파일 등을 활용하여 자료를 계속 보고 또 듣는 것이 좋다. 다시 말하지만, 시간적으로는 전업 수험생에 비해 직장 병행, 육아 병행은 시간적으로 훨씬 불리한 조건에 있는 것이 절대적 사실이다. 하지만, 6가지 일을 병행하며 합격한 사람으로서, 절대 불리하지 않을 만한 만고불변의 진리 한 가지가 있다. 이는 바로 '자투리 시간을 활용하는 것'이다. 내 성격상, 그리고 경험상 하루 종일 책상에 앉을 시간이 있다고 해도 집중력이 그렇게 받쳐주질 못한다. 최대 집중 시간이 1시간에서 정말 길어야 2시간 사이다. 그 1시간 사이에도 수없이 휴대전화를 들여다보고 전화를 받았으며, SNS를 하기도 했다. 시험 일자에 임박하는 막바지가 되지 않고서는 장시간 또는 하루 종일 할 수가 없는 스타일이다. 대신, 짧게 또는 틈틈이 틈새 시간을 활용하여 더 높은 집중력을 발휘한다면 훨씬 좋은 성과를 낼 수 있다. 물리적인 시간을 많이 투하하면 좋지만, 그게 반드시 점수와 합격으로만 무조건 이어지는 것은 아니다. 얼마나 효율적으로, 소위 가성비 있게 공부하느냐가 중요하다. 운전 중에, 출퇴근 길에, 집안일을 하며, 그 외 운동 시간이

나 걷는 길에 나는 항상 강의를 들으며 갔다. 자기 전에도 강의를 틀어놓고 잠에 들었다. 그 시간을 순수 공부시간으로 산입하지 않았지만, 실제로 그 시간들도 많거니와 합격에 큰 영향을 미쳤다고 생각한다. 시험은 기세가 중요하고 흐름이 중요한데, 내 상황을 온통 시험 준비에 맞추게 되는 환경을 만들기 때문에 더욱 도움이 된다는 것이다.

예전 군대를 카투사(주한 미군 지원으로 내가 지원할 당시 토익 780 이상자들이 지원하면 그 안에서 뺑뺑이로 추첨하였다.)를 지원하기 위해 2주 만에 토익 875점을 만든 적이 있다. L/C 점수가 거의 만점이 나왔는데, 그 2주간 내 방부터 내가 다니는 모든 곳에 온통 영어 라디오와 영어로 된 신문, 영어 뉴스만 봤다. 결국 카투사가 떨어지고 육군 병장 만기제대를 하게 됐지만, 그 이후에 잠깐 취업 준비를 하던 때에도 역시 같은 점수를 2주 만에 앞선 상황과 똑같이 만들었다. 그렇게 환경을 만들고 나를 철저하게 그 안에 두면 큰 도움이 된다는 것을 말하고 싶었다. 이순신 장군은 '필생즉사 필사즉생'이라 했다. 너무 공감한다. 하루 종일 앉아있는 수험생을 폄훼하는 게 아니라, 시간이 부족하다고 좌절할 필요 없다는 것이다. 전업 수험생은 귀한 1년 혹은 그 이상을 수입 없이 시간과 비용의 투자를 해야 하므로 기회비용이 매우 크다. 그들 또한 시간을 금처럼 사용하고 악착같이 공부해야 한다. 따라서 시간이 부족하더라도 짧지만 굵게, 티끌 모아 태산을 만들 수 있다. 비록 가랑비일지라도 꾸준히 길게 오면 반드시 옷은 젖는다.

행정사 2차 시험장에서
합격까지 함께 할 펜 정하기

수험생이 가장 많이 사용하는 펜 종류는 대체로 제트스트림, 에너겔, 사라사(0.7mm부터 1.0mm를 가장 많이 사용하는데, 0.7mm가 내겐 가장 잘 맞았다.) 등이 있다. 모나미나 개인 만년필도 가끔 쓰는 이들이 있고 알파겔, 슈나이더도 들어보았으나 나는 써본 적이 없다. 다이소에서 파는 스펀지 형태의 볼펜에 끼우는 것도 써보았으나, 손이 크고 평소에 펜을 잡던 그립이 달라지면서 익숙하지 않아 더 불편했다. 꽤나 많은 펜들을 시도해 보았는데, 내게는 최종적으로 제트스트림 0.7mm가 가장 잘 맞았다. 펜은 가급적 한 번 정하면 그 펜에 익숙해지도록 쭉 가져가는 것이 좋다. 초반에는 꼭 이 시행착오를 거쳐보면서 나에게 가장 잘 맞고 안정감 있는지, 답안을 작성해 보고 나서 가장 깔끔해 보이는 답안이 어떤 것인지도 보는 것이 좋다. 채점관도 결국은 사람이기에, 악필 여부를 떠나 글씨를 알아볼 수 있어야 하고 분량의 부분과 전체적인 '숲'의 부분을 보고 첫인상을 심어주기 때문이다. 정말 악필인 내 기준으로 어떤 특성들이 있었는지 이야기해보자면, 에너겔은 '펜을 빨리 쓰는 맛'이 있다. 두툼하게, 진하게 나오는 잉크 덕에 펜의 소진 속도가 빠르고 리필심 구입을 많이 하는 펜이다. 다만 펜의 그립감은 조금 두툼하고 나처럼 악필인 경우에 글자도 두껍게 써지고 진하게 써지는 부분이 있어 시각적으로 더 불편함을 주어 1개를 써보고 그 뒤로는 사용하지 않았다. 글자 수가 적거나 워낙 글자를 작게 쓰는 수험생에게 추천해 볼 법 하다. 사라사는 0.7mm를 써봤는데, 그냥 시중에서 쓰는 평범한 볼펜의 느낌이었다. 특이한 기억이나 기록은 없다.

가장 잘 맞고 부드럽게 써지며 가독성도 두께도 모든 것이 악필인 나와 인연이 닿았던 펜은 최종적으로 제트스트림이었다. 제트스트림도 1.0과 시행착오를 거쳐보았는데, 1.0의 경우 두께감이 더 크고 글자가 더 예쁘게 보이지 않았다. 무엇보다, '느낌'이 0.7mm에 비해 현저히 좋지 않았기에 제트스트림 0.7mm로 정했다. 꼭 추천하고 싶은 한 가지는, 최종적으로 시험장에 갖고 갈 펜 한 자루를 공부하는 책상 위에 올려두길 바란다. 시험날까지 매일 D-day 카운터로 그날 그날의 공부 일지와 D-day 카운트를 함께 하는 것도 매우 추천하며 동기부여를 위해 앞서 말한 선배 행정사에게 배지 1개를 선물받거나 구입을 해달라고 하여 펜과 같이 두는 것을 강력히 권한다. 사람은 시각적으로, 목표화와 수치화를 시켜놓아야 그 힘이 배가된다. 나만 그런 것이 아니라 생각하기에, 반드시 추천하는 부분이다.

나는 펜을 많이 쓴 편이 아니다. 16자루 정도밖에는 안되었으니 말이다. 답안지도 6권 정도밖엔 안됐다. 대신, 유예생 때에는 큰 마음을 먹고 토요일 낮 손님이 많은 중개업과 각종 현업을 포기하며 새벽에 일어나 일찍 학원에 가서 매주 모의고사를 응시하였다. 그 모의고사 답안지를 모으면 매주 한 과목에 8p씩 4과목, 32p가 되고 이를 12주 빠짐없이 나갔으니 32p*12주=384p가 되기에 약 4권가량이 추가된다고 볼 수 있다. 합쳐서 10권이라고 할지라도 합격자들의 후기를 들어보면 결코 많은 답안지 연습량은 아니었다. 물론, 초시 동차 땐 이보다도 적었으며(볼펜 약 10자루, 답안지 약 5권) 모의고사는 단 한 번도 보지 않았다.

〖12회 유예 공부 시, 당해 최종합격까지 쓴 답안지 / 최종합격까지 사용한 볼펜〗

결국 자기만의 공부법을 찾아야 하는 것이 합격의 지름길이자 관건이고, 공부 초기에 바로 이것을 해야 하는 것이다. 나와 끝까지 함께 갈 공부 방법, 펜, 도구 등을 찾는 과정이 초기에 정말 중요하다. 단, 시행착오는 짧고 굵게 거쳐야 하며, 2차 시험 준비하는 첫 바퀴(1회독이라 칭한다.) 때 모두 끝내는 것이 좋다. 어물

쩡거리다가는 1차 시험 합격 후 불과 4개월 정도 남짓 되는 시간 밖에 없기에 여름이 지나면 바로 시험이므로 이도 저도 안될 수가 있다. 다음 장에 넣은 사진은 초시 때, 불합격 했을 때 공부했던 책 모음이다. 노하우도, 방법도, 모의고사라는 것도 하나도 몰랐던, 처음 논술을 경험했던 터라 당시에는 갈피를 잡느라 정말 힘들었다. 약 3개월가량, 당시에도 새벽 공부를 주로 하였고 학원을 다니지 않아 컨트롤을 하기가 더 힘들었다.

〚11회, 초시 불합격 당시 쌓아둔 책〛

행정사는 최근 출원인과 난이도가 모두 올라가면서 합격률이 급격하게 하락하고 있다. 그렇기에 유예생이 훨씬 많아지고 있는 시험이다. 따라서, 부득 유예를 하게 된다면 반드시 본시험을 경험해 보고, 혹시 불합격을 하게 되었더라도 반드시 초시 때 불합격한 원인과 이유를 분석해야 합격의 길로 갈 수 있다. 명심하여야 한다. 나는 사무관리론을 학원에서 배포하는 A급 논점만 공부했기에 1문제 밖에 제대로 풀지 못했고, 실무법의 비송사건에 대해 이해와 암기가 부족했다. 결국 그 2개 때문에 코앞에서 고배를 마셨다. 그 후 유에 때에는 그 두 개의 부분을 집중해서 더 많이 공부했으며, 최종 합격을 할 수 있었다. 당시에는 책만 여러 권을 사두고, 알맹이 없이 공부했다. 그 부분이 패착이었다. 방법을 몰랐던 것이다. 객관식은 책을 많이, 문제를 많이 풀면 좋지만 주관식은 단권화를 하고 연습 답안지에 많이 써보는 게 중요하다. 무의미하게 방대한 자료는 절대 필요하지 않다.

행정사 2차 시험 직후,
해야 할 것과 하지 말아야 할 것

먼저, 시험 직후 해야 할 것부터 나열해 보겠다.

첫째로는, 가장 따끈할 때 복기를 하는 것이다. 둘째로는, 휴식이다. 그냥 휴식이 아니라, 정말 찐하게, 제대로 쉬어주어야 한다. 셋째로는, 자신에게 보상을 주는 것이다. 다음으로는, 여행이다. 끝으로 건강과 주변 챙기기다. 물론, 직장인이라면 대부분 시험 막바지 준비를 하느라 업무를 소홀히 할 수밖에 없기 때문에, 밀린 일 처리를 해야겠다.

다음으로 하지 말아야 할 것들은 다음과 같다.

첫째로는, 후회. 둘째로는 부정적이고 나쁜 생각. 셋째로는 미련. 다음으로는 휴식 없이 바로 내년을 준비하는 것이다. 그리고 남 욕(강사 포함), 섣부른 판단이다. 더불어, 어줍잖은 수험생과 답안 대조하는 것이다. 끝으로 섣불리 자신의 점수를 예단하는 것도 지양하길 바란다. 행정사 2차 시험은 아직 절대평가 방식을 취하지만, 60점을 넘을 수 있는 인원을 제한하기 위하여 난이도와 과목별 불의타, 폭탄 돌리기 배점 등을 통해 합격자 수를 조절한다.

사실상의 상대평가인 것이다. 그렇기에 매년 어떤 과목이, 어떻게 점수가 나올지 알 수가 없다. 간혹 시험 후 수험생들이 복기를 하면서 점수를 예측하기도 한다. 그 기준은 대부분 모범답안을 기준하여 잡는다. 하지만, 학원의 강사 답안은 20점 만점에서 16점짜리 기준일 경우가 많다. 뿐만 아니라 실제 그 배점이 정확히 이루어지리라는 보장이 없으며, 그대로 쓰기에도 무리가 있다. 또한, 실제로 어떤 과목이 어렵지 않게 잘 썼음에도 점수를 아주 박하게 주는 경우가 있다. 예를 들면, 22년 10회 실무법 과락률 70%, 23년 11회 민법 100점 만점이 아닌 60점 만점으로 배점하는 경우라든지, 24년 12회의 사무관리론 과락률 65%로서 점수를 제일 잘 주는 과목이었는데 실제로는 아니게 된 경우 등이 있다. 모의고사 시 예상되는 점수 배점으로 이뤄지지 않을 수 있고 그에 따라 점수를 알 수가 없다.

절대평가 60점으로 합격하는 시험이지만, 사실 60점을 받기 어렵게 만들어 두고 최소 인원 선발로 사실상 상대평가처럼 진행되기 때문에 점수를 쉽게 예측할 수 없다.

위의 내용들은 2번의 힘든 수험생활을 겪어 본 내가 정말 진심으로 느낀 바를 열거한 것이므로, 꼭 참고했으면 한다. 자세한 내용은 나의 유튜브 '행정사 이승주 TV'에 영상으로 올려두었기에 본서에서는 해당 내용을 짧게만 다루도록 한다.

하루 공부시간,
8시간이면 합격할 수 있을까?

　내 유튜브 '행정사 이승주 TV'에 정말 솔직한 공부시간에 대해 영상 올린 적이 있다.

　실제로 많은 수험생들이 '하루 평균 공부시간'의 함정에 빠진다. 수험생이었던 입장에서 절대적인 공부 시간에 대한 압박감, 또는 많이, 오래 앉아있었을 때 뭔가 얻은 듯한 성취감에 대해서는 충분히 공감한다. 다만, 공부 시간이 10시간, 열몇 시간 한다고 그만큼 공부를 많이 하는 게 아니다. 공부를 효율적으로 해야 한다.

　내가 정말 공감하는 영상인데, 사법시험에 합격하여 공무원 강사로 활동하고 있는 유휘운 변호사의 말이다. 그는, 고승덕이 17시간 한 것만 정말 유일한 케이스고 그것 빼고는 8시간을 집중하기 어렵다고. 정설이라고 한다. 나 역시 공감한다. 실제 공부시간이 하루 8시간이면 최상위의 집중력과 투하 시간이라고 생각한다. 나 역시 하루 8시간을 채워보려고 시도해 본 적이 있다. 체감상 유일하게 가능했던 때는 시험 바로 전 추석 연휴때뿐이었다. 정말 아무것도 안 하고 밥 먹고 공부하고 잠깐 쉬고 공부하고 또 공부하고 밥 먹고를 반복하는 수준이 아니면 채우기 힘든 시간이다. 공부 타이머 앱에 매일 열몇 시간씩 하는 이들이 있는데, 그들이 거짓이라는 것은 아니지만 공부를 해본 입장에서 하루 8시간을 찍어도 그중에 30분~1시간은 폰 보고 뭐 하고 날아가는 시간이었으며 그 시간을 빼고 7시간이었다 해도 나는 집중력이 좋지 못해서 온전히 그 시간을 다 집중했다고 보기도 어렵다. 즉, 순 공부시간은 '집중하여 공부할 수 있는 시간'을 말하고 그 시간이 하루 8시간이면 위에 언급한 대로 최상이라는 말이다. 그렇게 유사한 컨디션과 상황으로 꾸준히 몇 개월을 한다면 행정사 합격률은 매우 높을 것이다.

오래만 앉아 있는다고 합격하는 시험이 아니다. 모든 시험은 다 그렇지만, 합격해 본 공부를 기준으로 말하는 것이다. 차라리, 짧게 집중하고 집중이 풀리면 움직이며, 이동하며, 상황이나 환경을 바꾸며 공부를 다시 하는 것을 권한다. 즉, 적당히 긴장할 수 있는 상황을 반복적으로 만들면서 누적해서 집중을 하는 것을 추천한다.

공부의 절대적인 수치에 목을 매는 것보다, 하루에 구체적으로 어떠한 과목을 어떤 토픽 몇 개를 외우겠다는 것으로 자신의 공부량을 통제할 수 있는 목표를 계획하는 것이 좋다. 시간은 어차피 자연스럽게 흐른다. 논점이 빨리 외워지는 날은 4시간만 공부를 할 수도 있는 것이고, 논점이 안 외워지거나 어려운 논점들이 있으면 두 배로 시간이 필요할 수도 있다. 히루 공부시간 몇 시간보다는, 하루 목표량을 구체화, 수치화, 가시화시키는 것이 가장 중요하다고 생각한다. 나 역시 하루 공부시간은 6잡을 하며 턱없이 부족했기에 새벽 공부가 주를 이루었음을 여러 번 밝힌 바 있다. 처음으로 다녀 본 오프라인 주말 모의고사반 학원을 하루도 빠짐없이 가기 위해 주말에는 뜬 눈으로 밤을 새우다시피 하고 시험을 친 적이 대부분이다. 다시 강조하지만, 목표의 구체화, 수치화, 가시화가 중요하다. 수석 합격을 할 필요는 없다. 합격 등수는 영업력과 수익에 비례하지도, 직결되지도 않는다. 합격만 하면 된다. 나처럼 6잡을 하면서 공부를 하는 힘든 상황의 사람도, 합격할 수 있었던 이유가 바로 플래너로 매일 공부 목표와 회독표 등을 통해 '시간'보다는 '그날그날의 목표'를 쌓아나갔기 때문이라고 생각한다.

행정사 2차 문제 풀 때
순서를 어떻게 하면 좋을까?

'꼭 1번부터 풀어야 할까? 문제를 쓸 때 어떻게 써야 할까?'

많은 수험생들이 궁금해하는 부분이다. 글씨체(악필 여부)에 대해서는 더 논하지 않기로 하고, 위에 대한 부분만 답을 하고자 한다. 정답은, 1번부터 풀 필요가 없다. 그리고 문항 순서대로 답안을 기재하지 않는다고 하여 불이익은 전혀 없다. 실제 채점 시에는 문항별 답안별로 따로 복사하여 모은다고 들었다. 그렇기에 몇 번째 장에 풀었든, 그 문제 번호만을 보기 때문에 상관이 없다. 다만, 정말 유의하여야 할 부분은 문항을 기재하여야 한다는 점이다. 문항을 잘못 기재하는 순간, 다른 문제가 되므로 답안도 해당 문제만을 보고 채점을 하게 된다. 지옥이 펼쳐지는 것이다. 만점짜리 답안일지라도 0점이 되는 마법을 보게 될 것이다. 따라서, 모의고사 연습 또는 답안 작성 연습을 할 때 반드시 문제 번호를 누락하지 않고 제대로 쓰는 연습이 필수로 선행되어야 할 것이다.

다음으로 문제 번호를 적는 방식이다. 정석대로 하자면, [문제 1 - 물음 1 계약 갱신 요구권 적용 가능한가?]와 같이 문제의 물음을 함께 적어주는 것이다. 하지만, 공부를 해 본 이는 알 것이다. 이 문제를 쓰는 시간조차 정말 너무 아깝고 크다는 것을. 그래서 나는 처음부터 [문제 1 - 물음 1]로 작성했다. 전혀 문제가 없다. 합격한 것을 보면 알 수 있지 않은가! 실제로 많은 합격자 선배들, 동기들을 만나 물어보아도 대다수가 문제번호만 기입했다. 정석대로 문제를 쓰다간 누적하여 날아가는 시간이 매우 클 것이다.

위에 [문제 1 - 물음 1]을 예시 든 이유는, [문제 1 - 물음 1], [문제 1 - 물음 2]와 같이 분설형 문제가 나오는 경우가 흔하기 때문이다. 물음이 몇까지 있는지 볼 것이 첫째, 다음 문제는 [문제 3]이 아닌 [문제 2]가 될 것이라는 게 둘째다. [문제 1 - 물음 1], [문제 1 - 물음 2]를 썼다가 다음 문제로 [문제 3]을 쓰는 이들도 많다. 학원 모의고사 때 강평 시 시험 임박할 무렵까지도 그렇게 답안을 제출한 사람이 있다고 들었다.

정리하면, 문제 푸는 순서는 전혀 상관이 없다. 문제 번호도 문제와 물음 숫자만 제대로 기입해도 된다. 가장 중요한 것은, 문제를 푸는 순서다. 모든 문제를 다 알고 풀 수가 없을 것이다. 수석도 그렇게 할 수 없다. 이때 가장 자신 있는 문제부터 먼저 해결한다. 술술 써지는 것부터 먼저 작성하고, 그다음 순서로 어느 정도만 알겠는 문제, 마지막으로 불의타를 작성한다. 그렇게 하면 심리적으로 아는 문제는 이미 득점을 하고 시간을 할애했기에, 충분히 득점을 만들어둘 수 있고 다음 적당히 아는 문제 역시 어느 정도 득점이 가능하다. 불의타는 누구나 못쓰기 때문에 적당한 기워드와 문장을 잘 만들어 소설을(?) 잘 쓴다면 상대적으로 점수를 매기는 시험 특성상 높은 점수를 받는다. 이 부분은 운칠기삼에 맡긴다. 진인사대천명이다.

잘 쓰는 문제를 시간이 부족해서 날렸다는 후기가 매우 많다. 그럴 경우 두고두고 밤잠을 설치고 이불킥을 하게 될 것이다. 기억하자. 아는 문제부터 확실히 해결하자. 그리고, 문제 파본 검사를 할 때에 두문자와 아는 키워드 등 외워둔 것을 반드시 적어두자. 문제지에 이를 적어두지 않으면 믿기지 않겠지만 조금 전 외우고 있던 두문자도 금세 까먹어 순간 막힐 때가 있다. 행정사 2차 시험에서 긴 시간 펜대를 굴리거나, 펜이 정지되어 있거나, 머리가 안 돌아간다면 그 해 시험은 끝이다. 반대로, 확실히 아는 문제가 다섯 문제 중 세 문제 이상이고, 나머지를 빠짐없이 썼다면, 합격일 가능성이 높다. 미리 축하를 받아도 괜찮은 수준이다.

다음으로, 답안 작성 방법이다. 앞서 설명한 대로 문제 번호는 꼭, 누락 없이 문제지의 그대로 문제 번호를 적어야 한다. 답안을 작성할 때 표준답안지에 기재되어 있는 대로만 적으면 된다.

실제 내가 12회 시험장에서 받고 문제를 풀었던, 이제는 합격자의 문제지가 된 내 문제지를 예로 들어보겠다.

2024년도 제12회 행정사 2차 국가자격시험

교시	시험시간	시험과목
1교시	100분	1 민법(계약 관련 내용으로 한정) 2 행정절차론(행정절차법 포함)

수험번호		성 명	이○○

【 수험자 유의사항 】

1. 시험문제지 표지와 시험문제지의 총면수, 문제번호 일련순서, 인쇄상태 등을 확인하시고, 문제지 표지에 수험번호와 성명을 기재하시기 바랍니다.
2. 수험자 인적사항 및 답안지 등 작성은 반드시 검은색 필기구만을 계속 사용하여야 합니다. (그 외 연필류, 유색필기구, 지워지는 펜 등으로 작성한 답항은 0점 처리됩니다.)
3. 문제번호 순서에 관계없이 답안 작성이 가능하나, 반드시 문제번호 및 문제를 기재(긴 경우 요약기재 가능)하고 해당 답안을 기재하여야 합니다.
4. 요구한 가지(문제) 수 이상을 답란에 표기한 경우, 답란기재 순으로 요구한 가지(문제) 수만 채점합니다.
5. 답안 정정 시에는 정정할 부분을 두 줄(=)로 긋고 다시 기재 또는 수정 테이프 사용이 가능하며, 수정액을 사용할 경우 채점상의 불이익을 받을 수 있으므로 사용하지 마시기 바랍니다.
6. 감독위원의 지시에 불응하거나 시험시간 종료 후 답안지를 제출하지 않을 경우 불이익이 발생할 수 있음을 알려 드립니다.
7. 시험문제지는 시험 종료 후 가져가시기 바랍니다.

안내사항

1. 수험자의 의견을 적극 반영하기 위하여 QR코드를 활용한 설문조사를 실시하고 있으니 많은 참여 바랍니다.
2. 시험 합격자에게 '합격축하 SMS(알림톡) 알림 서비스'를 제공하고 있습니다.

― 수험자 여러분의 합격을 기원합니다 ―

▲ 설문조사

HRDK 한국산업인력공단
Human Resources Development Service of Korea

24년 제12회 행정사 2차 시험장에서 1교시에 받았던 문제지다. 지금도 그때의 기분이 생생하다. 당시엔 안 보였는데, 밑에 안내 사항 문구를 보니 합격축하 알림톡 알림 서비스를 제공한다는 문구가 보인다. 여러분도 나와 같이, '합격톡'을 받길 바란다.

네모 표시를 해둔 대로, 답안 작성의 기본은 김정 펜이다. 또한, 삭선 방법에 대하여도 나와있는데, 두 줄을 긋고 다시 기재하는 것을 추천한다. 수정테이프 사용이 가능하다 되어 있고 실제 시험장에서 수정 테이프를 쓰는 이도 있었을 것이지만, 대부분은 삭선을 한다. 경험해 보면 알 것이다. 수정 테이프를 쓸 시간조차 없다는 것을. 따라서, 삭선을 하는 방법으로 진행한다고 생각하고 두 줄을 그을 때에는 꼭 자를 대고 그을 필요 없이 두 줄인 것이 명확히 보이게끔만 삭선하면 된다.

다음으로 문제가 끝나면, 줄을 바꾸어

-끝-

이라고 표기한다.

모든 문제를 다 풀고 나서 마지막 문제의 마지막 문장이 끝난 다음에는,

-이하여백-

을 써서 논술형 필기시험에 대한 수험생의 기본과 에티켓을 갖추었음을 보여주는 것이 중요하다. 처음 연습 시에는 계속 깜빡하고 못 쓸 수도 있다. 나도 그랬다. 연습하다 보면 무의식적으로 쓰게 되어 있다. 만약, 이미 -끝-을 냈는데 또 쓸 게 있다면, -끝- 또는 -이하여백- 을 삭선하고 다시 이어서 작성 후 정말 끝이 나면 -끝- 또는 -이하여백- 을 기재하면 된다. 다음에 많이 하는 질문은, 페이지를 넘기게 되어 계속 작성할 경우에 -계속-이라고 기재하여야 하는지다. 별도로 기재하지 않아도 되며, -끝

– 또는 -이하여백- 이 없으면 다음 페이지도 이어진다는 것으로 간주, 당연히 채점을 한다. 한 문제를 해결하다가 몇 줄이 남았는데 다음 페이지에 이어서 쓰고 싶을 때가 있다. 그럴 때 몇 줄을 비워두고 다음 페이지로 넘겨 작성할 때 본능적으로 '계속' 써줘야 하는 게 아닌지 의구심이 든다. 나 역시 초시 때 그랬다. 그래서 시험 당시 감독관에게 문의하였는데, 감독관은 "저는 책임을 지지 않으며 이 부분에 대해 찜찜하다면 답안지를 바꿔서 새로 기재하세요."라는 말도 안 되는(?) 대안을 제시했다. 지금 분명히 말해두지만, '계속'은 작성할 필요가 없다. 물론, -끝- 또는 -이하여백-을 기재하지 않았다고 불합격하는 것은 아니지만, 기본적으로 써주어야 한다고 생각을 해야 한다. '기본'이기 때문이다.

다음으로 득점 방식에 대하여 설명하자면, 행정사 2차 시험은 감점이 아닌 득점 방식이다. 따라서 잘못 썼다면 채점이 들어가지 않고 점수를 득점하지 못할 뿐, 감점을 하진 않는다. 최대한 득점을 할 수 있는 단어와 문장의 조합으로 작성하여야 하는 것이 포인트다.

행정사 2차
합격 목표 점수 설정에 대하여

행정사 1차는 절대평가임을 잘 알 것이다, 실제로 60점을 넘어서 많은 수의 합격자가 나온다. 1차는 평균 40%대의 합격률에 육박한다. 거의 절반이 합격한다는 이야기다. 그렇다면 2차 시험은? 2차도 원칙은 절대평가다. 다만, 시험이 어렵고 또 출원인들의 점수로 미달 인원을 채워서 위에서부터 점수대로 끊기 때문에 300명 정원에서 60점 넘는 인원들이 많지 않아 50점대에서 점수를 매겨 커트라인으로 등수를 정하는 것이다.

300명 중 일반행정사는 약 250~260명대로, 외국어번역행정사, 해사행정사와 함께 총 300명을 뽑는 것이다.

목표를 '작년에 커트라인 몇 점이었으니 올해는 몇 점으로 잡으면 합격하겠지'라는 생각으로 정하고 준비하면, 그 이하로 나올 확률이 매우 높다. 또한 매년 출원인의 숫자가 급격하게 늘고 있고 수준도 높아지고 있기 때문이다. 60점 넘는 인원을 대량으로 합격시키지 않기 위하여 과목별 폭탄을 돌리고, 이는 소위 '불의 타'라는 문제로 나오기 때문에 당분간 평균 60점을 무조건 넘는 합격자가 절대다수가 나오기는 힘들 것이다. 그럼에도 불구하고 목표를 60점으로 잡아야 하는 이유가 바로 이것이다. 그 목표는 자신을 채찍질하기 좋고, 절대다수와 경쟁하여야 하는 심리전에서 본인을 조금이나마 자유롭게 해준다. 무조건 60점만 넘는다는 목표를 잡아야 한다. 언젠가 2차 시험도 제도 자체를 상대평가로 전환할 확률이 있다. 물론, 공인중개사는 오래전부터 이에 대한 주제가 수면 위로 올라와 뜨거운 감자인 적도 있었지만, 아직까지 시행되지 않고 있다. 그 대신 출원인의 감소, 난이도의 급상승 등으로 매년 합격자를 거의 일정한 수준으로 유지시키는 것을 보면, 행정사 시험도 목표를 커트라인 몇 점일지에 주안을 둘 것이 절대 아니라는 이야기다.

나 또한 초시 때, 남들을 지나치게 의식했다. 누구는 몇 점, 누구는 몇 등일 것이라는 생각으로 그 위를 보지 못하고, 나를 이기지 못했다. 유예 때에는 누구도 신경 쓰지 않고, 모의고사를 보면 현재의 내 위치와 학원 수강생들의 전체적인 점수 분포도 등 자료만 객관적으로 판단하려고 노력했다. 그리고 60점을 목표로 잡는다는 마음 하나로 나 자신하고만 싸웠다. 그 결과 합격을 맛볼 수 있었다. 기억하자. 목표는 60점이지, 몇 등 또는 커트라인 몇 점 이내로 들 것이 아니다. 매우 위험한 발상이므로, 수험생이 이 글을 본다면 반드시 60점을 기준으로 바꿔보자.

행정사 시험장에서
'이것'하면 망한다

1. 먹을 것에 관하여

전날 수면제 먹는 것, 청심환 먹기, 피로감을 유발하는 음식 먹는 것 – 전날 수면제를 먹으면 바로 지옥행이다. 시험이 임박하면 잠이 오질 않아 수면제를 처방받거나 수면에 도움 되는 의약외품을 먹는 수험생이 있는데, 이는 가급적 꼭 피해야 한다.

물론 시험 초반에 매우 떨리지만, 시험 중에는 그 부분이 집중력으로 바뀐다. 청심환을 먹거나 피로감을 유발하는 음식 먹는 순간 나락이다. 나의 경우 시험 30분 전 꼭 초코바를 먹는 세리머니를 한다고 여러 번 언급한 바 있다. 독자 여러분들도, 반드시 그렇게 하길 추천한다. 집중력을 높여야 한다.

물을 많이 마시면 시험 중 화장실을 가고 싶을 확률이 높다. 긴장되면 화장실에 가는 횟수가 늘어나기 때문이다. 또한, 우유는 설사를 유발할 수 있기 때문에 공복에 섭취하면 쥐약이 될 수도 있다. 따라서 따뜻한 차를 강력 추천한다. 진정을 시켜주는 차를 마셔주는 것이 차라리 낫다. 근데, 나라면 아예 시험 보기 전부터는 아무것도 마시지 않을 것 같다. 실제로 나도 물을 하루 2L 마시지만, 시험 당일에는 시험 종료까지 아무것도 마시지 않았다. 시험날 몇 시간 안 마신다고 죽지 않는다. 문제 되지 않는단 말이다.

반대로 반드시 섭취하면 좋을 것은, 바나나 1개 정도, 초코바, 그리고 오쏘몰 비타민C다. 집중력을 높여주고 공복감을 예방, 피로도를 낮춰준다. 나의 합격에 조금이나마 아니, 많은 영향을 줬던 거 같다. 세리머니라고 표현했던 것은, 내가 자격증을 총 18개 취득하면서 늘 해당 방식으로 의식적으로 행했기 때문이다. 시험장에 앉아 시험 시간 30분 전에 시험장을 둘러보며 초코바를 먹는다. 그러면서, '반드시 합격한다. 여기서 난 합격해서 나간다.'를 되뇌고 전의를 불살랐던 기억이 생생하다.

시험 중에 화장실을 가는 것은 답안지를 제출하고 시험을 포기하지 않는 한 불가능하다고 봐야 한다. 감독관의 재량이 어느 정도 가미되겠지만, 시험장에서 답안을 제출하지 않으면 나가지 못하는 것이 원칙과 관행이기 때문이다. 따라서, 배변에 영향이 가는 것은 무조건 피해야 한다.

다음으로 꼭 강조하고 싶은 것은, 앞서 설명한 '자신만의 세리머니를 만들라'라는 부분과 연결되는 것이다. 나는 18개의 자격증을 합격하는 동안 매번 함께한 손목시계가 있다. 우연히 21살에 길에서 주웠던 guess 메탈 손목 시계인데, 당시 20대 초반 한 푼도 없던 시절에 유용하게 차고 다니다가 이후 24살부터 자격증 취득을 시작하면서 늘 함께 갖고 다니게 되었다. 시험장에 자신만의 심리적 안정감을 주는 오브제를 함께 갖고 가자. 물론, 위법하지 않게 적법한 범위의 오브제여야 한다. 손목시계 등 자신의 수험 기간을 함께 했던 아이템을 함께 소지하여 그 시간과 노력이 지금 이 순간, 같이 있다고 생각하고 시험에 임해보자. 정말 큰 심리적 안정감과 도움을 줄 것이다.

2. 연습지에 미리 써두는 것

1분 1초가 모두 다 점수 배점으로 연결되고 그 시간은 절대 바꿀 수 없는 엄청 귀한 시간이다. 연습지에 연습하는 행위는 '미친 짓'이라고 표현하고 싶다. 추천하는 방법이자, 정답이라고까지 표현하고 싶은 방법이 있다. '문제지'에 두문자를 써두거나 기억한 키워드를 써놓는 것이다. 연습 없이 답안지에 바로 써 내려가야 한다. 삭선해서 수정하는 한이 있더라도, 답안지에 바로 써 내려가자.

3. 수정 테이프 과다 사용

답안지 작성 방법에도 나와있듯, 두 줄로 삭선하면 채점하지 않는다. 괜히 수정테이프로 수정하고 다시 쓰지 말 것을 권한다. 시간이 금이다. 두 줄 삭선의 양이 많아지더라도 상관없다. 실제 합격 후 만난 행정사 선배, 동기들 역시 삭선의 양이 엄청난 이도 있었다. 10기 행정사 지인은 1교시 민법 1번 문제의 답안 초반부터 온통 삭선으로 노배를 했다고 한다. 솔직히, 삭선하고 다시 쓰는 시간조차도 아깝다. 근데 수정테이프로 한가롭게 색칠할 틈이 있겠는가 말이다.

4. 주변 소음을 신경 쓰는 것

어차피 초집중 상태로 쓰기 때문에 괜찮지만, 집중을 놓거나 주변 소음 또는 빌런이 생긴다면 감독관에게 손들고 불편함을 말하여야 한다. 나도 매우 예민한 성격인데, 엎친 데 덮친 격으로 양옆에 슈퍼 빌런들을 만났다고 앞서 적은 바 있다. 그럼에도 살아남았던 이유는, 예민함을 집중력으로 승화했기 때문이다. 시험장 가면 자연스레 그리될 것이다.

5. 불의타를 먼저 푸는 것

불의타는 제일 마지막에 빼서 마지막 순서로 풀어야 한다. 불의타에 먼저 시간을 쏟게 되면 자신감의 하락, 계속되는 자기 의심, 합격에 대한 믿음이 싹 사라진다. 탄력을 받으면서 문제를 득점해나가면서 자신감을 획득하고 그에 따라 다음 문제도 여유를 찾으면서 생각이 나는 것인데, 불의타를 먼저 해결하려고 하면 줄줄이 무너지고 영향이 간다. 결국 0.01점 차이로도 몇 명씩 있는 이 무서운 시험에서 불합격의 가능성이 높아지게 된다.

6. 모르는 문제를 붙잡고 시간 쏟는 것

유사한 것 같지만 불의타와는 다르다. 불의타는 누구나 모르기에 조금만 잘 써도 점수가 잘 나올뿐더러 크게 영향이 가지 않는다. 주관식 시험이자 상대평가적인 특징이다. 반대로 본인이 애매하게 알고 있거나 잘 모르겠는데 기억이 날 듯 말 듯 한 문제를 가지고 계속 붙잡고 고민하면 안 된다. 행정사 2차 시험장에서 펜이 멈추는 것은 문제를 읽을 때와 시험 종료 때 만이어야 한다. 시험 중에 한참 동안 펜이 멈춰있다면, 그 시험은 끝이다. 과목당 50분, 그 시간 내내 미친 듯이 써 내려가다가 '땡'하면 제출하고 나서도 '아, 뭔가 부족한데.'라는 느낌이 드는 시험이 이 시험이다. 펜이 멈춘다는 것은 남들이 쓰는 것을 못 쓴다는 것이다. 아는 것부터 최대한 많이 쓰자. 그러다 보면 펜과 물아일체가 되어 손이 답안을 써주는 신기한 경험을 하게 되는데, 그러다 보면 '맞다! 아까 그 문제! 두문자가 이거였어!!'라며 팍 떠오른다. 나도 행정사실무법에서 행정사법 문제가 바로 그랬다. 양옆의 빌런으로 인해 휴대폰이 쉴 새 없이 울리고, 한 명은 큰소리로 하품을 해대며 혼잣말로 욕지거리를 하는 상황에서 순간 집중이 풀려 도무지 기억이 나질 않다가 문제를 다시 바로 읽어보니 '아! 이거였구나!'라며 미친 듯이 답안지를 채워나갔다. 다행히도 합격했지만, 지금 생각해도 정말 아찔하다. 아, 그리고 다시금 감사하게도 나만 합격자가 되고 그 빌런들은 합격자가 되지 못했다.

7. 백지로 내는 것

2, 3년 전 시험까지만 해도 '한 문제를 백지로 냈는데 합격했다.'는 후기를 종종 볼 수 있었다. 하지만, 합격률이 10% 초반대로 들어오고, 2025년 기준 13회 행정사의 경우 글을 쓰는 시점 기준 아직 시험 결과가 나오지는 않았으나 예상 합격률이 한 자릿수가 나오는 현재 상황에서는 한 문제를 백지로 제출한다면 '불합격' 세 글자를 볼 확률이 매우 높다. 5문제 중 다른 4문제를 완벽하게 쓰고 다른 3과목을 정말 잘 보지 않는 한 말이다. 가끔 우스갯소리로 편지나 애국가를 쓰라는 장난도 있지만, 이는 어디까지나 정말 장난이다. 그 말에 핵심은 '뭐라도 써야 한다.'는 것이다. 소설을 쓴다고 표현하는데, 본인이 알고 있는 관련 법령, 조문, 지식을 총동원해서라도 답안의 구색을 갖춰 뭐라도 쓰고 나와야 한다. 정말 강조하지만, 0.01점 차이로도 몇 명이 포진되어 있는 시험이다. 나와 0.08점 차이가 나는 합격 동기 행정사를 만난 적이 있는데, 그 조그마한 점수 차이로도 11등 차이가 났다. 얼마나 무서운 시험인지 체감할 수 있을 것이다. 허수 또는 불합격자와 비교는 의미가 없다. 합격자들의 점수 분포와 합격자들만의 리그에서 어떤 점수 차이가 나는지가 중요하다. 따라서, 백지로 내는 것은 절대 지양하여야 한다는 것을 꼭 명심하자.

행정사 시험은 이제 1문제라도 남들보다 뒤처지면 불합격한다. 아니, 한 문제가 아니라 한 문장, 한 글자로 당락이 결정되는 시험이다. 따라서, 남들과 적어도 동일한 출발선상에서 시험을 시작해야 한다. 절대 불리한 자리를 먼저 내어주고 시작하면 안 된다.

자기 관리도 능력이다. 내가 시험 전날 죽을 것 같은 몸살을 앓고 회복한 후 오후부터 전 과목 1회독을 하고, 잠이 오지 않아 밤을 새웠던 기억. 어머니의 힘이 되는 한 마디에 20분이라도 눈을 붙이고 집중력이 커지고 각성상태가 되어 어머니가 태워주신 덕에 편하게 시험장에 갈 수 있었던 기억, 시험장에서 한 번 만날까 말까 한 슈퍼 빌런을 양옆에 두고도 합격할 수 있었던 비결은 결국, 천·지·인이라는 하늘·땅·사람이 도운 부분도 있을 것이지만 '나와의 싸움'에서 이겼기 때문이다. 여러분도, 반드시 여러분과의 싸움에서 이기시길 바란다!

Chapter

2

행정사 합격,
그리고 또 한 번의 준비
- 개업 준비 A to Z

없는 실적은 존재감으로 덮는다.

꿈에 그리던 합격

　24년 12월 04일, 합격자 발표일에 꿈만 같던 행정사 합격을 했다. 합격자 발표일, 합격할 거라는 기대 반, 합격하지 못할수도 있겠다는 걱정 반으로 두려움과 설렘, 떨림 가득한 순간의 내 모습을 촬영해 보고 싶었던 마음이 컸기에 영상을 촬영했다. 촬영을 해야겠다는 마음가짐은 시험 한참 전부터 계획해두었던 것이고, 내심 그 부분도 수험생활 중에 작은 동기부여가 되기도 했다. 매년 9시 정각에 온다던 합격 카톡 알림도 전날의 계엄령 탓인지 당해에는 9시 6분에 왔기에, 9시가 땡 하고 울리지 않았던 카톡에 정말 크게 실망하고 방으로 들어오던 순간의 기분이 생각난다. 그리고 마음을 내려놓고 합격자 발표 조회를 하고자 미리 접속해둔 큐넷에서 새로고침 후 확인한 순간까지, 모든 게 꿈만 같았다. 태어나서 누렸던 기쁜 순간들 중 정말 손에 꼽는다. 3일 정도는 정말 구름 위를 날아다니는 듯한 기쁨과 행복감이 가득했다. 시험날 잠이 안 와 밤을 새웠던 기억, 전날 몸살에 걸려 '망했다' 생각하며 자포자기했던 짧은 순간, 시험장에서 만난 빌런들, 그리고 6

잠을 하며 매일 밤을 새우고 새벽 공부로 힘든 시간을 견디며 심신의 한계를 느꼈던 매일 밤, 주말마다 벼락치기를 하며 금요일, 토요일에는 밤을 새우고 몽롱한 상태로 이른 오전 학원에 가서 치열한 자리싸움을 하며 공부하고 매주 시험을 치르던 약 12주의 주말을 포함한 모든 수험 기간까지....

모든 순간들이 매일 스쳐 지나가며, '합격'이라는 글자로 모든 것을 보상받은 기분이었다. 2달간의 마음고생이 끝나고, 더 이상이 힘든 공부를 하지 않아도 된다는 기쁨, 레벨업을 했다는 성취감, 무엇보다 자신과의 싸움에서 힘든 상황을 딛고 한계를 극복하여 합격했다는 기쁨은 이루 말할 수 없다. 다음날부터 학원 합격자 모임, 행정사회 합격자 모임 등 다채로운 모임에 참석했다. 나이가 들면서 사람이 많이 모이는 모임을 선호하지 않는 성향이 되었지만, 그런 모임은 기쁘게 꼭 참석해야겠다고 생각해서 빠짐없이 갔다. 다만, 술을 입에 대지 않는 관계로 뒤풀이가 따로 있는 곳은 참석 후 식사만 하거나 따로 술자리를 이어 가지는 않았다. 행정사는 보통 개업 자격증으로서 수험생활부터 합격 후 개업을 목표로 하는 수험생들이 많기에, 동기들 역시 개업을 하려는 이들이 많았다. 나 역시 바로 개업을 할 계획이었기에, 합격 후 약 2주간은 밀린 휴식도 하고, 보고 싶었던 영화도 보고, 만나고 싶었던 지인들도 만나며 휴식의 시간을 가졌다. 그 후, 미리 신청해둔 24년 합격자들의 첫 회 실무교육을 신청했다. 그렇게 실무교육을 시작으로 나의 개업 준비가 시작되었다.

꿈만 같은
행정사 실무교육을 받는 순간

■ **2024.12.18.~30. 실무교육**

  행정사 공부를 하며 2차 과목 중 행정사실무법의 행정사법 파트에서는 실무교육에 대한 부분이 있다. 행정사법 역시 범위이기에 해당 법령도 전체를 암기하여 현출해 내야 하는 것이고 해당 법령에서 매년 1문항이 꼭 출제되기에 반드시 고득점을 하여야 하는 파트다. 해당 과목의 해당 부분을 공부할 때에 행정사의 업무 신고를 위한 요건 중 하나가 '실무교육을 이수하였을 것'이 있다. 전문 자격사는 합격 후 개설등록 전 실무교육은 필수다. 행정사의 실무교육 부분을 볼 때마다, 그리고 먼저 합격한 이들의 실무교육 후기를 볼 때마다 '합격하고 실무교육 받으면 정말 꿈만 같겠다!' 라는 생각을 자주 했다. 특히, 새벽 공부를 했기에 정서상 유독 센티멘탈(?) 해지는 시간이기에 중간에 내 공부를 방해하는 여러 과거사, 정서들이 중간중간 떠올라 마음이 싱숭생숭했던 시간들도 참 많이 보냈다. 행정사 합격 후, 자격증을 발급받은 후에 실무교육을 바로 신청했다. 실무교육 신청을 위해서는 자격증 사진을 첨부해야 하기 때문이다. 실무교육 첫 회차에 아주 많은 동기들이 신청했다. 거의 대부분 신청했다고 해도 과언이 아닐 정도다. 합격의 기쁨도 누릴 겸, 실무교육 현장에서 많은 합격 동기들과 만나 인사도 나누고, 담소도 나누기도 한다.

■ 교육일정

(1) 기본소양교육

2024.12.18.~19. 2일은 비대면 온라인 교육을 진행했다. 2024.12.20. 하루는 대면 교육으로 4시간 일정이었다. 광명역 내 강당에 모여 교육을 이수했다.

『24.12.20. 행정사 실무교육』

(2) 실무수습교육

2024.12.23.~30. 주말이 지나고,
행정사 실무교육 신청 시 선택할 수 있었던 행정사사무소로 이른 오전 출발했다. 참고로, 본인이 신청한 행정사사무소의 정원이 꽉 차거나, 교육이 어려운 경우 다른 행정사사무소로 자동 배정된다. 나 역시 처음 신청했던 사무소가 아닌 다른 행정사사무소에서 연락을 받았다. 보통 3~4명, 적으면 1~2명인 경우가 많다고 하는데, 우리 차수에는 합격 후 모인 시험 출신들의 신청이 많아 14명이나 되었다. 참고로, 실무교육은 시험 출신만 받는 것이 아니다. 공무원 출신(면제자)들도 개업을 위해서 실무교육 이수를 하므로,

연배가 지긋한 퇴직 공무원 출신 행정사들도 만날 수 있다. 우리 기수의 교육에서는 최고령자가 70대로, 5일간 교육을 받으면서 교육 모임회 회장으로 추대하고 다음 고령자를 부회장, 가장 나이가 적은 2인이 총무를 맡았다. 크리스마스이브는 국가 공휴일이 아니므로 그날도 교육을 받았다. 25일 하루를 제외하고, 주말 2일을 제외하여 12월 23일에 시작된 교육은 30일에 끝이 났다. 교육 후 제출할 서류들이 많은데, 굳이 본서에 나열하지 않아도 현장에서 모두 안내를 받을 수 있고 어렵지 않은 기본 준비서류들이라 간단하게 작성하면 된다. 행정사실무교육 신청서, 수습자명부 등이 있는데, 하루에 한 번 서명을 하는 개념이라 출석만 잘하면 서명에 대한 걱정은 없다.(솔직히, 마지막 날 한 번에 다 작성하기도 한다.)

가장 중요한 것은 결석 없이, 타임스템프(시간을 기록해 주는 사진 기능) 앱으로 실무교육현장 사진을 촬영해야 한다. 현장 사진 첨부하는 란이 있기에, 모두가 얼굴이 나오게 참석한 사진을 매일 찍어야 한다. 실무교육 행정사사무소마다 재량이지만, 내가 참여했던 교육 사무소에서는 9시 정각에 바로 촬영을 시작해서 1분이라도 늦으면 사진에 나오지 못했다.

실무교육장에서 다양한 시험 출신 동기 행정사들과, 공무원 출신 행정사들과 이야기를 나눌 수 있다. 부디 내향적인 'I' 성향일지라도 그날만큼은 마음을 열고 웃는 얼굴로 동기들과 인사를 나눠보고 연락처를 주고받길 바란다. 나는 행정사 합격 순간부터 촬영한 것을(지금 생각해 보면 정말 미친 짓이었을 민큼 무모한 순간이었다. 다만 만약 불합격을 했어도 그 순간을 담아보고 싶었다.) 유튜브 채널을 개설하여 영상을 올렸기에, 많은 동기들이 내게 인사를 건네주었다. 첫인사가 "유튜브 봤어요."였다. 공인중개사 유튜브는 운영해온 지 오래이기에, 이전부터 나를 알고 있는 공인중개사 자격증이 있는 상태에서 행정사 합격한 이들도 많이 있었다. 아이스 브레이킹은 공통분모를 만들어 금방 할 수 있다. 같은 상황, 같은 목표를 달성한 이들의 모임이기에 대부분 친화력 있고 웃는 얼굴로 서로를 마주하게 된다. 더불어 내가 교육을 받은 행정사사무소에서는 한 명씩 자기소개와 인사를 시켰기에 한 명씩 빠르게 얼굴을 익힐 수 있었다. 그렇게 짧은 시간이지만 가까워지기도 하고, 많은 이야기도 나누다 보면 어렵지 않게 실무교육을 마치게 된다.

〖매일 인증사진(좌) / 실습 현장 방문 사진 중 서울남부출입국외국인사무소 방문시(우)〗

행정사 실무교육이 끝나면, 약 2주 후쯤 교육을 신청했던 중앙교육연수원의 '나의 강의실'에 이수 현황이 뜬다. 수료증 발급칸이 생기면 출력이 가능하다. 우편으로 오지는 않기에, 참고하고 수료증이 출력되면 출력하면 된다. 업무신고를 할 경우 실무교육 수료증은 필수 구비서류로, 다들 이 수료증을 손꼽아 기다린다. 나는 실무교육 수료증이 우편으로 오는 줄 알고 기다렸는데, 보름쯤 지났을 때 혹시 몰라 대한행정사회의 실무교육 부서에 전화해 보니 LMS 시스템으로 수료증은 전산으로 발급해 준다고 했다. 시·군·구별 출력 가능 시기는 조금씩 다른 듯하니, 교육 수료 2주 정도가 지났다면 주기적으로 출력 가능 여부를 점검하면 좋다. 나는 1월 17일부터 출력이 가능했고, 안내 문자는 그 후 1주일 후에 왔다. (이미 업무신고까지 다 끝났는데 뒤늦게 안내 문자가 왔다.)

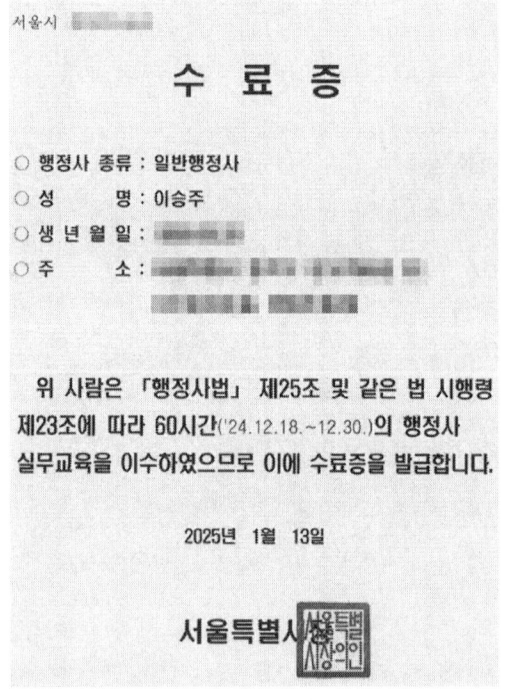

【꿈에 그리던 행정사 실무교육 수료증】

▄ 행정사 실무교육은 행정사회 가입을 하지 않으면 못 받나요?

그렇지 않다. 실무교육은 LMS 시스템으로, 대한행정사회의 중앙교육연수원에서 별도로 주관하는 형식이다. 실무교육비는 30만 원이며, 일반행정사 기준 1~2개월에 1회마다 회차별 교육이 있다. 이와 별도로, 대한행정사회 가입은 행정사 회의 회원이 되는 것으로, 가입비 150만 원(최초 1회에 한한다.)과 연회비 24만 원으로 구성되어 있다.(2025년 기준) 가입 후 매년 24만 원 정회비는 납부하는 방식으로 회원은 유지된다. 실무교육은 행정사회 가입과 별개로 들을 수 있고 수료도 가능하지만, 개업을 위한 조건으로 '실무교육 이수증'과 '대한행정사회 가입'이 필요하기에 나처럼 개업을 빠르게 하려는 합격자는 실무교육을 가장 빠른 차수로 신청하고, 행정사회 가입도 빠르게 하면 된다. 근거 법령과 내용은 다음과 같다.

● 근거 법령 ●

행정사법 제25조제1항 행정사 자격이 있는 사람이 행정사 업무를 시작하려면 업무신고를 하기 전에 실무교육을 받아야 한다.

행정사법시행령 제23조제1항 실무교육은 기본소양교육과 실무수습교육으로 구분한다.

행정사법시행령 제23조제2항 기본소양교육은 20시간(3일간), 실무수습교육은 40시간(5일간, 1일 8시간)으로 실시한다.

행정사법시행령 제23조제4항 실무교육의 운영은 집합교육 또는 온라인교육으로 실시한다.

행정사회 가입,
개업 준비 과정의 세세한 기록들

■ 2025.01.02. 행정사회에 가입하다.

앞서 언급했듯, 행정사회 가입은 실무교육 수료 여부와 별개로 가입이 가능하다. 단, 실무교육을 수료하였다면 개업 또는 합동사무소나 법인의 소속 행정사를 위한 것일 테니 업무신고 요건인 행정사회 가입이 필수적이다. 2025년이 되자마자 1일 하루는 휴일을 갖고, 다음날 바로 대한행정사회에 가입했다. 최초에 150만 원을 1회에 한하여 납부를 하여야 하기에 금액이 적지는 않지만, 필수적인 과정이므로 과감히 결제했다. 업무신고를 위해 실무교육 수료증과 함께 행정사회 회원증을 구비해야 하는데, 뒤에 설명하겠지만 행정사회 회원 등록증을 정식으로 받기 위해서 1개월 이상의 기간이 소요될 수 있어, 행정사회에서는 1주일 내 회원가입증을 이메일로 보내준다. 1층 사무소의 경우 개업 중 가장 큰 비용이 들어가는 간판을 제외하고는 가장 큰 지출일 것이다. 물론, 사무소를 구하는 보증금 비용이나 내부 수리, 컴퓨터나 사무기기, 집기를 구입하는 비용을 제외한 경우를 말한다. 나의 경우 다른 일로 사무실을 운영하고 있던 터라, 컴퓨터와 책상, 기타 사무기기, 가전, 집기, 용품 및 기타 물품이 대부분 구비되어 있었다.

■ 2025.01.09. 부모님이 37년 쓰셨던 전화번호를 승계 받다.

02-532-0600이라는 번호는 이승주행정사사무소의 사무소 번호이다. 이 번호는 1987년, 부모님이 처음 사당동에 오래된 빌라 사글세로 집을 구해 오시며 집에 사업장 등록을 하고 사업장 전화번호로 받은 번호였다. 오래전부터 사용하던 번호는 대부분 숫자가 아주 좋다. 개인적으로 차 번호는 어려울수록 좋고, 전화번호는 쉬울수록 좋다(특히 사업용 전화번호의 경우)고 생각한다. 이 번호에 대해 재미있는 에피소드가 있다. 번호 신청 당시, 전화국 직원의 실수로 전화국에 부여하여야 할 번호를 부여해 주었다고 한다. 그래서 저렇게 좋은 번호를 받았다는 후문이다. 이후 사무실 대표번호가 바뀌고, 사업장의 전화기가 여러 대가 되면서 뒷전으로 밀렸던 번호가 되었다. 개업 준비를 하나씩 시작하려 할 때, 당시 사무실 내선 여러 대가 계약돼있는 통신사에 전화를 걸었다. 전화번호 1대와 전화를 추가하려 한다는 나의 통화를 들으시던 어머니는, 계속 "좀 이따 나 좀 바꿔줘."라는 말씀을 연신하셨다. 통화 중에 여러 번 그러시니 나도 모르게 짜증을 냈다. 그러다가 어머니를 바꿔드렸는데, 위와 같이 해당 번호와 전화기를 승계하는 것으로 가능한지 여쭤보고자 하셨던 거다. 어머니의 깊은 속마음을 전혀 헤아리지 못하고 짜증만 부렸던 나 자신에게 또 한 번

부끄러웠던 순간이었다. 가능하다는 답을 듣고, 사업자가 나오면 명의를 이전하고 비용은 그대로 사용하는 조건, 안내 멘트 설정 추가 비용만 지불하고 안내 멘트를 글자 수에 맞추어 설정하여 그 날부터 이승주행정사사무소의 전화번호와 전화기가 생겼다. 요즘 은 보통 휴대전화로 걸지만, 그래도 사무소 번호는 꼭 필요하다고 생각한다.

참고로, 02-595-5522 이 번호 역시 25년 이상 전부터 부모님 이 처음으로 집 전화번호로 사용하셨던 번호다. 2019년 내가 이 승주공인중개사사무소(최초 상호는 시작좋은공인중개사사무소)를 개업 할 때, 동일하게 이렇게 번호를 넘겨주셨다. 부모님이 처음 쓰시 던 집 전화번호를 중개사사무소 번호로, 처음 쓰시던 사업장 번호 를 행정사사무소 번호로 사용하게 되었다. 전화번호를 생각할 때 마다 부모님의 사랑이 느껴져 매사에 더 감사하다.

■ 2025.01.13. 도장을 맞추다! 어머니의 사랑이 담긴 도장

2019년 초, 공인중개사 개업 시에도 어머니께서 도장을 꼭 맞 춰주고 싶다며, 근처 문구점에서 맞춤으로 도장을 구입한 적이 있 다. 막도장 말고는 당시 내 이름으로 최초로 만들어 본 도장이라, 이것저것 잘 모르고 문구점에서 중개사법에 따른 인장 규격에 맞 추어 구입했다. 중개사는 개업 전에 계약 시 사용할 인장을 필수 로 등록하여야 하고 등록된 도장을 사용하여야 한다. 그렇기에 더 급하게 맞췄던 기억이 있다. 그렇게 만 6년, 나는 행정사가 되어 이번에는 행정사사무소 도장을 맞추려 했다. 어머니께서는 내가 합격 후 도장을 맞춰야 한다고 지나가는 말로 한 것을 들으시고, 그때부터 도장은 꼭 어머니가 해주고 싶다고 하셨다. 행정사 도장은 나 역시 맞춤으로, 시간을 두고 제대로 맞추고 싶다는 생각을 했기에 그 정도는 어머니의 성의와 마음을 받아도 좋겠다는 생각을 했다. 도장은 인사동에서 많이 맞춘다는 말을 들었다. 어머니와 시간을 보내기가 쉽지 않았던 터라, 마침 사업장과 중개사무소가 비수기인 1월, 낮에 시간을 내어 어머니와 출발했다. 날씨가 좋지는 않았지만 어머니와 함께 대중교통을 타고 가서 이런저런 이야기를 나누며 인사동을 거닐었다. 미리 전화로 알아 본 도장업체에 가서 한참을 고르고 고르다, 최종적으로 도장을 고르고 각인을 위해 약 1시간이 소요된다고 하여 어머니와 점심 식사도 함께 했다. 인생에는 '4분면'이 존재한다고 한다. (정확하게는 아이젠하워의 4단계 시간관리 매트릭스다.) 위에는 중요한 것, 아래는 중요하지 않은 것. 좌측에는 급하지 않은 것, 우측에는 급한 것. 우리는 대부분 위의 우측, 급한 것만 생각하며 살기에 바쁘다. 하지만, 급하지 않은데 정말 중요한 것을 늘 놓치고 산다. 가족과의 시간, 건강이다. 건강은 잃으면 찾기가 힘들다. 우리 모두가 그렇지만, 부모님은 오늘이 가장 젊으시다. 하루가 다른 것이 어른들의 노화속도와 건강이기에, 바쁘다는 핑계로 가족과의 시간을 미루기보다는 한 번이라도 더 시간을 갖는 것이 좋다. 나 역시 잘 안되고 또 부모님 앞에서는 늘 짜증만 부리는 불효자가 된다. 그리고 돌아서서 또 후회하고, 또 반복한다. 그럼에도 늘 생각을 해야 한다. 그게 중요하다.

다시 돌아와서, 점심 후 도장을 수령하러 갔다. 유선상 통화와는 다르게 가게의 사장은 비싼 도장만 추천했다. 내가 듣고 왔던 도장의 금액(약 10만 원)은 정형화되어 예쁘지 않으며, 내가 원하는 2.1*2.1 사이즈는 2가지 종류밖에 없다고 했다. 또한 jpg 파일도 받을 수 있냐고 했는데 추가비를 내야 한다고 했다. 나는 도장업체 사장과 사담을 나누며 마음의 벽을 허물고, 추후 여기 홍보해야겠다는 말을 했더니 "이미지 파일은 그냥 드릴게요."라고 했다. 사람끼리의 일에서 안되는 일은 잘 없다. 그렇게 도장에 각인까지 새겨 수령했다. 참고로, 도장 사이즈는 행정사의 경우 1.8부터 2.4까지 다양하게 제작한다. 1.8로 하는 행정사도 간혹 있으나, 개인적으로 너무 크기가 작아 보이고 품격 있는 느낌이 떨어진다. 2.4는 너무 큰 느낌이라 계약서나 서류에 도장을 찍으면 많은 부분의 글자를 차지하고 또 삐져나가게 될 것 같아 2.1로 제작했다. 도장을 제작하는 이들에게 도움이 되었으면 한다. 도장 사이즈도 막상 맞출 때 굉장히 고민이 되기에, 나름 시행착오를 거친 내용을 공유하고자 하는 마음이다.

다음으로, 행정사 직인 도장 외에 증명서 발급, 확인서 발급 등 업무를 처리한 경우에는 사무소 직인도 필요한 경우가 있기에 도장을 2개 맞추는 경우도 많다. 나는 업무가 시작되고 수임을 받는 건에 따라 필요한 경우 제작을 하고자 우선은 행정사 직인 도장만 맞췄다. 개인 간의 계약서에는 행정사 직인이면 된다. 당시 도장 선택이 너무 어려웠고 시간 소모가 컸기에, 즉석에서 사무소 직인까지 2개를 맞추면 추후 선택지가 없어지기에 내린 판단이었다. 사무소 직인도 만들어 두면 쓸 일이 많겠으나, 둘 중 하나만 먼저 맞춘다면 행정사 직인을 먼저 맞추길 추천한다. 그렇게 도장을 받아 눈비가 오는 1월의 월요일, 어머니와의 데이트 겸 도장 맞추기는 끝이 났다. 지하철을 타고 오는 길, 묘한 감정들이 들었다. 같이 셀카를 찍은 어머니의 주름에 마음이 아팠다. 그래도 1년 전 처음으로 불합격이라는 세 글자를 맛보고 방황했던, 몸도 마음도 힘들고 추웠던 겨울날을 떠올리며 지금 참 행복하다는 생각을 했다. 내 이름으로 행정사 도장을 새길 줄이야. 이렇게 기쁜 날이 올 줄이야!

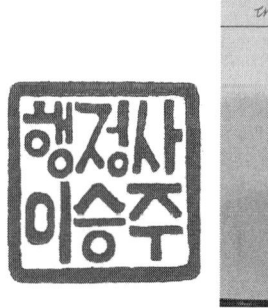

『2025.01.13. 어머니가 맞춰주신 행정사 도장. 사이즈는 2.1*2.1』

▬ 2025.01.17. 행정사 실무교육 수료증을 온라인으로 확인하다.

처음에는 실무교육 수료 후 수료증이 나오기까지 약 1개월이 걸린다고 들었기에, 행정사회 가입 후 도착까지 1개월이 걸리는 신분증, 배지 등과 함께 오는 줄 알았다. 12월 말에 행정사 실무교육 수료가 끝나고, 1월 초 행정사회에 가입을 했기에 막연히 1월 말쯤 수료증이 도착하면 가입할 수 있겠다는 생각을 했다. 1월 중순부터 12기 동기들의 단체 카톡방에 한 명씩 "어디 지역은 오늘부터 수료증 온라인 발급이 됩니다."라는 지역별 확인사항들이 올라왔다. 사실 단톡방을 볼 시간도 잘 없거니와 대화에 참여를 거의 안 하기에 대강 보고 흘려넘겼다. 운이 좋은 날이었는지, 그날은 그 메시지만 확인을 했고 업무가 많아 녹초가 되어 잠시 책상에 앉았다가 그 생각이 나서 나도 대한행정사회 중앙교육연수원에서 확인을 해보았다.

수료증 출력이라는 카테고리가 보였다. 파일을 다운로드하고, 수료증을 출력했다. 기분이 좋았지만, 막연한 '사본'인 줄만 알았다. 그러다가, 동기들이 하나 둘 사업자등록 신청을 했다는 소식을 듣게 되어 1월 22일, 대한행정사회에 전화를 걸었다.

"행정사 실무교육 수료증은 우편으로 언제쯤 받는지 알 수 있을까요?"

"실무교육 수료증은 LMS 시스템으로 따로 종이 우편 배송은 되지 않고, 수료증 출력이 가능한 때부터 출력하셔서 업무신고를 하시면 됩니다."

행정사실무법을 공부한 수험생이라면 다들 알겠지만, 행정사의 업무신고 시에는 행정사자격증 사본 1부(당연히, 매우 기본적이며 가장 필요한 것이지 않을까!), 행정사 실무교육 수료증 사본 1부, 행정사회 정회원 회원증 사본 1부(대한행정사회에 가입하면, 약 1주일 정도 후에 행정사회 회원증이 메일로 발송된다.), 그리고, 행정사 업무신고 서식에 작성하여 사진 1매와 신분증을 지참하면 된다. 사진은 신고 신청서에 붙여서 가도 되는데, 담당 공무원에게 문의해보니 컴퓨터에 저장된 전자 이미지 파일로 삽입해와도 된다고 했다. 단, 실물 사진 1매는 반드시 필요하니 1매는 따로 준비해달라고 했다. 중개업을 하는 이들을 위해 잠깐 팁을 하나 전달하자면, 중개업은 개설등록 신청을 하며 계약 시 사용할 인장을 등록을 하여야 하지만 행정사는 인장 등록 요건은 없기에 도장을 만들지 않았다고 해서 업무신고를 못한다고 생각할 필요는 없다. 하지만, 행정사로서 업무를 함에 있어 도장은 반드시 필요하다.

22일 직접 관할 구청인 동작구청 행정자치과에 전화를 해서 문의를 했다. 담당 공무원마다 업무 능력과 재량이 다 다르기에, 확실히 하고 가고자 함이었다. 철두철미했던 건 이유가 있었는데… 행정사 자격증 발급 시에 자격증 발급을 함에 있어 발급 담당 공무원이 증명사진도 누락하고 누리끼리한 표창장 용지 같은 곳에 잘못 발급을 하여 며칠 고생한 후 다시 재발급을 받은 적이 있었기에 더욱더 신중했다. 행정사 업무 개시를 하기도 전에 담당 공무원의 업무 능력과 역량이 이토록 중요하다는 것을 각인시켜주었다.

업무신고 담당 공무원은 신분증 사본도 1부 갖고 와달라고 하였으며(안 갖고 갈 경우 공무원이 직접 신분증을 복사한다고 했다. 본인의 업무 편의를 위한 것이라고 생각하면 된다.) 업무신고 서식도 미리 작성해 오면 좋다고 했다. 대신, 그렇게 준비해 오면 바로 업무신고증을 내어주겠다고 했다.

▬ 2025.01.23. 임대인에게 전대차 동의서를 받다.

지금 내가 임대차하고 있는 사무실에는 30년이 넘은 가족사업을 운영하는 사업장과, 이승주공인중개사사무소를 함께 운영하고 있다. 이 사무실을 임대차한 지도 10년이 넘었다. 아버지의 사업 실패로 처음 다 무너져가는, 월차임이 밀릴 대로 밀려있던 사무실을 인수하여 밀린 월세를 다 갚고 다시 사업을 일으키면서 약 10년간 한 번도 월세 밀린 적이 없었다. 그렇기에 임대인은 나를 무한 신뢰해 주었다. 늘 내게 고마움을 표시했지만 오히려 내가 더 고마운 마음이 컸다. 단 한 번도 월세를 올리지 않았으며, 관리와 공실 매물은 모두 나에게만 단독으로 맡겨주었다. 본인은 늘 사람들 믿지 못하는 성격이라고 강조하지만, 나에게만큼은 정말 큰 믿음을 주고 있기에 내가 제안하거나 부탁하는 것들은 웬만해선 모두 수용해 주었다. 이번에도, 시험을 합격하고 임대인에게 해당 사무소의 전대차 계약서를 작성하여 사업을 한 개 더 해야 한다고 말해야 할 타이밍을 잡고 있었다.

어느 평일 늦은 저녁, 외부에 나갔다가 사무실에 들어가는 길에

건물 앞에서 담배를 태우고 있는 임대인을 만났다. 자연스럽게 안부 인사를 나누면서 "사장님, 제가 지난번, 스쳐가며 말씀드린 공부요. 시험에 합격했어요. 그래서 우선 지금 하던 사무실에서 사업자를 내어 시작해 보려 하는데, 임대인이시기에 전대차 동의가 필요하거든요. 시간 되실 때 추후에 한 번 동의서만 요청드려도 될까요?"

"우와, 대단하네요 사장님! 그럼요. 진짜 축하드려요. 엄청 바쁘게 지내시더니 언제 또 공부해서 합격을 하셨데!"

이렇게 구두상의 동의를 받은 후(알겠지만, 민법상으로 구두상의 계약만으로도 계약이 성립한다.) 드디어, 이번에 사업자등록을 위한 전대차 동의서를 요청하게 됐다. 전날 늦은 저녁 미리 계약서를 써두고 임대인에게 전화를 했다. 1월 22일 저녁은 늦게 퇴근을 하여 어렵다고, 조금 불편해하는 기색이 느껴졌다. 부담을 주면 안 된다는 생각이 들었다. 그의 호의가 내 권리가 되면 안 된다는 정중한 의견을 전달하며, 다음날인 23일에 만나기로 했다. 사무실로 온 임대인에게 미리 작성해둔 계약서를 보여주고 천천히 읽어보게끔 했다. 임대인은 "사장님이 쓴 거면 다 잘 했겠죠. 여기에 서명하면 되죠?"라고 했다. 약 5분도 안 되는 시간이었지만 고마움을 많이 느꼈다. 명절이 얼마 안 남았기에, 그리고 앞서 말한대로 그의 호의가 내 권리가 되지 않게, 미리 구입해 둔 선물세트를 건넸다. 너무 놀라며 고마워하는 그에게 내가 늘 감사하다는 인사와 함께 전대차 계약서까지 마무리가 되었다.

■ 업무신고를 하러 가다.

전날 통화한 담당 공무원의 이름을 조심스레 물어 내일 방문하겠다고 한 뒤, 출발 전 임대인과의 전대차 계약서까지 마무리하여 사업자등록 신청을 위한 준비까지 마치고 모든 서류를 준비해 갔다. 금방 도착한 동작구청에서는 약 5분 남짓 만에 업무신고확인증이 발급되었다. 한 가지 아쉬운 점은, 업무신고확인증의 증명사진이 행정사 자격증의 사진과 동일하였는데, 공무원 본인도 어디에서 사진을 바꾸는지 알 수 없어 내가 새로 찍어서 제출한 행정사 배지와 정장 차림의 새로운 증명사진은 업무신고 신청서에만 부착할 수 있을 뿐 새로 변경은 어렵다고 했다.

【미리 찍어두었던 증명사진 / 미리 작성해둔 업무신고 신청서】

【업무신고신고 하러 구청에 도착해서 / 업무신고확인증 발급】

■ 곧바로 세무서에 사업자등록 신청을 하러 갔다.

업무신고확인증을 받고 난 후, 멀지 않은 곳의 세무서를 방문했다. 사업자등록신청의 처리 기간은 2일 내라고 했다.(업무신고증은 서면에 적혀 있기를 10일 이내라고 하였다. 그 이내에서 자유롭게 발급할 수 있다는 이야기다.)

개업 준비를 하는 예비 행정사님들 위해 순서를 징하자면, 사업자등록증 신청은 업무신고증이 구비되어 있어야 하기에 반드시 관할 지지체에서 업무신고증을 발급받은 후 가야 힌다. 사입자등록 신청만 할 경우 서류 구비 요건에 미비 서류로 보완 요청이 오기에, 두 번 걸음을 할 수도 있다. 업무신고 하러 가기 전 임대인과의 전대차 계약서를 마무리할 수 있었기에, 서류의 보완 없이 바로 신청이 끝났다. 당일에는 사업자등록증이 나오지 않았기에 하루 후 1월 24일, 사업자등록증이 나왔다는 안내를 받을 줄 알았는데, 연락이 오지 않아 수차례 전화를 시도했다. 오후 늦게 다른 부서로 연결되어 통화가 되었다. 담당자가 휴무라고 했다. 처리 기간이 2일이라고 했는데 나의 경우 다음날부터 임시공휴일을 포함하여 6일이 휴무라, 1주일을 더 기다려야 했다. 다른 처리 담당자는 24일 통화 당일이라도 처리가 되면 연락을 준다고 했지만, 오후 5시 반이 돼가는 시점에 통화를 했는데 바로 처리가 된다고 연락을 받아봐야 6시에 문을 닫지 않는가. 어차피 그날 갈 수 있는 상황이 아니었다.

■ 사업자등록 신청 시 꼭 들어가야 하는 업무 코드와 많이 추가하는 코드는?

'전문 과학 기술 및 서비스업'이라는 업태이다. 해당 대분류로는 많은 중분류, 소분류의 코드가 나온다. 내가 등록한 코드는 업종 코드 741109로, 대분류를 표시하므로 해당 내용이 사업자에 표시된다. 중분류로는 전문 서비스업, 세분류로는 법무 관련 서비스업이다. 행정사의 적용 범위에 가장 부합하는 코드로 여권, 행정 서류, 대서 사무(행정) 등의 작성 대행을 하도록 신고하는 업종 코드라고 보면 된다. 해당 업종 코드를 필수로 넣은 후에는, 다양하게 자신이 하고자 하는 업종 코드를 맞추어 넣을 수 있다. 나의 경우 컨설팅을 반드시 해야겠다는 판단에 '전문 과학 기술 및 서비스업' 중 경영 컨설팅 업을 추가했다. 동일한 대분류에서 경영 외의 기업 컨설팅으로 분류를 나눌 수도 있다. 탐정을 한다면 탐정 및 조사 서비스업, 정보통신 업, 전자상거래 소매업도 추가할 수 있다. 번역 행정사라면 관광 통역 등의 업무를 추가하여도 좋을 것이다. 유튜브를 해서 수입이 발생할 예정이거나 해당 사업자로 이미 수입이 발생한다면, 과세 또는 면세에 따라 1인 미디어 콘텐츠 창작자(면세) 또는 미디어콘텐츠창작업(과세)로 구분하여 등록하면 된다. 물론, 아직 수입이 나고 있지 않다면 추후 업종 추가로 사업자등록을 정정할 수도 있다.

< 업종코드 및 적용범위 >

코드	세분류	세세분류	적용범위
940306	기타 자영업	1인 미디어 콘텐츠 창작자 (면세)	인적시설과 물적시설 없이 인터넷기반으로 다양한 주제의 영상 콘텐츠 등을 창작하고 이를 영상 플랫폼에 업로드하여 시청자에게 유통하는 자로서 수익이 발생하는 산업활동 ▪ 인적용역자의 콘텐츠 창작 등에 따른 수입 포함 (예시) 유튜버, BJ, 크리에이터 등
921505	영화비디오물 및 방송프로그램 제작업	미디어콘텐츠 창작업 (과세)	인적 또는 물적시설을 갖추고 인터넷기반으로 다양한 주제의 영상 콘텐츠 등을 창작하고 이를 영상 플랫폼에 업로드하여 시청자에게 유통하는 자로서 수익이 발생하는 산업활동

[출처 : 국세청]

개업하는 행정사들의 사업자등록 인증을 종종 보는데, 업종이 매우 다양하다. 처음부터 너무 많은 사업자 코드를 넣을 필요는 없다. 물론, 넣어두어도 되지만 수입이 발생하지 않고 계산서 발행을 할 일이 없다면 추후 필요할 때 정정신청은 언제든 할 수 있기 때문에 업종 코드를 많이 넣고자 할 필요는 없다. 다만, 앞서 언급한 행정사 업무를 할 때 필수로 넣어야 하는 전문 과학 기술 및 서비스업은 잊으면 안 된다.

긴 명절 연휴가 지나고, 약 1주일 후, 1월의 마지막 날, 오전에 전화가 왔다. 보통 세무서에서 전화가 오는 것은 보완 요청이 아니면 사업자등록 신청 후 완료 문자 외에는 올 일이 없기에, '무언가 보완해야 되는구나'라는 것을 직감했다.

"안녕하세요, 이승주 선생님, xxx 담당입니다. 현재 사무실에 사업장이 총 3개를 운영하시게 되는데, 공간이 구분되어 있을까요? 사진이 필요합니다."

다행히 우리 사무실은 가벽으로 시공이 되어 공간이 구분되어 있기에, 사진을 보냈다. 약 2시간쯤 후, 사업증 발급이 완료되었다는 문자를 받았다. 매월 말일은 늘 가족사업의 월말 결산, 계산서와 나의 개인 가계부 및 장부 등을 모두 정리하는 날이라 매우 바쁘다. 그럼에도, 사업자등록증 원본의 종이를 구경하고 싶었고, 내 사업자등록번호가 궁금했다. 눈이 많이 오는 날이었지만, 눈길을 뚫고 바로 세무서로 향했다. 약 5분 만에 사업자등록증을 받았다. 그렇게 1주일을 기다려 남들보다 늦게 사업자등록증을 받았다. 급하게 나오느라 당시엔 번호를 못 보았다. 사무실에 도착할 즈음, 시간을 보니 3시 50분이었다. 갑자기 든 생각은, '통장도 만들어야겠다!'였다. 사무실에 바로 들러 어머니가 맞춰주신 행정사 이승주 직인을 들고, 은행으로 향했다. 대기 57명을 뚫고, 은행 셔터가 닫힌 후에 마지막 손님으로 통

장을 개설했다. 사업자등록번호와 통장 계좌번호 끝자리가 공교롭게 내가 아주 좋아하는 숫자였다. 신기하게도 똑같았다. 끼워 맞추기 같지만 사실 생각해 보면 그렇기는 쉽지 않지 않은가. 어머니와 "대박날 징조다!"라고 이야기를 나눴다.

사업자용 통장을 만들기 위해서는 사업자등록증과 신분증을 지참해야 한다. 이때, 미리 맞춰둔 행정사 도장이 있다면 해당 도장을 사용하면 기분이 더 좋다. 통장 개설 후, 사업자등록증을 갖고 현금영수증 가맹점 등록을 했다. 행정사는 간이과세자로 신청이 불가하며, 일반과세자만 가능하고 또 현금영수증을 의무로 발행해야 하므로 현금영수증 가맹점 가입을 해야 한다. 나는 중개업 때부터 해왔던 토스페이먼츠로 가입했다. 나처럼 인터넷을 이용하여 해당 사이트 또는 금융결제원, 링크허브 등에서 가입이 가능하기도 하다. 신용카드기를 둔다면 가맹가입 시 동시에 할 수 있고, 국세청 전화 또는 홈택스를 통해서도 가입이 가능하다. 현금영수증 의무 가입 업종은 사업자등록 후 60일 이내에 사업장 가입을 하지 않으면 추후 가산세 등 불이익이 올 수 있으니 사업자등록이 끝나면 현금영수증 가입을 세트로 생각하고 진행하기 바란다.

■ 사업자가 2개인 경우, 1개의 사업자가 간이과세자인데 일반으로 바뀌나요?

간이과세자의 매출 기준이 상향되면서, 나는 중개업의 사업자를 간이과세자로 유지하고 있있다. 솔직하게 밀하면, 간이과세 사업자를 유지하려고 노력했다는 말이 맞겠다. 부가가치세 신고를 1년에 1회만 하면 될뿐더러, 4,800만 원 초과분만 세액이 발생, 세액이 낮기 때문에 여러 가지 사업과 업무를 병행하는 나로서는 굉장히 편리했다. 가족 사업의 경우 매출이 높기 때문에 분기별로 예정 납부를 준비하고, 납부했으며 본세(확정신고) 때에는 더더욱 세액이 많아 "하, 또 세금 고지서 날아왔네. 세금 내다가 끝나겠다."라는 말을 자주 했다. 부득 행정사사무소는 간이과세자로 애초에 신고가 불가한 업종이기에 그러려니 하고 등록을 했다. 하나 알게 된 사실이 있다. 법인은 별개의 권리주체이므로 논외로 하지만, 개인이 사업장 2개 이상을 가질 경우, 한 개의 사업장을 일반으로 등록하면 기존에 간이과세 사업장을 보유하던 사업자는 일반으로 전환된다는 사실이었다. 부가가치세법에서 그 근거를 찾을 수 있었다.

제61조(간이과세의 적용 범위) ① 직전 연도의 공급대가의 합계액이 8천만원부터 8천만원의 130퍼센트에 해당하는 금액까지의 범위에서 대통령령으로 정하는 금액에 미달하는 개인사업자는 이 법에서 달리 정하고 있는 경우를 제외하고는 제4장부터 제6장까지의 규정에도 불구하고 이 장의 규정을 적용받는다. 다만, 다음 각 호의 어느 하나에 해당하는 사업자는 간이과세자로 보지 아니한다. 〈개정 2020.12.22.〉
1. 간이과세가 적용되지 아니하는 다른 사업장을 보유하고 있는 사업자
2. 업종, 규모, 지역 등을 고려하여 대통령령으로 정하는 사업자
3. 부동산임대업 또는 「개별소비세법」 제1조제4항에 따른 과세유흥장소(이하 "과세유흥장소"라 한다)를 경영하는 사업자로서 해당 업종의 직전 연도의 공급대가의 합계액이 4천800만원 이상인 사업자
4. 둘 이상의 사업장이 있는 사업자로서 그 둘 이상의 사업장의 직전 연도의 공급대가의 합계액이 제1항 각 호 외의 부분 본문에 따른 금액 이상

인 사업자. 다만, 부동산임대업 또는 과세유흥장소에 해당하는 사업장을 둘 이상 경영하고 있는 사업자의 경우 그 둘 이상의 사업장의 직전 연도의 공급대가(하나의 사업장에서 둘 이상의 사업을 겸영하는 사업자의 경우 부동산임대업 또는 과세유흥장소의 공급대가만을 말한다)의 합계액이 4천800만원 이상인 사업자로 한다.

② 직전 과세기간에 신규로 사업을 시작한 개인사업자에 대하여는 그 사업 개시일부터 그 과세기간 종료일까지의 공급대가를 합한 금액을 12개월로 환산한 금액을 기준으로 하여 제1항을 적용한다. 이 경우 1개월 미만의 끝수가 있으면 1개월로 한다.

③ 신규로 사업을 시작하는 개인사업자는 사업을 시작한 날이 속하는 연도의 공급대가의 합계액이 제1항 및 제2항에 따른 금액에 미달될 것으로 예상되면 제8조제1항 또는 제3항에 따른 등록을 신청할 때 대통령령으로 정하는 바에 따라 납세지 관할 세무서장에게 간이과세의 적용 여부를 함께 신고하여야 한다.

④ 제3항에 따른 신고를 한 개인사업자는 최초의 과세기간에는 간이과세자로 한다. 다만, 제1항 단서에 해당하는 사업자인 경우는 그러하지 아니하다. 〈개정 2014.1.1.〉

⑤ 제8조제1항 또는 제3항에 따른 등록을 하지 아니한 개인사업자로서 사업을 시작한 날이 속하는 연도의 공급대가의 합계액이 제1항 및 제2항에 따른 금액에 미달하면 최초의 과세기간에는 간이과세자로 한다. 다만, 제1항 단서에 해당하는 사업자는 그러하지 아니하다.

⑥ 제68조제1항에 따라 결정 또는 경정한 공급대가의 합계액이 제1항 및 제2항에 따른 금액 이상인 개인사업자는 그 결정 또는 경정한 날이 속하는 과세기간까지 간이과세자로 본다.

간이과세자로 보지 아니한다는 규정의 1번을 보자마자 '아, 내 상황이네.'를 알 수 있었다. 간이과세가 적용되지 아니하는 다른 사업장(행정사사무소)을 보유하게 되고 사업자등록을 한 상태이므로, 곧 간이과세자였던 중개사무소가 일반으로 바뀔 것이 확실했다. 별도로 자진신고를 할 필요는 없고, 통지가 온다. 앞으로는 부가세 10%까지 중개 보수에 별도로 체크를 해야 할 것이며, 현금영수증 또는 세금계산서를 10% 별도로 발행을 해야 한다는 사실을 인지했다. 위 내용은 매우 중요한 내용으로서, 여러 사업장을 보유하게 되거나 간이를 꼭 유지하여야 하는 경우, 또는 세액에 민감한 이들은 세무사와 상담하여 다른 방법을 찾는 것도 좋을 것이다. 다만, 전문 자격사의 경우 일신 전속적이며 취득자 본인이 대표로 개업을 하는 것이기에 개인사업자라면 어쩔 수 없이 나와 같은 상황에서 바로 받아들이는 것이 좋다.

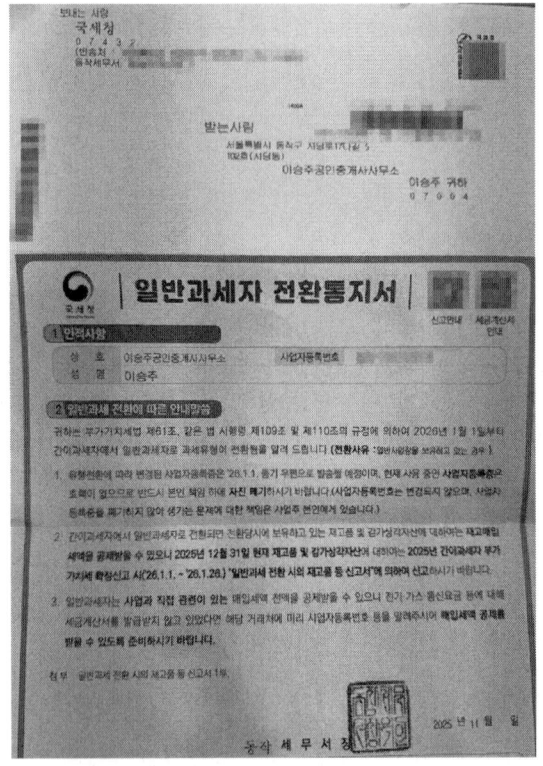

【출간이 임박한 시점인 25.11.19. 일반과세자 전환통지서가 왔다.
26.01.01.부터 적용 예정이라고 한다.】

■ 2025.02.03. 인터넷뱅킹과 카드 신청·명함&현판 제작 준비

지난 금요일, 대기 57명을 뚫고 마지막 손님으로 셔터 문이 닫힌 후에 통장은 개설했지만, 당시 창구의 직원이 이후의 과정(인터넷뱅킹 신청, 카드 신청)은 업무 시간이 길어져서 월요일에 오라고 했다. 대신, 사업자등록증 사본을 복사해두었고 내용을 알고 있으니 바로 본인에게 오면 처리해 주겠다고 했다. 월요일 오전, 은행에 갔다. 11시쯤 갔음에도 해당 직원이 식사를 간 상태라, 대기 후 다른 창구 직원에게 안내를 받았다. 감기가 심하게 걸린듯한 그녀는 목소리도 잘 들리지 않는 상태로 마스크를 쓰고 연신 기침을 하며 안내를 해주어 마음이 불편했다. 생각보다 시간이 오래 걸렸다. 거의 1시간 이상이 걸렸는데, 개업을 준비하는 독자들에게 꼭 말해주고 싶은 조언이 있다. 첫째, 인터넷뱅킹의 아이디와 카드 신청 시 기재되는 카드명을(기업카드일 경우) 반드시 미리 생각해놓고 가야 한다. 인터넷뱅킹은 13자리, 카드는 20자리(국민은행 기준)의 아이디를 만들라고 한다. 두고두고 써야 하는 것이라 갑자기 생각해 내기가 쉽지 않다. 내가 평소 쓰던 아이디는 13자리가 넘어 고치고 또 고쳤다.

다음으로 둘째, 다른 사업자 개인 카드를 소지하고 있다면, 신용카드 발행이 안된다. 신용의 문제가 아니다. 나의 신용은 1등급인 상태임에도, 신용에 문제가 없다고 했더니 직원은 개인사업자로 1개의 신용카드가 발행된 경우 다른 사업자로 동일한 대표자 명의로 또 발급이 어렵다고 했다. 이미 이승주공인중개사사무소를 운영하며 개인 신용카드를 소지한 상태였기에, 생각지 못한 난관이었다. 할 수 없이 대안을 생각해서 물어보았다. "체크카드는 가능한가요?" 다행히 체크카드는 가능하다기에, 바로 발급 신청을 했다. 참고로, 사업자등록신청 시 개업 일자를 기재하게 되어있는데, 신용카드의 경우는 개업 일자이후에 카드 발행이 가능하다. 나는 1월 31일에 사업자가 나왔음에도 개업일이 2월 28일로 기재가 되어있었기에 신청만 가능한 상태라고 했다. 다만, 체크카드는 예외로 바로 발행이 된다고 했다. 인터넷뱅킹과 카드 신청까지 끝냈다. 끝으로, 인터넷뱅킹을 위한 아이디를 등록했다면 송금을 할 때 필요한 보안카드 또는 OTP가 필요하다는 것을 알 것이다. 중개업을 할 때에는 개인으로 하였으나, 이번에는 일반과세자이기도 하고 기업 사업자답게 개설하고 싶어 기업 인터넷뱅킹으로 신청했다. 이 경우, 1장으로 된 보안카드 발급이 안 된다. OTP 기기로 6자리를 랜덤으로 송금시마다 입력하여 사용해야 하는데, OTP의 종류는 2가지다. 5,000원짜리 기기 형태, 1만 원짜리 카드 형태다. 카드처럼 넣어 다니는 OTP를 원하고 외부에서 이체가 잦다면, 카드형을 구입하길 권한다. 나 역시 그럴 가능성이 농후하다 생각하고 또 가족 사업의 OTP와 구분하기 위하여 1만 원을 지출해서 구입했다.(현금 구입만 가능하다고 하여, 계좌로 이체했다. 카드 결제는 불가하다.)

【기기형태 OTP(위)
카드형태 OTP(아래)】

그렇게 약 1시간 이상 은행 업무를 보고 사무실에 와서, 마무리 작업을 했다. 바로 공동인증서 등록이다. 연배가 있는 경우에는 이 개념들이 이해가 어려울 것이라 판단하여, 다시 한번 세부적으로 프로세스를 정리해 보겠다. 사업자가 나온 후 그 사업자로 계산서를 발행하는 것은 위의 현금영수증 사이트(카드 기기가 아니라면 현금 거래를 하므로, 현금영수증 또는 계산서 발행)에서 등록을 한다. 입출금과 금융거래를 면대 면으로 현금 거래를 하는 일이 거의 없으므로 인터넷뱅킹을 신청해야 하며, 아이디를 만들고 그 아이디를 바탕으로 공동인증서를 등록하여 금융거래를 하는 것이다. 이때, 기업 전용으로 인터넷뱅킹을 신청하면 보안카드가 아닌 OTP를 구매하고, 이체 시 최종 확인하는 단계로 OTP의 비밀번호를 입력하는 시스템으로 이해하면 된다. 다음 부분이 중요한데, 기업 전용 공동인증서 등록 시에는 4,400원(제한적 사용으로 조회, 이체 등 간단한 민원 업무처리만 가능)과 110,000원(범용으로 전자세금계산서 발행까지 가능한 기업용이다. 기업 거래 시 가끔 범용 인증서가 필요한 거래가 있으나, 초반부터 그것을 염두에 두어 범용을 할 필요는 없다고 생각한다. 실제로 4,400원 인증서로도 큰 무리 없이 사용한다.) 현금영수증으로 대체하여 발행할 수 있기에 당장 큰 문제는 없다. 매입 적격증빙을 받기 위한 목적이기 때문에, 현금영수증과 세금계산서는 큰 차이가 없다. 즉 세법상에서는 적격증빙으로 같으니, 효력은 같다는 의미다. 공동인증서에 대한 자세한 설명은 아래 Q&A로 정리해두었다.

■ Q&A 세금계산서용 공동인증서 발급이 따로 있다던데요?

4,400원에 금융거래, 은행, 보험용(조회, 이체 업무)으로 결제한 것과 별개로, 4,400원을 별도로 지불하여 전자세금계산서용 인증서 발행이 추가로 가능하다. 나 역시 처음에 모르고 있었는데, 먼저 개업한 9기 김학환 행정사가 본인이 쓰는 신한은행은 이렇게 가능하다 하여 바로 은행에 전화를 해 문의 후 전자세금계산서용 인증서를 추가로 발급했다. 그때부터 공동인증서에 대한 공부를 시작하고, 시행착오를 통해 거친 공동인증서에 대한 정보를 알려 드리고자 한다.

공동인증서는 다른 용도로 '전자세금계산서 발행용'으로 따로 발급 신청이 가능하다. 이 부분은 처음 인터넷뱅킹을 신청하러 갔을 때 개인 또는 기업 어떤 인터넷뱅킹을 선택하겠냐는 질문에 필수적으로 기업으로 선택해야 하는 이유다. 나는 무의식적으로 개인으로 선택했다가, 직원에게 번거롭게 하여 미안하다고 한 후에 기업으로 동물적인 직감(?)으로 변경했다. 이 글을 보는 독자님들은 세금계산서 발행을 위하여 꼭 기업용 인터넷뱅킹을 신청하길 바란다. 홈택스 등을 통해 전자세금계산서를 발행하려면, 반드시 '세금계산서용 인증서'가 필요하기 때문이다. 개인용 공인인증서는 해당 기능이 없으며, 기업용 인터넷뱅킹을 최초에 신청한 후에 해당 사업자에 한하여 공동인증서를 발급받고 사업자를 보유한 회사가 세금계산서 발행을 하는 것이므로, 세금계산서 전용 인증서가 필수다. 실제로 인증서를 발급받으면, 세금계산서 발급을 위한 인증서

항목이 노출될 때 열람되는 항목에 '용도제한용'이라는 문구로 인증서에 설명이 되어있다. 해당 인증서를 통해서만 세금계산서 발행이 가능한 것이다. 만약 애플리케이션을 이용할 경우, 조회, 이체 업무는 전자세금계산서용으로 불가하니 꼭 2개를 각각 모두 이용하는 것이 좋다. 앞서 언급한 대로 현금영수증으로도 효력은 같으나, 기업들과 거래할 때에 '세금계산서 발급'이라는 기본적인 것조차 못하는 상황이라면, 어떤 이미지를 심어주겠는가 싶기에, 이 정도 비용은 주저 않고 진행하길 바란다. 다음으로, 주 업무를 하이코리아의 출입국 대행 업무 또는 나라장터의 업무를 하기 위해서는 4,400원짜리 제한용이 아닌 범용 인증서를 신청하여야 한다. 범용은 앞서 설명했듯 110,000원이고, 글자 그대로 모든 기능이 가능한 인증서다. 금액이 있더라도 해당 기관들과의 업무를 위해서는 필수로 필요하다는 것을 알게 되었다. 이는 업무 수임을 받기 전까지 모를 수 있으니, 꼭 확인해 두길 바란다.

〔전자세금계산서 발행 시 노출되는 전자세금계산서용 용도제한용 공인인증서〕

■ 2025.02.05. 1층 사무실의 홍보 수단

인터넷 뱅킹 신청과 인증서 등록을 마친 후, 계획해둔 명함 제작과 현판 제작을 의뢰했다. 현판은 1층 사무실이자 중개업을 같이 하는 입장에서 큰 비용을 지출하지 않고 사무실의 매력을 살릴 수 있다고 판단하여 주문하기로 했다. 사무실 입구 기둥이 대리석으로 되어있고 내가 임차하기도 훨씬 전인 십수 년 전 부착했다가 뗀 것으로 보이는 현판의 자국이 그제서야 눈에 보였다. 그 자리에 그대로 하기로 정했다. 사이즈를 재보니 30*30(cm)이면 딱 맞겠다 싶었다. 미리 봐둔 마음에 드는 현판 디자인을 업체에 보냈다. 간판, 명함, 현판 모두 색상을 통일하여 안정감을 주고 인상에 남도록 했다. 색상은 단조롭지만 보색 대비가 좋은 흰색과 남색으로 했으며, 행정사 로고는 골드색으로 정했다. 간판, 명함 모두 남색 글자에 흰색 보색 대비를 주기로 했기에, 두 가지 색상으로 정해져있는 저렴한 디자인 지정 보급형 현판 업체를 시간이 날 때 미리 봐 두어 인터넷으로 문의를 했다. 현판을 제작하는 예비 행정사들을 위해 추가적인 팁을 드리자면, 보통 인터넷으로 제작하는 경우 주문 제작 폼(form)이 정형화되어있기에 글자 수의 제한이 있다. 이럴 때에는 업체의 대화창(네이버의 톡톡 기능)을 열고, 상담 문의 후에 진행하면 된다. 내 현판은 큰 글씨/작은 글씨로 나뉘어져 있고 이 중 작은 글씨가 행정사의 영어를 의미하는 Licensed Administrative Agent였기에 제한 20자를 초과한 상태였다. 문의를 통해 별도로 메시지를 보낸다는 문구를 써두라고 했고, 행정사의 로고는 파일로 메일 주소를 받아 별도로 보냈다. 다음 팁은, 일반 사진 파일(jpg, jpeg, png) 등은 화질이 고화질로 출력되기가 어렵고 용량이 낮아 디자인 편집용으로 사용하는 ai 파일로 따로 전송하는 것이 좋다. 이는 비단 행정사 로고뿐 아니라, 모든 웹디자인에서 적용되는 사항이므로 명심하고 진행하자.

다음으로, 지도 등록이다. 필수 등록 사이트는 모두들 알겠지만, 네이버 스마트 플레이스, 티맵이다. 다음 지도 등록, 구글 지도 등록도 당연히 해두면 좋지만, 나는 앞선 2개를 먼저 진행하고 승인이 난 후에 자투리 시간을 이용해서 추가로 하나씩 진행했다. 자주 쓰는 선호도는 다르기에, 위의 4곳을 모두 등록한다는 마음을 갖고 순서를 자유롭게 정해봐도 좋다. 다만, 장소 등록은 사업자 정보가 있어야 한다. 따라서 사업자등록증과 기타 사이트마다 요구하는 사항들이 다를 수 있기에 최소한 서류상 개업 준비는 마쳐두어야 등록이 가능하다는 점을 알고 있어야 한다.

집합건물과 같이 구분등기되어 있는 한 개의 호수에 사업자가 나처럼 2개 또는 3개라면, 티맵의 경우는 동일한 장소에 다른 사업장이 있다고 연락이 온다. 인증 확인을 해주면 검색이 각각 되게끔 노출된다. 네이버 스마트 플레이스의 경우는 전화를 대신 받아서 연결해 주는 스마트콜 기능이 있다. 예를 들면 사무실에 전화를 해서 받지 않을 경우 지정해둔 휴대전화 번호로 연결되어 받게 되면, "네이버스마트콜로 걸려온 전화입니다."(현재는 이렇게 연결될 경우 전화를 받으면 자동음성으로 시작하는 안내 문구가 약간 바뀌었지만, "네이버로~"로 시작되는 안내는 동일하다.)라는 안내로 시작하게 된다. 다음 지도 등록의 경우, '내 사업장 관리'라는 카테고리로 플러스 채널을 만들어 연결할 수도 있다.

■ 25.02.06. 명함 완성&현판 완성

명함이 완성됐다. 행정사사무소까지 총 3개의 사업장을 운영하게 되므로, 명함 3개를 묶어 한 장으로 따로 편집을 해놓기도 했다. 이따금 이렇게 한 장 짜리로 보내게 될 일도 있다고 판단, 컴퓨터 폴더에 '명함 모음'을 생성해둔 후, 사업장 개별 명함 따로, 3개 묶음 명함 따로, 그리고 이번에 맞춘 행정사, 공인중개사 명함을 각각 저장했다.

여러 사업장을 운영하거나, 연관된 사업장을 운영하는 경우 한 장 짜리 명함을 편집해두면 모바일로 사진 전송 시 편리할 때가 있다.

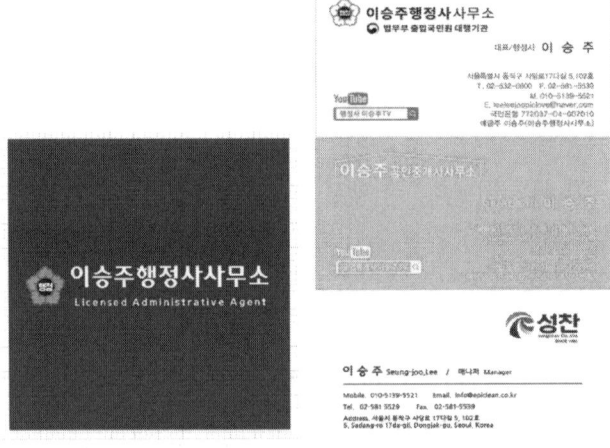

〖완성된 현판 디자인 / 운영하는 사업장 3개의 명함 모음〗

다음으로, 전날 연락해 둔 현판 업체에서 시안 몇 가지를 보내주었으나, 내가 계획한 디자인으로 요청했고 수정 끝에 현판 디자인이 완성됐다. 현판은 온라인에서 주문 제작하는 것이 가장 저렴하고 쉽지만, 부착은 개인의 몫이다. 오와 열(?)을 잘 맞춰야 하고 탈부착이 여러 번 가능하지 않은 형태이므로, 신중하게 부착하여야 한다. 도와주거나 봐주는 이가 있으면 좋다. 나는 간판, 시트 시공 업체의 대표가 간판 실사를 나왔을 때 자연스럽게 현판 부착 방법에 대해 물으며 부착이 어렵냐는 식으로 대화를 이어갔다. 이들에게는 부착은 일도 아니기에, 내면의 의사는 부착해달라는 의미가 내포되어 있다는 것을 대부분 캐치한다. 서비스로 부착을 해주기로 하여 간판, 시트 시공일에 편리하게 부탁할 수 있었다. 보통은 양면테이프로 부착되어 오는데, 외부에 부착할 경우 단단한 형태로 고정시키는 것이 좋아 실리콘을 추가로 바르면 좋다. 실리콘이나 테이프는 흔적 제거가 용이하여 추후 사무소 이전 등의 상황이 발생할 경우에도 원상복구에 어려움이 없다. 혼자 해결하는 것보다 전문가에게 맡기되, 어렵지 않은 일은 비용 없이 말 한마디 또는 음료 한 잔의 인사로도 충분히 받을 수 있는 서비스다.

■ 2025.02.07. 등록 면허세 납부

업무신고를 한 후, 등록 면허세가 나오지 않아 3일에 구청 행정자치과에 전화를 했었다. 업무신고를 한지가 2주가 되었는데도 아무 연락이 없어서 전화를 해보았다. 세금을 내고 싶어서 전화를 한 게 아니라, 사업자를 여러 개 내본 경험상 등록을 했으면 등록 면허세를 납부해야 하는데 나오지 않는 것은 문제가 있기에, 추후

나비효과가 되어 돌아올 일을 사전에 예방하자는 취지였다.

1월 24일에 업무신고를 했기에 설 명절 지난 후인 1월 31일쯤 나오겠다 싶었는데, 또 주말을 넘겼다. 참고로, 행정사는 행정사법에 의해 업무신고 후 결격사유 조회를 한다. 범죄 경력 등 이력도 조회를 하므로 1주일 내의 처리 기간을 부여한다. 중개업의 경우는 당일 바로 등록 면허세를 납부했기 때문에, 그래서 더 의아했다. 전화를 걸어 행정사 담당자와 통화를 해보니, 기존 담당자가 휴직을 했단다. 새로운 담당자가 업무를 처리 중이며 2일 후인 5일(수요일) 완료될 것으로 보인다고 했다. 전산상에는 이미 허가가 나와있다고 했다. (사실, 신고 제도인데 허가가 나왔다는 말이 의아했으나 어쨌든 나는 범죄 경력이 없고 결격 사유가 없기에 그냥 묻지 않고 넘어갔다.) 실제로 5일에 연락을 받지 못했고, 7일 금요일까지 기다리다가 또 전화를 해보았다. 결격사유 조회 후 이상 없어서 4일에 등록 면허세 부과가 됐다고 했다. 등록 면허세과에 연락을 해주겠다고 했다. 몇 분 후 등록 면허세과에서 전화가 왔다. 4일에 고지서를 보냈는데 아직 도착 안 한 듯하다고, 문자로 별도 링크를 보내주겠다 했다. 문자로 내용을 확인 후 비용을 이체했다. 세금은 미루지 않고 빨리 내는 것이 가장 정신건강에 좋다.

이렇게 기본적으로 해야 하는 준비들을 끝마쳤다. 중개사 개업 때보다도 훨씬 꼼꼼하게, 개업 준비를 하며 과정 과정을 영상에도 담고 또 세부적으로 그때그때 메모했다. 그 메모의 점들이 모여 후배 행정사님들이 개업 시 헤매지 않도록 가이드라인이라는 선이 만들어지게 됐다. 당시 위패스 학원의 중개사법 강사 데뷔를 앞두고 있어, 명절에는 아무 데도 가지 못한 채 연휴 내내 교재 원고 교정을 하루 10시간 이상 진행했다. 학원 데뷔 준비와, 가족 사업, 중개업, 유튜브 채널 2개의 촬영과 편집, 각종 상담, 행정 일기 출간 준비 등으로 정말 짬내서 개업 준비를 했다. 미리 말해두자면, 'To-do List'를 미리 만들어두고 하나씩 체크해나가면 중간에 뜨는 시간을 막고 목표를 가시화할 수 있어 일석이조다. 나는 늘 메모를 생활화하기에 미리 메모해둔 개업 준비 메모장에 하나둘 체크해나갔다. 하나씩 끝낼 때마다 완성하는 맛이 있어 좋다.

이제 남은 것은 간판 천갈이(중개업 간판의 천 크기를 줄여 행정사 사무소와 함께 진행하기로 했다. 임대인이 더 이상 건물에 구멍을 뚫는 것을 원치 않는다고 했다. 건물이 오래되어 건물에 여기저기 간판들을 설치해오면서 앙카를 뚫은 구멍으로 물이 샌다고 했다.), 시트지 교체 작업 등을 계획했다. 물론, 중간 20분, 30분씩 짬을 내어 미리 결제해 둔 미리캔버스 사이트에서 블로그의 업무 썸네일도 틈틈이 제작해 보았다. 참고로, 미리캔버스는 무료로 사용이 가능한 영역이 있지만 좋은 퀄리티로 다양한 썸네일 시안들을 참고하고 싶다면 유료로 결제하는 것을 추천한다. 월 비용은 약 1만 5천 원 남짓이다. 양질의 콘텐츠와 썸네일을 위해서 아낌없이 투자해도 되는 돈이라고 생각한다. 유튜브 편집 역시 어둠의(?) 경로로 이용하는 이들이 많으나, '떳떳하게, 양심적으로 정당하게 돈 내고 하자.'라는 나의 마인드를 이길 수 없기에 매월 유료 결제를 하여

죄책감 없이 매주 채널당 1편씩 밤 시간을 쪼개어 편집을 한다. 여러분도 전문 자격사라면, 투자가 필요한 곳에는 아끼지 말고 또 시간이 필요한 곳에는 반드시 본인의 시간을 넣어 기술과 역량을 키워나가는 시간을 갖길 바란다. 나중에 분명 피와 살이 되고, 내가 늘 강조하는 '점이 모여 선이' 된다. 개업 준비도 시험공부할 때와 마찬가지로, 다른 현업들을 하면서 시간을 쪼개고 또 쪼개어 모든 업무를 쉴 틈 없이 처리했다.

■ 2025.02.10. 간판과 시트는 직접 미팅을 통해서

기존에 명함을 의뢰하던 업체에 연락을 했다. 번번이 소소한 건만 의뢰한 것이 내심 마음에 걸린 부분도 있었기에, 이번에는 간판과 시트까지 함께 의뢰하기로 마음먹고 다른 곳에는 견적을 받지 않았다. 금액이 꽤 나가는 모든 진행은 3곳 이상 견적을 받아 비교해 보고, 친절함과 합리성을 고려해서 선택해야 하는 것이 맞다. 다만 나는 성격상 여러 곳에 전화하여 같은 질문과 설명하는 것을 선호하지 않는 편이라, 개인적으로 사전 조사를 나름 해보고 한 번에 구입 혹은 선택하는 편이다. 간판과 시트는 금액이 적지 않거니와 걸어갈 수 있는 거리에 사무실이 있어 택배비를 내고 명함을 수령할 필요 없이 통화 후 시간을 정해 방문했다. 디자인 담당 팀장과 꼼꼼히 이야기를 나누었다. 대표가 시간보다 약 20분 정도 늦게 도착했으나 꼼꼼하고 진실한 상담을 해준다는 느낌을 받았다. 그래서, 결정했다.

"단도직입적으로, 다른 곳에 견적 안 받고 사장님께 바로 할게요. 대신 꼭 잘 해주세요."

■ 2025.02.11. 대봉투 제작과 간판, 시트 시안 그려보기

전날 미팅했던 간판 업체에서는 대봉투 금액이 약 10만 원 초중반 정도라고 했다. 마침 9기의 김학환 행정사가 행정사사무소를 개업한 지 오래되지 않았기도 하거니와 연령대도 비슷, 연락을 자주 나누게 된 터라 대봉투 제작을 했는지 물어보았다. 그가 링크와 사진 하나를 보내주었다. 1장에 100원도 되지 않는 금액, 인쇄비 포함이다. 물론, 택배비 3,000원이 부과되지만 그럼에도 200장을 구입하는데 17,400원이 들었다. 결제를 하고 상세페이지에 나와있는 방법 중 카톡을 통해 주문번호와 원하는 시안을 이야기했다. 수정 후 일사천리로 확정을 하였다. 그렇게 대봉투는 배송비 포함하여 2만 원에 끝낼 수 있었다. 대봉투는 활용도가 크지 않지만 없으면 찝찝한, 그런 목록이었기에 합리적인 가격에 현명하게 구입했다고 생각한다. 더불어, 먼저 구입하여 사용하고 있는 김학환 행정사도 잘 쓰고 있었기에, 더 마음이 놓였다.

몇 개월 후인 11월, 추가로 글을 쓰자면, 대봉투의 활용도는 생각보다 좋았다. 내용증명, 각종 서식 및 사실확인증명서 등을 우편으로 보내거나 의뢰인에게 서류를 전달할 때 매우 유용했다. 그래서, 11월 3일에 소봉투를 추가로 주문 제작했다.

바쁜 것을 끝내고 잠깐 틈을 내어 전날 검색해 본 다른 행정사사무소들의 간판들을 참고해 보았다. 내 사무소에는 행정사와 공인중개사사무소가 양쪽 통유리에 시트지를 전면으로 교체하고, 출입문 시트지와 간판 천갈이도 해야 하기에 조잡하지 않고 시각적으로 심플하면서도 눈에 띄게 하고 싶었다. 색상의 통일성도 주면서 지저분하지 않은 느낌을 주는 것이 가장 중요했다. 어차피 글자를 많이 써서 붙인다고 해도 서서 그 글을 다 읽는 사람은 적을 것이고, 우선 손님이 들어와서 문의를 하게끔 하는 것이 더 좋으므로 키워드 위주로만 설명을 하려 했다.

■ 2025.02.12. 행정사회 회원 등록증, 신분증, 배지가 도착하다.

대한행정사회에 가입하면 최초 신분증과 배지 1개가 제공된다. 다이어리와 달력이 같이 배송되는데, 보통 이 기간은 가입 후 1개월가량 소요된다. 참고로, 행정사회 사이트에서 최초로 가입 시 제공되는 신분증과 배지는 각 1개다. 나는 신분증도 1개를 더 추가하여 구매하였다. 정장을 자주 입는 업무 특성상, 배지의 멋드러짐을 느끼고 또 많은 이들이 배지에 관심도 많고 미적으로도 훨씬 품위가 있어 보이기에 2개를 더 주문했다. 배지는 월별 구매개수 제한이 있다. 협회에 전화로 직접 문의해 본 결과, 월별 구매개수는 최대 2개까지 가능하다.(추후 바뀔 수도 있지만, 반년 후쯤 추가 구매 차 다시 문의한 결과, 2개라고 하니 2개로 알아두는 것이 좋다.)기수별로 배지의 생김새가 다르다. 나는 10기 지인 행정사의 배지를 한 개 받아 공부할 때 동기부여를 위해 책상 위에 올려두었다. 새벽에 공부할 때 스탠드 등을 켜두면 바로 그 아래 보이는 배지가 유독 빛나 보였다. 합격자 발표 후, 마침 며칠 후 프로필 촬영이 있어 배지를 차고 데뷔할 위패스 공인중개사 학원의 프로필 촬영을 찍었다.

▬ 2025.02.24. 간판과 시트 시공 완료

개업 준비의 마지막 과정이다. 2월의 끝 무렵, 날이 상대적으로 덜 추운 날을 잡아 눈이나 비가 오지 않는 날 시트와 간판 작업을 진행했다. 시트는 너무 추우면 떼어지기 쉽고 눈이나 비가 오면 미끄럽고 습기가 차기 때문에 위험하고 작업에 불리하다. 따라서 시트와 간판 작업을 하게 되는 1층 사무소는 작업 일정을 충분히 길게 두고 진행하는 것이 좋다. 간판 시공을 하면서 시간이 길게 소요되었다. 기존의 시트지를 제거하는 작업도 필요하고, 몇 년간 묵은 때를 벗기듯 창문도 깨끗하게 닦고 새로운 시트를 붙여야 한다. 이 모든 작업은 인건비에 포함되며, 사전에 견적을 받아 협의하는 것이 좋다. 대부분 인건비는 고정적인 금액이고 직접 노동을 하는 것에 대한 대가로 절사하기 쉽지 않다. 나는 최초 견적 대비 5만 원을 절사하였는데, 어떤 항목을 절사해주겠다고 소통을 한 것은 아니지만 금액으로 보면 디자인비 정도를 빼주었다고 보면 될 거 같다. 규모에 따라 다르지만 보통 일반 사무실의 경우 2인이 시공을 한다. 보통 식사를 하고 오거나 식사 때를 지나 방문을 하기도 하지만, 그래도 센스껏 "마실 것 좀 더 드릴끼요?"

"근처에 밥집 결제해 둘 테니 식사하고 가세요."라는 멘트를 한다면 더 고마워하니 어떤 작업이든 내 사무실 또는 내 집을 시공해 주는 이들에게는 인사를 건네는 편이 좋다. 남의 것이 아니라 나의 소중한 공간을 작업해 주는 이들이라는 것을 잊지 말자. 현장에서 작업하는 것을 감시하는 것과 같은 태도는 모든 이들이 선호하지 않는다는 것을 알기에, 나는 중간중간 "잘 돼가세요? 도와드릴 것 있으면 말씀해 주세요."라는 식의 멘트로 작업 과정을 보았다. 어쩌다 사담이 오갔다. 알고 보니 간판 회사의 대표는 나의 고등학교 선배였고, 같은 사당동 토박이였다. 학연, 지연, 혈연 3종 세트 중 2개가 통하고 나니 간판 회사의 대표는 내게 더 적극적이고 친절하게 많은 이야기를 해주었다. "고칠 것 있으면 저희 온 김에 말씀하세요."라고 하기에, 기다렸다는 듯 사무실 출입문 손잡이의 나사가 지속적으로 빠지는 부분을 이야기했다. 근처 방배동 철물점의 상호를 알려주며, 얼마짜리 어떤 제품을 사 오라고 했다. 어머니와 차를 타고 바로 상품을 구입해왔다. 고질적으로 불편함을 겪었던 출입문 손잡이도 새것으로, 단단하게 고정이 됐다. 저렴하게 구입해 둔 현판도 미리 봐둔 적당한 위치에 부착을 서비스로 해주었다. 약 4시간가량 천갈이를 포함한 시트 시공 작업이 모두 끝났다. 중간중간 사담을 나누었던 고등학교 선배임을 알게 된 간판 회사 대표는, 마무리 단계에서 내게 "혹시 메모지 같은 거 있으시면 좋겠죠? 제가 서비스로 메모지 사이즈 적당한 걸로 제작해서 보내드릴게요."라며 예상치도 못한 서비스를 약속해 주었다. 며칠이 지나도 따로 메모지가 도착하지 않았으나, 이역시 그들의 호의일 뿐 내 권리는 아니므로 제작 여부나 도착 여부에 대한 일정에 관해 묻지는 않았고 나 역시 하루하루 바쁜 나머지 잊고 지냈다. 2주가 조금 넘은 3월 11일, 간판 회사에서 그간 내 명함과 간판 등을 디자인해 주었던 팀장이 박스 한 개를 들고 방문했다.

"저희가 조금 늦었죠, 죄송해요. 저희 대표님이 드리라고 하신 메모지 드리려고 갖고 왔어요." 너무 고마웠다. 고마움을 표현할 길이 없기에 나 역시 이들에게 선물하기로 커피 쿠폰을 보냈다. 행정사와 공인중개사사무소를 같이 두고 운영하기에 센스 있게 적당한 크기로 디자인된 메모지는 매우 유용하게 쓸 수 있을 것 같았다. (뒤에 상담 일지 부분에 사진을 첨부하였다. 168p)

〖간판과 시트 시공 사진〗

〖현판 부착, 시트 시공 / 사진 한 컷〗

끝으로, 모든 지출은, 사업자등록이 나온 후 이메일을 생성하고 사업자등록증 사본을 저장해두고 업체별 계산서 발행을 반드시 요청하자. 매입 공제를 받을 수 있기에 초기에 지출이 많은 터라 부가세 납입 금액을 최대한 공제받아 덜어내는 것이 좋다. 또한 이체도 개인 계좌 말고, 개설해 둔 사업자 통장에서 사업 목적 지출은 모두 출금하는 것을 권한다. 현금영수증 또는 세금계산서 발행이 안되는 소액의 결제(현금 결제) 등은 간이영수증을 통해 증빙하는 방법이 있고 이체 내역을 증빙하여 3만 원 이하는 매입공제를 요청할 수도 있다. 명심해야 한다. 많이 버는 것도 너무 좋지만, 세액공제를 받아 절세하는 방법을 늘 고민해야 앞으로 남고 뒤로코 깨지는 불상사가 일어나지 않는다. 부가세 10%를 누락시키는 것보다, 일반과세자로 사업자등록을 할 수밖에 없는 행정사업 특성상 매입 경비를 빠트리지 말고 받는 것이 좋다. 사업자등록증 사본에 이메일을 기재해둔 사본을 따로 만들어 이메일 주소가 적힌 사본을 보내주는 것은 센스다. (세금계산서 발행 시 이메일주소는 보통 필수기재 사항이다.)

2025. 02. 28.
드디어, 개업!

    2025년 02월 28일, 6년 만에 또 하나의 사업장을 개업했다. 영광스러운, 꿈에 그리던 '이승주행정사사무소'다. 처음 행정사라는 직업을 알게 된 순간부터, 행정사라는 자격사에 대한 관심이 갔던 순간들, 공부를 해볼까 망설이며 이곳저곳 기웃기웃하던 순간들, 공부를 시작하며, 1차 시험에 합격한 순간, 2차 공부의 힘듦을 깨닫고 후회하던 순간, 너무나도 힘든 시간들을 보냈던 많은 수험생활들의 순간순간들을 지나 합격의 기쁨을 넘어 개업까지. 단언컨대, 다시 하라고 하면 절대 할 수 없다고 말할 것 같다. 개업일에 개업식이라는 거창한 것을 하진 않았다. 파티도 하지 않았다. 그냥 조촐하게, 어머니와 막걸리와 떡, 북어포를 사서 고사를 지냈다. 약간의 현금을 올려두고, 돗자리를 깔고 막걸리를 따르며 한 번씩 절을 하고 진심으로 잘 되게 해달라고 기도했다. 매일 짜증만 내고 또 후회하는 불효막심한 아들임에도 어떻게든 아들 일이라면 두손 두발 다 걷고 자신의 모든 것을 뒤로한 채 돕고자 하는 어머니. 나는 어머니의 주민등록상 생신날에 개업을 했다.

'어머니, 이렇게 똑똑하게 낳아주셔서 감사하고, 잘 키워주셔서 감사합니다. 돈 많이 벌어서 좋은 거 많이 사드릴게요.'

개업일에 생각지도 않게 주변 가까운 이들로부터 많은 선물이 왔다. 화분, 과일, 꽃, 그리고 공기청정기까지. 잊지 않기 위해 개업 당일 선물 보내준 이들 한 명씩 빠짐없이 감사함을 전했다. 개업 당일이 월말이고 현업에 이미 하던 일들이 매우 많아 정신없이 하루가 지났다. 개업일이라는 것도 잊을 만큼 너무나도 바쁜 하루를 보냈다. 이제, 매년 2월 28일은 이승주행정사사무소 개업기념일, 매년 3월 1일은 이승주공인중개사사무소 개업기념일이 되었다. 중개업 7년 차에, 행정사 1년 차 신입 개업 행정사사무소 대표가 되었다. 이제부터, 진짜 '맨땅에 헤딩' 행정업무가 시작되는 것이다!

부업까지 총 7개의 직업,
괜찮을까?

가족 사업체 운영, 공인중개사사무소 대표, 저자로 책을 쓰며 여러 칼럼을 기고하고 학원 강의 교재를 집필하는 일, 네이버 Expert를 포함하여 온/오프라인으로 진행하는 다양한 유료 상담 업무, 유튜브 채널 2개 운영, 학원 강사와 외부 강사, 그리고 이제는 행정사사무소 대표까지. 이제 7개의 업을 하게 되었다. (자세히 쪼개보니 10개의 업 정도 되는 것 같다.) 중간중간 운동도 2개씩 다니면서 열심히 하고 있기 때문에 개인 시간이 많이 없으며 누군가를 만날 시간도 잘 나지 않는다. 다만, 이 모든 일들은 내가 너무나도 좋아하는 일들이며 기쁘고 행복하게 한다. 누구도 내게 이렇게 많은 일을 하라고 강요하지 않았기에, 나는 이 많은 일들을 선택했음에 후회를 하지 않는다. 그리고 모든 일에 모든 순간에 최선을 다하다 보니 성과도 결과도 항상 잘 따라와 주고 있다. 다만, 곧 40이 되는 결코 어린 나이가 아닌 상황이기에 건강과 체력, 그리고 먹는 것에 많은 신경을 써야 한다고 생각했다. 올해부터 건강검진을 매년 받고, 안 좋은 것을 줄이고 하루 3시간을 넘기지 못했던 수면 시간도 2배로 늘리고 있다. 25년이 되자마자 1월 1일부터 시작한 '모닝루틴' 식단도 하루도 빼놓지 않고 있다. 가글 후 미온수 1컵, 유산균, 엑스트라 버진 오일 1큰술, 사과 1개, 견과류, 그릭요거트, 계란 1개다. 직업이 7개여도 내가 취사선택할 수 있고 업무의 강약 조절이 어느 정도 가능하다. 데드라인을 지켜야 하거나 기일이 있는 약속 또는 금전 거래에 대한 일들을 제외하면, 부업은 말 그대로 +@의 개념이므로 내가 조절을 할 수 있다. 그렇기에 내 스케줄을 알차고 짜임새 있게 짠다면 7개의 직업을 계속 잘 유지할 수 있을 거라고 생각한다. 행정사업이 1년을 지나 2년, 3년 차가 되면서 자리를 더 잡게 되면, 사업체 3개를 한 번에 같이 관리해줄 수 있으면서도 내가 '믿을 수 있는' 인원 한 명을 좋은 조건으로 채용할 생각이다. 경리 업무, 사무장 업무, 중개보조원 업무를 같이 해주며 내 서포트를 해주기만 한다면, 나는 더 큰 일에, 더 가치 있는 일에 시간 투자가 가능하다. 그것이 내 다음 계획이다. 총 7개의 직업을 평생 시간에 쫓겨가며 할 마음은 없다. 내가 정한 마지노선으로, 일정 궤도에 이르면 하나씩 자동화 시스템과 직원들의 도움을 받아 나누고 줄일 예정이다. 이제, 맨땅에 헤딩을 시작하는 행정사업의 성장에 따라 그 시기가 당겨질 수도, 늦춰질 수도 있다. 기대된다. 이승주행정사사무소!

행정사 개업 시
준비할 사항 모음

   많은 이들이 개업 전 도움을 받을 곳이 없어 궁금하고 또 불안할 것이다. 그렇기에, 본 부분은 편집 없이 내가 메모장에 적은 그대로를 옮겨본다. 하단의 메모들만 활용하면 우선 필요한 것은 모두 준비할 수 있을 것이다. 7년 전, 공인중개사 개업을 준비할 때처럼 똑같은 방식으로 하나씩 기재하면서 완료 목록은 ✔표시를 하고 금액과 날짜 등을 기재했다.

▧ 개업 준비

   준비물 목록에 앞서, 개업 과정은 앞에서 상세히 다루었으므로 생략한다. 참고로 사무실은, 나의 경우 기존의 다른 사업체들을 운영하는 사무실에 전대차 동의를 받아 추가로 사무실을 낸 것이므로, 사무실을 구하는 과정이나 비용은 추가로 들지 않았음을 밝힌다.

   다음으로, 책상과 의자, 컴퓨터 등 역시 기존에 구비해 둔 시설 및 설비들이 있었기 때문에 기본적으로 생략한다.

나만의 체크리스트를 써서 개업을 준비하면 좀 더 체계적으로 가능 할 것이다. 그 외에 클리어 파일, 명함집, 명함케이스, 펜 등은 기재하지 않았으나, 사무용품 및 비품은 편의 및 구색에 맞게 구비하면 된다. 업무하며 지출한 실비(교통비, 우체국 택배비, 등기비 등은 준비 지출 내역에 산입하지 않음)는 빼고 작성했는데도 은근 많다.

한가지 팁은, 가능하다면 부가세용 통장 또는 별도의 여분 통장 1개를 더 개설하길 추천한다. 다만, 사업자용으로 만들어야 하기 때문에 은행에서 대포 통장 제한으로 최근 개설이 잘 안되는 경우가 많아 목적을 명확하게 하여 개설해야 한다. 은행을 두 곳을 이용하는 것도 방법이다. 이후, 평소 안면이 있는 은행직원이 고맙게도 '한도제한'없이 신규 통장을 개설해 주었다.

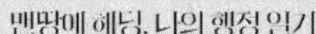

맨땅에 헤딩, 나의 행정 일기

체크리스트

- ☑ 대한행정사회가입+연회비 1,740,000원 (25.01.02)

- ☑ 대한행정사회 – 배지2, 신분증1 총 20,000원 (25.01.06)
  (배지 개당 5,000 원 2개 구입한정. 추가 구입 시 아원하여 구입*/신분증 1개 10,000
  배지나 신분증은 대한행정사회에서(월 구입 수량 제한있음) 매월 주문 가능.)

- ☑ 실무교육 300,000원 (24.12.06 신청/12.18~30)

- ☑ 도장 100,000원 (25.01.13)

- ☑ 국민은행 기업용 OTP 10,000원 (25.02.03)

- ☑ 개인 금융거래용 4,400원 (25.02.03)
  (병용은 II만 출입국, 조달 등은 모두 병용으로 해야 함.)

- ☑ 전자세금계산서용 공동인증서 추가 발급 4,400원 (25.02.03)
  (조회, 이체용과(4,400원) 전자세금계산서용(4,400원) 두 개 모두 구입 발급.)

- ☑ 간판+시트 – 1,155,000원 (25.02.11)
  (선금 200,000 · 02.11 / 잔금 955,000원 02.24 → 부가세포함 총 1,155,000)

- ☑ 명함 200장 = 디자인+제작 25,300원 (25.02.03)

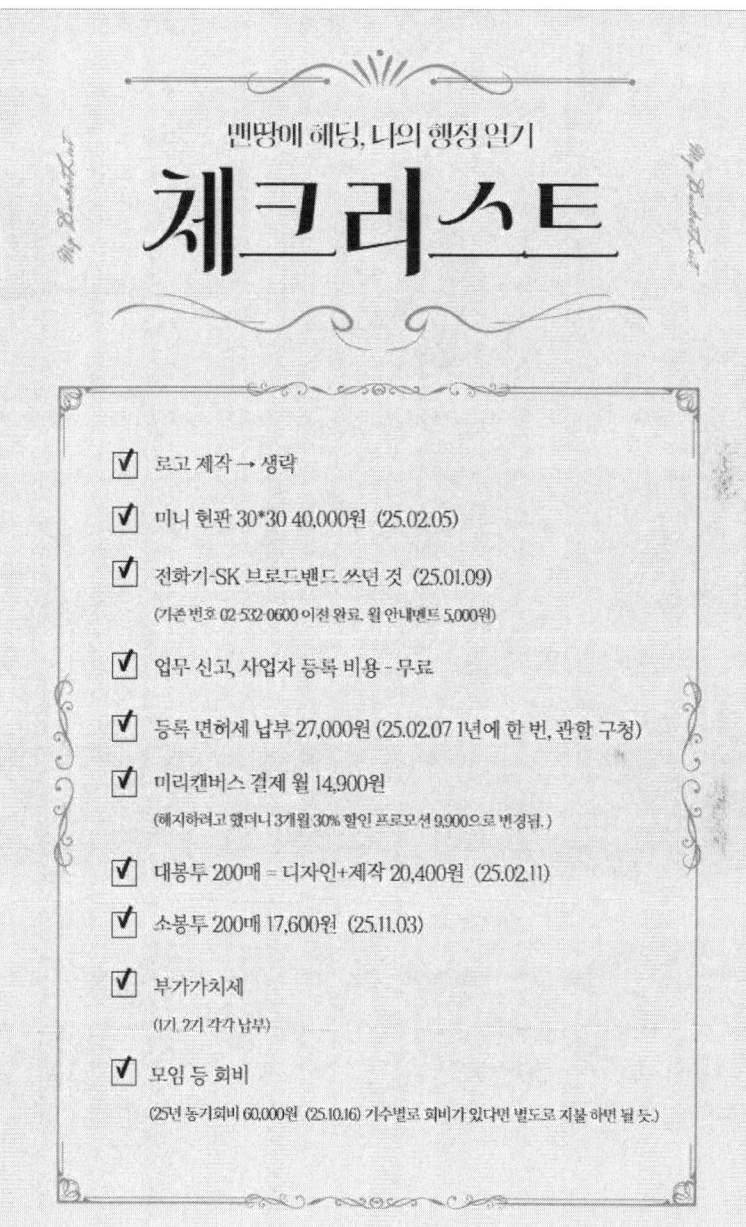

빈땅에 헤딩, 나의 행정 일기

체크리스트

☑ 로고 제작 → 생략

☑ 미니 현판 30*30 40,000원 (25.02.05)

☑ 전화기-SK 브로드밴드 쓰던 것 (25.01.09)
　　(기존 번호 02-532-0600 이전 완료, 월 안내멘트 5,000원)

☑ 업무 신고, 사업자 등록 비용 - 무료

☑ 등록 면허세 납부 27,000원 (25.02.07 1년에 한 번, 관할 구청)

☑ 미리캔버스 결제 월 14,900원
　　(해지하려고 했더니 3개월 30% 할인 프로모션 9,900으로 변경됨.)

☑ 대봉투 200매 = 디자인+제작 20,400원 (25.02.11)

☑ 소봉투 200매 17,600원 (25.11.03)

☑ 부가가치세
　　(1기, 2기 각각 납부)

☑ 모임 등 회비
　　(25년 동기회비 60,000원 (25.10.16) 기수별로 회비가 있다면 별도로 지불 하면 될 듯.)

Chapter

3

맨땅에 헤딩,
나의 행정 일기 - 행정사 업무

'빨리 처리'보다 '안전하게 처리'가 더 오래 간다.

개업 전,
합격하자마자 의뢰가 들어오다

    행정사 합격 후, 사무소 등록도 하기 전이었다. 지도 등록은 물론 아무것도 준비가 안 된 상태였는데, 정황상 유튜브를 보고 전화가 온 것 같았다. 행정사 실무교육을 받고 있는 중이었는데, 전화가 와 받지 못하고 문자를 보냈다. 당시 당연히 공인중개사사무소로 연락이 왔을 거라 생각하고, 문자로 회신을 했다. 개업 전은 당연하거니와 사무소 준비도 시작하지 않은 상태였다. 행정사 의뢰 연락이 왔다는 것에 굉장히 큰 가능성과 설렘을 느꼈다. 공인중개사로서 이미 자리 잡은 상태였기에, 엄청난 시너지가 생길 것이라 생각했다. 그렇게 부동산 전문 행정사로서의 서막을 알리는 연락이 오기 시작했다.

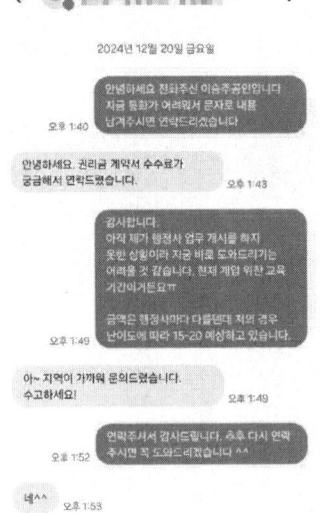

【개업 준비도 하기 전, 실무교육을 듣던 중 계약서 의뢰가 들어오다.】

제일 먼저, 주변에 알리자

개업을 하기 전부터 가장 적극적으로 주변에 알려야 한다. 행정
사가 무엇인지, 어떤 업무를 하는 것인지 본인의 SNS나 주변 지
인에게 직·간접적으로 홍보를 하자. 나의 인스타그램은 비공개
상태다. 팔로우 요청을 수락해야만 나의 피드와 게시물들을 볼 수
있다. 모델 시절에는 전체 공개를 통해 나의 화려했던(?) 사진들
을 마구마구 올렸었다. 팔로워도 매우 많이 늘었다. 하지만 직업
을 전향하고 나서는 누군가 나의 사생활을 보는 것이 싫었다. 중
개사를 하고 나서부터 개인적인 불필요한 문의가 속출했고, 필요
한 지식과 정보만 빼먹고 잠수를 타는 이들도 많았다. DM을 통
해 인사도 없이 문의를 해대는 모르는 이들에게도 환멸감이 왔다.
그때 결심했다. 불필요한 이들에게 상처받지 말 것이며, 내가 통
제 가능한 범위를 만들고, 거절을 더욱더 당차게 하는 연습을 하
자고 말이다. 그래서, 비공개를 한 후에는 지인들에게만 내 사생
활을 보여주고 있다. 지인들이 내가 행정사가 된 후로 연결을 해
주기두 하고, 본인의 일이 있으면 문의를 해온다. 지인들은 일단

아는 사이이므로 업무가 조금 덜 능숙해도, 조금 부족해도 이해해 주는 부분이 있다. 어차피 신입 행정사라는 것을 알고 연락을 했기 때문이다. 그만큼 그들에게도 이점을 주어 조금 더 일에 신경을 쏟는다든지, 수임료를 할인해 준다든지의 혜택을 줄 수도 있다. 지인의 지인, 지인의 지인의 지인까지도 행정사 업무를 의뢰할 수 있도록 나를 알리기 시작하자. 가까운 데에서부터 멀리 펼쳐나가면 된다. 입소문이 그만큼 무서운 것이다.

틈틈이 내가 작업했던 업무가 있는데, 바로 중개사무소의 손님들에게 연락을 하는 것이다. 예를 들어 외국인과 국제결혼 한 이들, 지인들 중 국적이 외국인인 이들에게 연락하여 출입국 업무를 할 수 있다고, 필요하면 편하게 연락하라고 했다. 1층 사무소이므로 당연히 간판과 함께 시트지 작업을 해두었다. 중개사무소와 같이 운영을 하기 때문에 이러한 장점을 활용했다. 널리 나를 알리자. 그리고, 제일 먼저 주변에 알리자.

개업 전부터
계속되는 수임 의뢰 연락

2025년 2월 13일, 목요일 오후의 일이다. 25년의 큰 도전 중 또 다른 하나는 '학원 강사 데뷔'였다. 물론, 제안은 약 1년 반 전쯤 받았고 1년이 넘게 강의와 교재를 준비해 왔다. 학원의 강사로, 한 과목의 강사로 데뷔를 한다는 것은 지금까지 많이 다녔던 1회성 강의, 강연들과는 확연히 다른 무게감과 어려움이 따랐다. 행정사 공부를 하반기 몇 개월밖에 못 했던 것도, 바쁜 현업과 저서 출간과 더불어 강의 준비를 함께 병행했기 때문이었다. 시험 후, 합격자 발표 후에도 정말 많은 날들을 강의 준비를 하며 밤을 새우고 또 교재 작업과 수차례 전체 수정을 거쳤다. 말 그대로 뼈와 살을 깎는, 인고의 고통을 겪다시피 한 후에 교재가 나왔다. 가제본을 수령할 겸, 교재 표지 디자인도 확인할 겸, 출판사와 교재 계약을 할 겸, 또 학원 강의 전속 계약서 작성을 할 겸 사무실에 방문했다. 평일이었기에 워낙 많은 전화 또는 문자가 올 것을 예상, 약속된 연락은 없었기에 휴대전화를 무음으로 해두고 미팅을 했다. 1시간쯤 후, 아직 제본이 도착하지 않아 저녁이 다 되어

가는 시간임에도 첫 끼를 해결하지 못해 끼니를 때울 겸 잠깐 나와 부재중 전화를 확인했다. 약 12통의 부재중 전화. 대부분은 부동산 관련 문의였다. 이승주공인중개사사무소의 전화도, 이승주행정사사무소의 사무소 전화도 모두 업무용 휴대전화로 돌려놓은 터라 대부분 회신은 부동산 문의였던 것은 당연하다. '아직 개업도 안 한 행정사인데, 그리고 개업해도 바로 업무 받기도 힘들다는데 설마 벌써 연락이 오겠어?'라는 생각이 막연했기 때문이다. 마지막 부재중 전화의 회신을 하려고 통화를 시도했다. 통화를 하자마자 나는 밥집 앞에 멈춰 섰다.

"이승주행정사사무소죠?"

"네 맞습니다!"

"비영리재단법인 설립 의뢰 문의 좀 드리려고요."

헉, 비영리재단법인이라. 내가 수험 공부를 할 때 민법총칙에서 공부했던 법인설립 과정, 절차, 특징들 정도도 기억날까? 말까인데. 큰일이었다.

당황하지 않고 "어떤 분야를 설립하시고자 하시나요?"라고 물었다. 정치 관련 쪽이라고 했다. 구비서류와 재단법인 설립 절차가 궁금하다고 했다. 사무소를 검색해서 전화했단다. 사당동에서 행정사를 검색하니 내가 나왔다는 것. 지도 등록과 상호 등록을 미리 해두길 잘했다는 생각이 들면서도, 당황스러움이 더 컸다. "제가 지금 외부에 나와있어서 그러한데, 조금 길게 통화를 하셔야 하니 내일 낮에 전화를 드리겠습니다. 괜찮으실까요?" 괜찮다는 답변을 듣자마자, 우선 밥집에 들어가서 앉았다. 뭘 시켰는지도 기억이 잘 안날 정도로(들깨수제비였다.) 주문만 빨리하고 바로 도움을 요청할, 바로 생각나는 행정사에게 전화했다. 뒤에도 나올 인물이지만, 9기의 김학환 행정사다. 나와 나이 차이도 크지 않고, 젊고 똑똑한 행정사라 금방 마음을 열게 되었고 티타임도 가지며 친해지는 시간도 생겼던 행정사다. 블로그로 알게 되었는데, 블로그로 여럿 좋은 행정사들을 알게 되었으니 이 글을 보는 여러분도 블로그를 통해 좋은 이웃, 오프라인으로 좋은 동료를 만들 수 있길 바란다. 김학환 행정사에게 전화를 걸었다. 비영리재단법인 설립에 대해 약 10분간 설명을 들었다. 처음 하는 업무와 내용이므로 머리에 잘 들어오지 않았다. 밥이 식어가는 것을 지켜보면서도 계속 통화를 이어 나갔다. 더 이야기를 들어도 외워지지 않을 듯하여, 통화를 일단락했다. 머릿속에서 들은 내용을 상기하며, 이것저것 검색창을 열어 확인도 하며 밥을 마셨는지 코로 넘겼는지 모를 정도로 빠르게 먹었다. 설레고, 기쁜데 걱정되고 아주 약간은 두렵기도 한, 복합적이고 모호한 감정들이 생겨났다. 내일 낮까지 나는 충분한 공부를 하고 전화를 해야 한다는 압박감이 생겼다. 밤부터, 다음 날 아침까지 많은 공부를 했다. 특히, 손님이 물어본 시험 문제(?)는 재단법인 설립 과정과 구비서류였기에, 설립 과정을 정리했다. 그리고 전날 김학환 행정사가 설명해준 내용을 추가로 상기해서 메모하고, 다시 통화를 이어 나갔다. 설립 허가 이후의 과정, 서비스의 영역은 어디까지 해줘도 괜찮을지, 변수는 무엇인지, 수임 단가는 어느 정도가 좋을지를 설명 들었다. 처음에 수임 단가를 듣고서, 우리 또래 중견기업 직장인 월급 정도가 되는 단가를 과연 받는 게 맞는 걸까 라는 생각을 했었다. 하루간 공부를 해보니, 받아도 충분하다고 생각이 들었다. 단순히 서류작성 대행을 하고 서류를 발급받아주는 과정이 아니었다. 빠르게 허가를 받을 수 있도록 해주기 위해 재단법인설립의 지역 범위를 파악해 두는 것도 스킬이라는 것도 배웠다. 즉, 지역 범위가 한정되면 행정권한의 위임 및 위탁에 관한 규정(약칭: 행정위임위탁규정 [시행 2025. 1. 3.] [대통령령 제35152호, 2024. 12. 31., 타법개정])에 의하여 위임이 가능하고, 더 상부에 허가를 받아야 하는 것을 위탁받은 하위 기관에 허가를 요청할 수 있기에 허가 속도가 빨라질 수 있는 것이다.

예를 들면, 법무부 소관의 허가였다고 치자. 지역 범위가 전국이었다면 법무부 장관에게 허가를 받아야 하지만, 지역 범위가 서울이라면 위임 및 위탁에 관한 규정에 따라 서울시장에게 허가를 받으면 되는 것이라고 이해하면 쉽다. 또한, 총회회의록을 제출해야 하므로 '사전 검토 제도'라는 것을 이용하는 부분도 알게 되었다. 행정사 공부를 할 때 사무관리론 과목에서 사전심사제도를 기억할 것이다. 민원인의 경제적 손실 등 제반 비용이 과다하게 투하되는 것을 예방하기 위해 사전에 심사를 하고 검토를 해주는 제도인데, 유사한 개념이라고 보면 된다. 다만, 이 부분은 담당 주무관의 재량이지, 민원인의 당연히 보장받는 권리가 아니라 담당 주무관이 사전검토를 해주지 않아도 어쩔 수가 없다. 만약 총회회의록을 제출했는데 서류의 반려나 보완이 되면 총회를 다시 열어 다시 회의록을 작성해야 한다. 이런 식으로 과정 과정마다 변수가 있거니와 담당 주무관의 업무처리 재량, 행정사의 언어 구사 스킬, 중간중간 지름길로 갈 수 있는 세부법령 또는 근거법령 등을 찾아 적재적소에 안성맞춤으로 찾아주고 안내해 주는 것이 매우 중요했다. 설립허가가 나면 총회회의록 공증을 받고, 등기를 21일 내로 하여야 한다는 것도 정말 수험생활할 때 민법총칙 파트에서나 공부해봤을 내용이기에, 새롭고 신선했다. 그 후 세무서에 가서 고유번호증을 발급받아야 하는 것, 그 후에 통장개설 하면 업무가 종료되는 이 과정에서 구비서류도 세부 요건들과 작성 목록에 대한 내용들이 복잡했다. 그 부분들을 공부하고, 외우고, 봤다. 드디어, 다음날이 되어 낮에 전화를 걸었다. 약 20분간의 긴 상담을 했다. 그래도 20분을 상담해 주었다는 것이 말이 통했으니 가능했다고 본다. 우리 사무실에 곧 찾아오겠다고 했다. 글을 쓰는 당시 시점 2월 15일에는 아직 수임 여부가 확정되지는 않았다.

김학환 행정사에게 큰 도움을 받았다. 그냥 도움만 받는 성격이 아니기에, 공동 협업으로 해줄 수 있냐고 하고 내가 받게 되는 수임료의 절반을 나누기로 이야기했다. 아직 수임이 된 것은 아니지만, 수임을 하게 될 경우 내게 도움을 준 행정사들에게 팍팍 나누고 인색하지 않을 예정이다. 도와주는 마음과 호의의 값어치가 훨씬 크다. 누군가의 경험과 고생의 시간을 빠르게 습득할 수 있다는 것, 내게 마음을 써주었다는 것만으로도 그 수임료의 분배는 아깝지 않다. '나라면, 저들처럼 저렇게 마음을 선뜻 나누고 지식을 나눠주는 사람이 될 수 있었을까?'라는 생각을 해보면, 쉽지 않다는 걸 알게 된다. 그렇기에, 나도 내가 할 수 있는 고마움을 보여야 한다. 결국 통화를 길게 했던 의뢰인은 다시 연락이 오지 않았다. 그렇지만 돌이켜보면 그것 또한 내게 큰 경험이었고 실전을 경험할 수 있는 최고의 시뮬레이션이었다. 추후 비영리재단법인 설립을 하면 꼭 이 글을 다시 보리라!

상담 일지를 꼭 만들어 두자

    평소 메모를 휴대폰 메모장에, 캘린더에, 컴퓨터에, 아주 곳곳에 많이 해둔다. 워낙 많은 일을 하기도 하거니와 메모를 해두면 가시화가 되어 달성을 할 확률과 약속을 어기지 않을 확률이 매우 높다. 그것은 신용과 신뢰로 이어지고 업무의 성취로도 이어지기에, 나는 수년간 메모의 힘을 톡톡히 보았다. 물론, 그 덕에 이렇게 책도 쓸 수 있는 것은 더할 나위 없는 감사한 일일 것이다. 순간순간 메모하고 기록하지 않았다면 절대 이 책이 나올 수 없었을 것이다. 수임 의뢰가 왔던 첫 손님 통화 이후 문득, 평소의 습관대로, 그리고 공인중개사 일을 할 때처럼 행정사도 당연히 고객의 정보를 메모해 두어야겠다는 생각이 들었다. 중개사는 고객 상담 일지, 고객 장부를 수기로 기재하고 고객 대장 엑셀 파일을 보관하고 있기 때문에 매번 업데이트를 습관적으로 해왔다. 행정사는 첫 손님이었기에, 그게 아직 없었다는 걸 알아차렸다. 엑셀로 고객 일지와 수입 일지를 곧바로 같이 만들었다. 클립에 꽂아 이제부터 통화하며 메모할 때 이 상담일지에 기록할 예정이다. 통화가 끝나고 구체적인 게 정해지면 고객의 리스트, 전화번호 등을 담은 내용을 엑셀에 정리하고 내용을 업데이트한다. 중개사 일을 하며 만들어 놓은 좋은, 꼼꼼한 습관들이나 업무 방식들은 그대로 행정사 업무에도 가져와 적용하기로 했다. 아래는 내가 중개사 업무를 하며 만든 상담일지와, 이를 이용해 유사하게 만든 행정사 의뢰인 상담일지 샘플이다.

《7년 간 사용해 온 중개사용 - 고객 상담 일지》

공인중개사 샘플처럼, 표를 만들어 고객들의 전화 또는 방문 시 직접 메모를 하면 좋다. 해당 시트에서 항목 등을 변경하여 분야별로 상담 기록을 기재하면 된다. 1차적으로 메모를 했다면, 엑셀 파일로 고객의 상담 정보 등을 기재하면 된다. 초반에는 그때그때 필요한 것을 추가하려 빈칸을 두기도 했다.

행 정 사 상 담 일 지

2025 년   월   일

고객명		방문목적	
연락처	TEL		
	H.P		
신규 / 재의뢰			
수임여부			
수임일자			
비고			
수임금액			(만 원)
상담내용			
처리결과	담당자		상담자	

- 이 승 주 행 정 사 사 무 소 ♥ -

〖행정사용 – 고객 상담 일지〗

중개사의 경우 계약 여부, 공동중개 여부 등으로 항목을 기재했다면 이를 행정사 상담 엑셀에는 수임 여부, 협업 여부와 기수(몇 회 행정사인지), 행정사사무소명을 기재하면 되는 식이다.

추가적으로, 간판과 시트 시공 업체에 문의를 하여 적당한 크기의 메모지 또는 상담일지 제작이 가능한지 시공 의뢰 전에 물어보는 것도 좋다. 사이즈별로, 원하는 디자인을 맞춤 제작하여 다양하게 사용할 수도 있다.

나의 경우 앞서 설명한 간판 회사의 대표 덕에 메모지를 선물로 받을 수 있었다. 적당한 사이즈의 메모지와, 사전에 요청한 사항이 없었음에도 내 마음에 쏙 들게 제작된 디자인에 또 한 번 고마움을 느꼈다.

다시 설명하지만, 고객과의 만남에서 메모를 하는 모습은 상대방의 말에 귀 기울이고 있음을 보여주며 전문성을 보여줄 수 있는 아주 좋은 태도다. 내가 실무 강의 시에도 자주 강조하는 부분이다. 또한 시선 처리도 자유롭고 생각을 정리해 나가며 브레인스토밍하기에도 매우 좋은 습관이므로 강력히 추천한다.

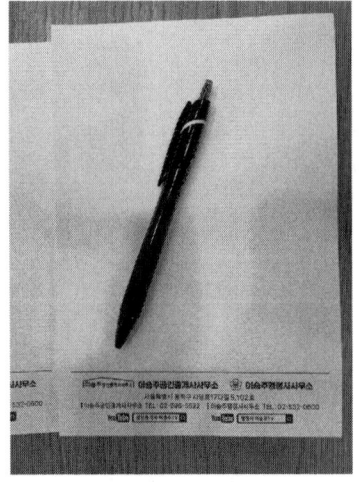

출입국 업무를 할 거라면 필수!
출입국 대행기관 교육

■ **2025.02.25. 하이코리아 출입국업무 교육 신청**

즐겨찾기 사이트에 꼭 추가하여야 할 사이트 중 하나, 하이코리아에는 '출입국 대행기관 교육 일정'이 월 1회 공고가 뜬다. 행정사의 업무 중 가장 많은 행정사들이 하는 일이며 변호사와 행정사만 가능한 일이기에 업역도 확보가 된다. 또한 외국인들을 상대하며 비자, 출입국, 국적업무를 수행하므로 이미지를 연상해 보기만 해도 굉장히 멋지고 알찬 일이다. 그렇기에 나 역시 행정사가 되면 꼭 잊지 않고 해야 할 업무 중 하나로 출입국 업무를 빼놓지 않았다. 다만, 두 가지 전제조건이 있다. 첫째, 개업한 대표 행정사이거나 합동사무소를 운영하거나, 소속 행정사이어야 한다. 둘째, 교육 신청이 굉장히 치열하다. 인원이 20명 남짓이고 해당 월을 놓치면 또 다음 월로 넘어가야 한다. 공고에 대한 알림을 설정할 수도 없거니와 알려주는 시스템도 없기에, 주기적으로 공고를 확인하러 들어가야 한다. 공고 이력을 보니 매월 20일~25일 사이에 공고가 올라오는 듯했다. 20일이 되기도 전부터 매일, 틈날 때 생각이 나면 하루 몇 번을 들어가 보았다. 25일 늦은 오전, 사이트에 공고문이 올라왔다. 25년 3월의 오프라인 교육은 2회로, 가장 빠른 3월 6일 신청부터 가능했다. 이메일로 신청서를 작성하여 증명 서류들을 보내야 한다. 내가 몇 번째인지 모르지만, '선착순 20명'이라는 단어가 굉장히 신경 쓰였다. '아... 이미 20명이 넘었을 거 같은데.'라는 생각이 엄습했지만, 우선은 신청해 보았다. 추후 이메일로 교육 확정에 대한 통지를 준다고 한다. 노하우가 있는 이들은 '예약 메일 발송'을 해놓기도 한단다. 접수일 당일의 자정에 맞추어 1등으로 보낼 수 있도록 예약을 해두고 해당 시각에 유효하게 메일을 보내는 것이다. 나는 그렇게까지는 하지 않았지만 추천하는 방법이기도 하다. 직접 경험해 보니 생각보다 경쟁이 매우 치열하다.

다만, 일정은 오프라인 대면 교육 기준(일반적인 기준) 월별 2회차씩 있고 온라인 1회 화상교육이 진행된다. 오프라인은 20명 선착순, 온라인 화상교육은 40명을 선착순으로 하고 화상교육보다 오프라인 대면 교육이 인기가 높다. 화상교육을 받을 경우 경험담을 들어보니 절대 교육 중 자리를 이탈하는 행위가 없어야 한단다. (화장실이나 간단한 통화는 당연히 가능하지 않을까 싶다.) 1개월에 1회 공고가 올라오니 출입국 업무를 할 행정사라면 필수로 교육을 이수하기 위해 사이트를 자주 가보아야 한다. 참고로, 교육비는 없다. 그리고 노파심에 언급해두지만, '일반행정사'만 출입국 대행 업무를 할 수 있다는 점을 알아두어야 한다. 교육신청 후 약 1주일이 흘렀다. 출입국 교육은 메일로 회신이 온다. 3월 4일에 메일 회신이 왔다. 이런, 내가 메일주소를 잘못 입력했다. 내가 잘못 보낸 연유를 되새김질해 보니, 공문을 다운로드하면 앞부분에는 최초 교육 신청자, 뒷부분에는 연수교육(연장) 신청자에 대한 안내가 같이 있다. 뒷 부분을 보고 연수교육 신청자에 해당하는 이메일 주소로 신청한 것이다.

southimmigrationedu@korea.kr 이메일 주소로 발송을 했기에 해당 관청에서 답변이 왔다. seoulimmigrationedu@korea.kr로 다시 신청하라는 메일이었다. 다시 찾아보니 공고문의 내용 중 '보수교육'을 받는 신청 메일 주소로 최초 교육 신청을 해버린 것이다. 보수교육은 최초 교육을 받은 후 2년이 지나면 받는 교육으로, 최초 등록 전 교육을 받아야 하는 나는 서울출입국·외국인청에 신청을 했어야하는 것이다. 부디 독자분들은 이 글을 읽고 나와 같은 실수를 하지 않길 바라는 마음이다. 이미 3월 5일 교육은 그렇게 허무하게 떠나보냈기에, 다시 공고를 보았다. 마침 3월 4일부터 다음 대면 교육인 13일 일정이 있는 것을 보고 재빨리 신청서를 새로 작성해서 메일로 보냈다. 이미 이른 오후 시간이 되어서 20명이 넘게 신청했겠다 싶었지만, 시도도 안 해보고 끝내는 것은 내 스타일이 아니었다. 약간은 노심초사하기도, 반 포기하기도 하며 보낸 메일에 3월 10일 오후 확정 메일이 왔다! 드디어 나도 행정사 수험생활 시절 꿈에 그려보았던, 출입국 교육을 받으러 가게 된 것이다. 물론, 이번 달에 못 받으면 디음 달에 받아도 되지만 출입국 대행 기관으로 빨리 등록하고 싶었던 내 입장에서는, 그리고 4월에도 바쁜 일정이 예정되어 있는 내 입장에서는 빨리 미비된 숙제를 끝내고 싶었다. 당일 동기들 단체 대화방에서는 신청했는데 안되었다는 이도, 메일이 왔다는 이도 보았다. 생각보다 개업을 다들 빨리 했나 싶었다. 앞서 설명한 대로 개업했거나 합동사무소를 운영하거나 소속 행정사이어야 교육을 받을 수 있기에, 그 말인즉슨 이미 현업을 시작했다는 의미이기 때문이다. 그렇게 3월 13일 교육을 확정 받고, 메일로 회신 온 교안을 다운받았다. 자료의 양이 많고 실제 교육에는 자료가 많이 변경되기 때문에, 출력을 해가는 것은 추천하지 않는다. 현장에서도 많은 이들이 엄청난 양의 자료를 출력하거나 제본을 해왔는데, 교육 자료를 두고두고 볼 정도의 내용은 아니고 말 그대로 수료를 위한 기본적인, 기초적인 자료이므로 아이패드나 노트북에 다운로드하여 현장에서 자료를 보는 것을 추천한다. (당시 자세한 기록을 위해 인터넷 가능 여부를 확인하기로 했다. 그래서 현장 담당자에게 문의하니, 와이파이는 없다고 했다. 미리 다운로드 받아두고 가는 것을 추천한다.) 약 4시간가량의 예정된 교육에서 대부분은 몇 분이라도 빨리 끝나는 경우가 많다. 이 책을 보는 독자분들을 위해 정말 도움 될 만한 정보를 드리고자 한다. 어디에도 해당 내용은 찾아보기 힘들었고, 사전에 교육을 받은 누구도 내용을 공유해주지 않았기에 나역시 준비를 못 하고 간 부분이다. 내용인즉슨 미리 구비서류를 준비해 가면 교육 후 당일에 바로 수료증을 교부해 주기 때문에 받은 수료증을 첨부하여 출입국대행기관 신청과 출입증 신청을 당일 바로 할 수 있다는 사실이다. 사무실 혹은 집과 출입국사무소가 가깝다면야 한 번 더 왔다가는 것은 쉽겠지만, 보통 바쁜 일상을 보내고 거리가 어느 정도 있다면 서류만 제출하러 다시 방문하는 것은 굉장히 큰 부담이다. 또한, 출입증 등을 수령하기까지 약 2주 전후로 소요되며 직접 수령을 하러 가야 하므로 교육을 포함 총 3번까지 가야 되는 경우가 생길 수 있다. 따라서, 다음과 같이 구비서류를 미리 준비하여 당일 수료증을 첨부하여 바로 신청할 수 있도록 하자. 실제로 먼저 교육을 받은 지인이 있는 행정사들의 경우 서류를 구비해 와서 다들 당일에 신청을 하고 갔다.(미리 선배나 다른 수료자에게 조언을 얻은 듯했다. 당시 이 부분이 참 부러웠다.) 후기들을 보니 우편으로 발송해도 수령을 받지 않는 곳들이 있는 듯했다. 앞서 1월에 세종로출장소 교육을 받은 행정사도 우편으로 발송할 수 없다고 했다. 교육 다음날 전화를 걸어 확인을 해보았다. 다행히도 내가 교육을 받은 서울출입국·외국인청에서는 우편으로 신청서와 구비서류 수령이 가능하다고 했다. 참고로, 출입국 교육의 담당자는 직접 통화가 어렵다. 1345 하이코리아에 전화 후, 기타 상담 0번을 누르고 직접문의를 해야 한다. 교육담당자의 직통 전화는 없고 다른 담당자가 전화를 받아 기다려달라고 한 후 교육담당자에게 문의하여 대신 전달하며 알려주는 방식이다.

구비서류에 대한 설명에 앞서, 꼭 명심해야 할 것은 첫째, 출입국 교육은 한 달에 한 번 공지가 뜬다. 선착순이므로 가능한 한 빨리 교육 신청 서류를 확인하여 준비해 두고 예약 메일 또는 신청 가능 당일 서둘러 메일을 보내야 한다. 둘째, 교육을 받게 되면 가기 전날 모든 구비서류를 준비하여 교육 수료 후 현장에서 담당자가 있을 때 바로 신청을 하면 시간과 에너지를 많이 줄일 수 있다.

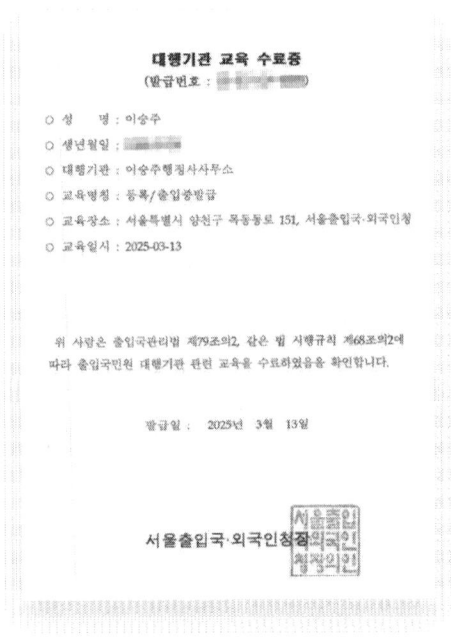

[대행기관 교육 수료증 – 당일 발급]

끝으로, 나처럼 다른 출입국사무소에 메일을 잘못 보냈다간 다시 신청하라는 메일이 온다. 신청일, 메일 주소, 구비서류를 잘 보고 한 번에 끝내야 한다. 한 달에 한 번뿐이기 때문이다.

▰ 출입국 업무 신청 전체 프로세스

1. 출입국 대행기관 교육 신청 및 교육 이수, 수료증 수령

2. 출입국 대행기관 등록 신청 + 출입증 신청(구비서류 동시에 준비)

3. 온라인 전자민원 대행신청(출입증 수령 후 가능)

▰ 구비서류 목록

1. 출입국 대행기관 교육 신청

※ 22년 9월부터는 서울청에서 모든 권역의 등록/출입증발급 교육을 전담하므로, 권역에 상관없이 서울청으로 교육 신청

※ 교육 신청 이메일 주소 : seoulimmigrationedu@korea.kr
  (최초 교육 이후 2년마다 받아야 하는 보수교육의 경우 내가 잘못 보냈던 southimmigrationeedu@korea.kr 서울남부소로 신청하는 것이다.)

2. 제출서류

○ 공통서류 : 대행기관 교육 신청서(붙임), 사업자등록증 사본, 신분증* 사본

   *신분증 : 주민등록증, 여권, 운전면허증(그 외 행정시 · 변호시 신분증, 대행기관 출입증 등은 인정하지 않음)

○ 행정사, 변호사 : 행정사 자격증 또는 변호사신분증 사본

○ 법인 · 합동사무소의 구성원 : 소속기관 확인 서류(운영규약, 법인등기부등본 등)

○ 소속직원 : 재직증명서(30일 이내 발급)

3. 출입국 대행기관 등록 신청 + 출입증 신청(구비서류 동시에 준비)

제출서류(8가지)

○ 공통서류

　① 대행기관 등록 통합신청서

　② 반명함판 칼라 사진 1매(3*4)

　③ 사업자등록증 사본

　④ 대행기관 등록 교육 수료 증명서

　⑤ 이력서(사진 부착)

　⑥ 신분증 사본

〔변호사〕

　– 변호사: 변호사개업신고사실 확인 서류, 변호사 신분증

　– 법인: 법인등기부등본

　– 법무법인의 분사무소 : 분사무소임을 입증하는 서류

〔행정사〕

　– 행정사 업무신고확인증

　– 행정사 자격증

　– 경력증명서(시험면제자)

　– 운영규약(합동행정사), 법인등기부등본(법인)

4. 출입증 발급(구성원, 소속직원)

○ 제출서류(7가지)

　① 대행기관 출입증 발급 신청서

　② 행정사 자격증 사본

　③ 사업자 등록증 사본

④ 대행기관 교육이수 증명서

⑤ 이력서(행정사 대표자)

⑥ 신분증 사본

⑦ 반명함판 사진 1매

행정사합동사무소 또는 행정사법인의 구성원인 경우 행정사 자격증, 행정사합동사무소설치신고확인증(합동사무소) 또는 법인업무신고확인증(행정사법인), 경력증명서(공직퇴직자의 경우), 운영규약(합동사무소)이 필요하다.

제출할 것이 많아 보이지만, 교육 신청 따로, 교육 후 대행기관 등록신청과 출입증 발급 신청을 따로 놓고 보면 어렵지 않다. 필수 서류라 작성했지만, 아직도 개인적으로 의아한 서류 중 하나는 대표자의 이력서다. 기왕 작성하는 김에 내세울 만한 모든 경력을 A4용지 기준 글자크기 7포인트로 꽉 채워서 작성했다. 참고로, 구비서류에는 '이력서'라는 단어만 기재되어 있으나, '반명함 사진을 첨부한' 이력서 사진으로 준비하는 것이 통상적이므로, 사진을 첨부한 이력서를 제출할 것을 권한다. 나의 경우 이력서에 사진을 채운 것과, 채우지 않은 것까지 혹시 몰라 2개의 서식으로 이력서를 보냈다. 이력서에 사진을 넣은 양식은 경력이나 자격란을 기재할 공간이 부족했기에, 두 개를 보냈다. 다행히 문제는 없었다. 3월 18일에 우편을 보내고 약 3일 정도 후, 안내 통지가 왔다. 여러 블로그나 인터넷에서도 후기나 설명을 보면 방문 수령만 가능하다고 했기에, 번거로움을 무릅쓰더라도 한 번은 더 가서 수령을 해야겠다 마음을 먹고 있었다. 하지만 문자의 내용은 "우편으로 발송하였으니 수령하세요."였다.

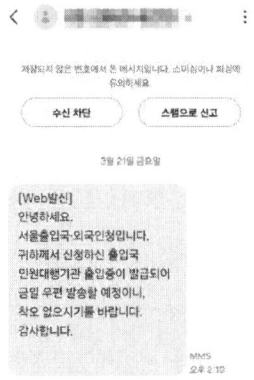

〖2025.03.21. 대행기관 출입증 우편 발송 예정 안내 문자〗

금요일이었기에 주말이 지난 후인 2025년 3월 24일 월요일 오전, 사무실로 우체국 택배를 통하여 집배원이 우편을 배달해 주었다. 참고로, 착불로 발송하며 4,500원의 비용을 결제하여야 한다. 이로써 직접 경험한 내용은 다른 정보들이나 알고 있는 내용 그대로는 아니었다는 것을 다시 한번 느끼게 되며, 두 번 더 갔어야 하는(신청서 제출, 등록증 수령) 번거로움 없이 약 9,000원이라는 왕복 우편비용이 들긴 했으나 시간을 벌었다. 아마 다른 이들도 그랬으리라. 혹은 나처럼 어떻게든 통화를 시도하여 연락을 취하기가 어려운 상황이었기에 그냥 갔을 수도 있다. 내가 겪은 최종 정답을 정리하면 다음과 같다. (내가 교육을 받은 서울출입국·외국인청의 경우)

① 신청서도 우편으로 발송이 가능하다.

② 출입국 대행 기관 등록증과 출입증을 우편도 수령이 가능하다. 단, 우편의 비용은 우체국 택배로 받았으며 비용은 4,500원을 착불로 보내기 때문에 지불해 주어야 한다.

③ 온라인 전자민원 대행신청은 그 후에 가능하다. (출입증 수령 후)

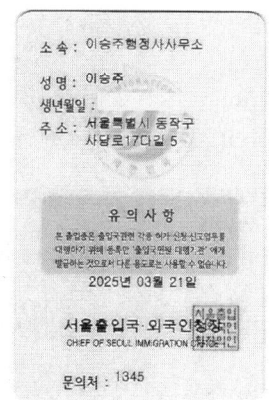

〖출입국민원 대행기관 출입증〗

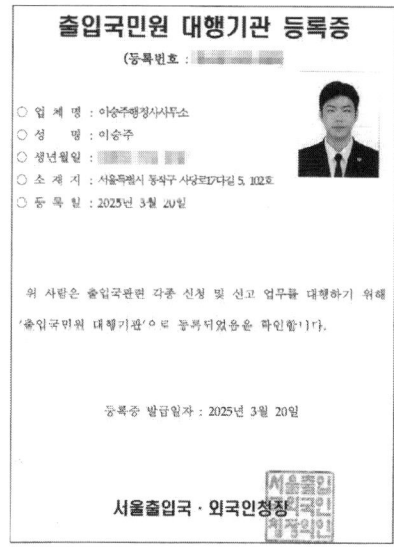

〖출입국 대행기관 등록증〗

대행기관 등록증이 나오면 하이코리아 접속 후 회원가입(기업회원 → 행정대행사)로 회원가입을 하면 된다. 그렇게 되면 비로소 대행기관으로 하이코리아에서 전자신청이 가능하다. 전자민원 대행 신청까지 끝나면, 출입국 업무의 모든 준비가 끝난다. 생각보다 긴 시간이 소요되므로 출입국 수요가 있는 행정사들은 빨리 준비하는 것이 좋다.

교육 시에는 전자민원 대행 신청이 출입국 대행기관 등록 후 3개월 후에 가능하다고 하며, 매뉴얼상에도 그렇게 되어있다. 하지만 실제 먼저 교육을 이수한 동기들의 경험을 들어 보

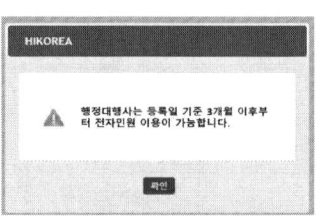

〖1개월이 되기 전날까지는 팝업창에 다음과 같이 뜬다.〗

건대, 실제로는 대행기관 등록 후 약 20일(3주) 만에 되었다고 하니 이를 참고하면 좋겠다.

3월 24일 출입국 등록증 수령 이후, 약 1달이 흘렀다. 4월 23일에 미리 메모해둔 바를 바탕으로 전자민원 등록을 신청해 보았다. 앞서 설명했듯 출입국민원 대행기관 등록일로부터 3개월이 지나면 하이코리아 전자민원을 바로 신청할 수 있다고 했으나 약 1개월 먼저 진행했던 동기 행정사들의 후일담을 바탕으로 시도해 보았다. 하지만 이날까지도 전자민원 신청은 불가했다. 해당 날짜에는 우선 회원 가입을 마쳐두었다. 승인이 난 후에 전자민원을 신청하면 된다. 참고로, 전자민원은 말 그대로 '전자로 하는 민원'을 대행하는 것이므로 수임료는 높지 않다. 보통 10만 원 대 단위

로 진행하므로 아주 간단하게 처리하고 끝내는, 소소한 업무라고 생각하여도 괜찮다. 다만, 처음 업무를 맡을 때에는 비자의 종류, 각종 프로세스와 업무 처리 등이 낯설기에 일정 시간 투하와 공부가 필요한 것은 사실이다. 행정사 업의 숙명이기에 어떤 업무든 당연히 거쳐야 하는 과정들이다. 다음으로 회원가입 순서에 대해 설명하고자 한다.

회원가입 순서는 '기업회원→행정대행사' 체크하여 보안 프로그램을 설치 후 가입한다. 행정대행사로 가입하여야 하고 출입국 교육 후 등록증이 발급된 후 가입하여도 된다. 전자민원 대행기관으로 신청 후 하이코리아 측에서 가입승인을 해주어야 전자민원을 신청할 자격이 생긴다. 참고할 것은, 앞서 언급한 대로 '범용 공인 인증서'가 필요하다. 사업자용 범용 인증서가 있어야 국가기관의 전자민원업무를 신청할 수 있다. 또한 나라장터 업무도 마찬가지이므로 해당 업무를 하려는 행정사는 범용 인증서 투자를 필수로 하여야 한다.

방법은 어렵지 않다. 정부24에서 사업자등록증명원을 신청해두고 ㈜한국전자인증에서 보내온 사이트의 링크를 타고 가면 신분 확인 절차를 거친다. 사용처는 '모든 사업자 전자거래'로 기재되어 있다.

컨설팅을 좋아한다면,
강력 추천하는 업무 '업종 닥터'

  25년 4월 21일, 월요일의 일이다. 어머니가 대표로 계신, 36년 차 가족사업장이 있다. 나는 이 사업장에서 총괄 매니저로 납품을 제외하고 많은 부분의 업무를 주로 하고 있다. 이 사업체에 대해서는 이전 저서 '맨땅에 헤딩, 나의 중개 일기'에 가정사와 함께 일부 담은 바 있기에 길게 설명은 생략하려 한다.

  어머니가 1개월 전쯤, 안내가 온 문자를 내게 전달해 주셨다. '소상공인 자영업자 운영 개선 컨설팅' 관련한 지원 안내였다. 몇 가지 요건이 있었는데, 구체적으로 자세히 기억이 나지는 않는다. 한 가지 확실했던 것은 전년 대비 매출이 감소하였거나 올해 얼마 이상(억 단위) 매출을 한 자영업자 대상으로 성장을 도모한다면 지원할 수 있다며 해당되는 회사에 보내는 안내 문자라는 것이다. 하루 종일 바쁜 업무로 허덕이는 내게 미안하셨는지, 고민 또 고민을 하다 조심스레 내게 지원을 해봐 줄 수 있냐고 물어보셨다. 내용을 보니 사이트에 접속해서 이것저것 논리 정연하게 운영 중인 회사에 관하여 글을 작성해야 했다. 마음먹고 시간을 내서 작성했다. 그리고 지원 사업에 제출 버튼을 눌렀다. 약 1개월쯤 후, 어머니는 본인에게 안내 문자가 온 것을 내게 전달해 주셨다.

"소상공인 자영업자 컨설팅 지원 사업에 선정되셨습니다. 담당자가 수일 내 연락 후 방문 예정입니다."

그렇게 며칠 후, 신용보증재단의 담당자가 약속한 시간보다 다소 빠르게 사무실에 방문했다. 실사도 하고, 사진도 찍고, 이것저것 이야기를 많이 나누었다. 이야기를 다 마치고, 약 1시간이 지난 후 실사 담당 팀장은 내게 개인적으로 몇 가지를 물어보았다. "행정사도 하고, 공인중개사도 하나 봐요. 요즘 부동산 경기가 진짜 안 좋아서 공인중개사들 대출 문의나 폐업 문의가 엄청 와요." 그도 그럴 것이, 시점상 정말 부동산 경기가 안 좋고 힘든 시국이었다. 몇 마디 이야기를 나누다가, "우리 재단에서도 행정사님들이 맞는 곳이 있으면 분야별로 전문가들을 선별해서 제가 컨설팅 가시라고 배치를 해드려요. 행정사 하면 이런 것에 지원해 보세요."라고 했다. 솔깃했다. 이미 7잡러였음에도 나는 또 다른 솔깃함에 귀를 기울였다. 내용은 다음과 같았다. 공공기관이나 국가에서 인정한 몇몇 기관들은 1년에 한 번꼴로 전문가들을 모집하는데, 이를 '업종 닥터'라고 한다. 인사 문제는 노무사가 해결하듯 컨설팅의 분야가 다양하므로 적재적소에 선별된 컨설팅 대상 사업체들에 컨설팅을 가도록 하고, 1~2시간을 상담하는 것이다. 건바이 건으로 진행하는 것인데 출장 상담료가 꽤 괜찮았다. 상담이 끝나고 업종 닥터를 검색해 보았다. 정말 올해 초 신용보증재단에서 모집 공고가 있었다. 다만, 올해는 행정사 분야는 없었지만 듣기로는 행정사도 많은 상담을 나가기에 꼭 지원해 보라고 했다. 절차를 보니 지원서를 내고 합격한 이들에 한하여 면접을 보고, 합격한 이들에 한하여 컨설턴트 자격이 부여된다. 정말 많이 하는 이들은 바쁜 시즌 4천만 원 가량의 컨설팅 비용이 지급되기도 한다니 정말 대단한 부업(?)이었다. 그날 바로, 매일 메모하는 To-Do-List 메모장의 최하단에 적어놓았다. 앞으로도 수시로 공고를 보려고 한다. 이후에 행정사 분야가 지원 공고가 생긴다면, 나의 모든 어필 사항을 다 끌어모아 이력서를 제출해 볼 생각이다. 이 내용을 아는 이가 있었는지 모르지만, 나는 한 번도 듣지도 보지도 못했기에 매우 매력적이라고 느꼈다.

그 이후 주기적으로 몇 달간 공고나 내용을 찾아보았지만, 행정사의 모집인원이 나오지는 않는 듯 보였다. 보통 연말·연초에 모집 공고가 이루어지니 관심이 있다면 꼭 찾아보는 것을 추천한다. 이 책을 보는 여러분 중 관심이 있는 이가 생긴다면 적은 정원모집에 경쟁자가 될 수도 있지만, 내 책을 찾아준 독자 여러분께는 아깝지 않다고 생각한다. 좋은 정보라 생각하여 기꺼이 글을 남긴다.

법원에 제출할
추가 의견서를 작성해달라고요?

25년 3월 말일, 점심시간이 지날 무렵 전화가 걸려왔다. 행정사 사무소를 개업한 지 만 1달이 지났을 무렵이다. 당시 위패스 공인 중개사 학원으로 매주 강의를 출강하여야 하는 것으로 매주 정말 열심히 강의를 준비하고, 다음 커리큘럼에 필요한 교재를 집필하느라 주말도 반납하던 시점이었다. 관공서 등 외부 강의와 KB에서 요청을 하여 칼럼을 기고하던 때라 더욱더 눈코 뜰 새가 없었다. 총 7잡을 하고 있던 나로서는 오전에는 출근하면 7년 차에 접어든 중개업의 끊임없는 전화 연락과 36년 차에 접어든 가족사업의 경리 업무로 다크서클이 눈 밑까지 내려와 있었다. 면역이 떨어져서인지, 손에서 장기간 낫질 않는 습진이 생겨 병원에 다녀오는 길에 전화를 받았다.

"이승주행정사사무소죠?"

이후 약 20분간 70대인 여성 의뢰인은 끊임없이 본인의 상황을 설명하였다. 내용인즉슨, 설비업을 하고 있는데 의뢰받은 공사가 잘못되었고, 그 공사는 본인들의 과실은 아니니 본인들이 고용한

다른 업종의 사람이 시공 중 실수를 하여 자비가 공사비 받은 것 보다 훨씬 많이 들었다는 것이다. 그로 인해 민사 소송을 하게 되었고, 전화받은 날로부터 2주 후 조정 기일이 잡혔다고 했다. 그간 여럿 행정사들에게 고소장이나 법원에 제출할 본인의 진술 내용들을 작성 의뢰해 왔다고 했다. 의아했다. 행정사법에 규정된 행정사의 업무로는 고소장 작성을 해줄 수 없으며, 법원에 제출할 의견서 등을 제출해 줄 수 없다. (대법원 1989. 11. 28. 선고 89도16 61 판결 [사법서사법위반]-후반부에 판례를 수록해두었다.) 법원에 제출하는 서류이므로, 행정기관이 아니기 때문이다. 행정기관에 제출할 서류의 작성 대행이나 업무의 대리를 할 수는 있으나, 법원에 추가로 제출할 의견을 작성해달라니 말이다. 너무 아무렇지 않게 당연히 행정사가 써주는 것 아니냐고 한 질문에, 처음에는 나도 당황을 금치 못했다. 마치, 직거래 계약서나 대필 계약서를 중개사가 몰래, 암암리에 써주는 것과 같은 이치로 알고 있는 모양새였다. 일단 전화를 끊었다. 선배 행정사 몇 명과, 동기방에 해당 내용을 공유했다. 답을 해주는 이들은 다들 만류했다. 당연히, 작성하여서는 안 되는 내용이기 때문이다. 나 역시 수임을 하기로 한 것은 아니기에, 업무의 범위를 다시금 확인하고자 우선 전화를 끊은 것은 잘한 행동이었다고 생각했다. 다시 전화를 걸었다. 내용증명의 작성이나 진정서, 탄원서 등 행정기관에 제출하거나 서류를 작성하는 것은 가능하지만, 법원에 제출할 내용을 작성해 드리긴 어렵다고, 정중하지만 또박또박 설명했다. 지금까지 다른 곳들은 다 맡겨왔었는데 왜 나는 해주지 않느냐고 했다. 심지어, 본인이 지금껏 의뢰해 왔던 비용인 10만 원을 마치 시세인 것처럼 알고 금액을 이야기했다. 금액이 컸어도 흔들리지 않을 판에, 10만 원을 위해 양심을 속이고 수임을 받고 싶진 않았다. 약 10분간 정중하게 거절했음에도, 지속적으로 그냥 해달라고 했다. 앞으로 안면이 트고 하면 더 많이 의뢰할 게 있다며, 고정 고객이 될 것이므로 써달라는 것이다. 또한, 본인이 누구에게 이런 것을 고발하겠느냐며 본인이 컴퓨터를 못하고 나이가 들어서 그럴 뿐이라고 했다. 내용은 잘 알겠으나, 내가 정한 기준과 원칙이 있기에 이율배반적인 행동을 할 수는 없다고 설명하였다. 수임을 안 하기로 거절을 했음에도 마음이 편했다. 전화를 준 것만으로도 의뢰인 모두에게 감사한 일이지만, 아닌 것은 아니었기에, 전문가로서 신의 성실하여야 한다는 마음가짐으로 정리한 수임 거절 건이었다.

우와, 하루에 2건이나
수임을 받다니!

　　25년 4월의 첫날이 지나, 2일에 오래된 중학교 동창 친구가 전화가 왔다. 당시 학원 강의를 마치고 부리나케 밀린 연락들에 답을 하고, 동시에 업무를 하며 지하철을 타고 복귀하는 중이었다. 지하철 내 통화가 어려운 관계로, 당일은 업무가 많아 다음 날인 4월 3일 오전 연락을 나누었다. "승주야. 자동차 등록말소 업무도 행정사 업무라던데?" 제대로 된 첫 수임이 자동차 등록말소 업무가 될 줄이야. 정말 상상도 못 했다. 친구는 폐차 관련 업체에도 문의 전화를 해보고, 다른 행정사사무소에도 전화를 해보았다고 했다. 단가는 대략 100만 원 남짓. 내가 알기로 자동차 등록말소만 대행하는 정도는 간단하면 5~10만 원, 비싸면 15~20만 원의 단가였는데, 왜 이렇게 비싼가 의문이 들었다. 하지만 친구라도 업무의 난이도도, 내용도 모르고 해당 금액을 말할 수는 없었기에, 우선 특이사항이 있는지 물었다. 아니나 다를까, 복잡한 사안이었다. 친구 장모님의 자동차인데, 타인에게 명의이전 없이 주었고 그 타인이 2년간 차를 몰며 세금 체납으로 인한 압류가 수십 건, 과태료도 수십 건이 쌓여있었다고 했다. 가관이었다. 심지어 과태료 수십 건은 처음에 이야기를 해주지 않고, 수임 후에 들었다. 오랜 친구이기도 하고 아직 확실한 상황이 아니었기에 위임계약서를 작성하지는 않고, 우선 업무를 맡기로 하고 하나씩 진행해 나가기로 한 조건으로 소위 '믿고 가기로' 했다. (물론, 업무처리부에는 업무가 완료된 후 써야 하는 것이 원칙이다.) 혼자 자동차 등록말소 업무를 해나갈 자신이 없었다. 또한, 압류와 수십 건의 과태료 문제도 풀어야 할 숙제였다. 일반적으로 자동차 등록말소는 압류를 해소하고 하여야 하는데 위임관계와 장모님이 연락이 잘 되는지, 차량의 연식이 말소가 가능한 조건인지 등을 먼저 파악했다. 대략적으로 내용을 구체화시킨 후, 가장 편하게 연락을 나누고 있었던 9기 김학환 행정사에게 전화를 걸었다. 마침 다음날 저녁 식사 약속을 잡아둔 터라, 편하게 통화할 수 있었다. 공조를 요청했다. 수임 단가를 아직 정하지는 못했으나, 공조를 해주면 수임료를 일부 분배하는 방식으로 제안했다. 학행(내 애칭이다. 학환행정사라는 뜻이다.)은 흔쾌히 수락을 해주었다. "네, 행정사님 공조해 보시죠."

해당 업무뿐 아니라 4월 3일 당일에는 부동산 계약, 가족 사업 업무 등 원래 하던 업무들도 늘 그렇듯 바빴기에 더더욱 정신이 없었다. 거기에 더하여 바로 다음에 설명할 에피소드인, 성인 PC방 계약서 작성 건까지 겹쳐 우선 다음날로 해당 업무를 미뤘다.

다음날, 공조 때문이 아니라 원래 저녁 약속이 잡혀있던 김학환 행정사와 만났다. 고속터미널역 내 파미에스테이션에서 식사를 마친 후 인근 카페에 가서 커피를 마시며 본격적으로 차량등록말소 업무에 대해 이야기를 했다. 워낙 단답형으로 대답이 끝나는 의뢰인인 내 친구는 자세히 하나씩 물어봐야 그제야 하나를 대답하는, 마치 스무고개를 하는 듯한 느낌을 주는 친구다. 이번에도 수임을 하기로 하고 나서, 하나씩 공부를 하며 조건을 묻고 다음 단계를 진행하려고 하니 그제야 악조건이 하나씩 더 튀어나왔다. 앞서 설명한 조건들보다도 더 많은 과태료, 압류 건과 차량의 위치를 잘 모르는데 알아낸 후에 차량을 가져올 수는 있는지, 압류 건과 과태료 건만 남기고 차량을 먼저 폐차하고 말소할 수 있는지 등 어려운 조건들이 점점 늘어났다. 원칙적으로는 말소를 하면서 그 차에 걸려있는 압류나 과태료는 선납을 하여야 하는 것이 맞다. 하지만 친구가 원하는 조건은 차를 먼저 폐차하는 것과 그보다도 앞서 등록말소를 하는데 전제조건이 압류나 과태료를 내지 않고 말소하는 방법이었다. 이번에도 점입가경이었다. 왜 나는 이렇게 어려운 일들만 초반에 주어지는 건지. 크게 되려나 보다 했다. 방법들을 찾아봤다. 어떻게 어떻게 찾고 찾고 또 찾다 보니, '차령초과 말소'라는 방법이 있었다. 연식이 10년 이상 된 차량으로 말소를 먼저 하고 이후에 과태료 등을 납부할 수 있는 방법인 것 같았다. 과태료와 압류 금액을 먼저 깔끔하게 납부하면 말소가 쉬운데 왜 이렇게 어렵게 하려고 하냐 물었더니, 차를 가져간 사람 때문에 생긴 과태료와 압류를 내주고 싶지 않아서라고 했다. 하지만 근본적으로는 명의를 빌려준 장모님의 과실인데 차 주인 장모님이 내주시고 나중에 손해배상을 청구하는 게 어떻겠냐 했다. 친구는 "일하기 너무 어려우면 그냥 둬"라고 하며 일을 마무리하려 했다. 이미 수임은 수임이니 마무리하고 싶다고 하고, 당일에 방법을 끈질기게 알아봤다. 김학환 행정사도 오래간만에 퇴근하고 밤늦게까지 공부를 했다며 메시지가 왔다. 차령초과폐차말소 방법으로 가닥을 잡았다. 그렇게 주말을 보내고 그 주를 마무리했다. 커피를 마시며 서로 법령을 찾아볼 때, 김 행정사가 했던 말이 기억에 남는다.

"이 일뿐 아니라, 어떤 일도 제출하라는 서류에는 이유가 있다고 생각하거든요. 그 서류를 괜히 제출하라는 게 아니니, 그 서류에 관련된 법령을 찾아보면 답이 나올 때가 있어요. 그리고 행정기관에 제출할 때 내가 담당 주무관이라면 이 서류를 받고 어떻게 생각하고 처리할까를 생각해 보면 조금 더 잘 준비하게 돼요. 그러면 반려나 보완의 확률이 확실히 줄어들더라고요. 의뢰인에게 리스크를 줄여주는 게 우리 일이니까, 우리가 사전 검토를 한다고 생각하면 좋죠."

자동차등록 대행업무 중 어려운 난이도
'차령초과폐차말소'

정말이지 처음에는 갈피를 잡을 수가 없었다. 순간의 감정과 상황을 담아내는 것을 원칙으로 하는 내 일기인 저서에서, 썼던 내용을 지우고 또 바꾸는 것을 반복할 만큼 원고가 수차례 바뀌고 또 바뀔 정도로 상황이 계속해서 변화했다. 행정사 업무 중에 차량등록 또는 말소대행 업무가 있는 정도만 어렴풋이 알았지, 막상 대행을 하려니 뭘 어떻게 해야 할지 몰랐다. 그래도 전날 차령초과폐차말소라는 제도를 우연히 검색의 검색 끝에 찾았던 게 한 수였기에, 차령초과폐차말소 쪽으로 열심히 공부를 하며 하나씩 헤쳐나가 보리라 마음먹었다. 그럼에도 불구하고 친구가 정확히 원하는 바를 파악하기가 힘들었다. 먼저, 차를 가져올 수 있는지 여부와 그전에 차량의 위치 식별 확인 여부가 중요했다. 친구는 차를 가져올 수 있을지 없을지 확신이 없는 상태였다. 그에 따라 방향이 완전히 나뉘게 되는 것이기에 친구에게 정확히 어떻게 진행할 것인지 딱 정해서 알려주었으면 한다고 이야기했다. 그래서 친구에게 현재 차를 운행하고 있는 사람에게 연락을 취해보는 방법을 권했다. 다행히도 연락이 닿았다고 한다. 과태료는 현재 차량을 운전 중인 점유자가 내기로 약속을 받았다. 차량도 처분할 수 있도록 가져가기로 이야기가 되었다. 친구의 적극적인 전화 노력으로 다행히도 일이 한결 쉬워지게 되었다. 흔히 차량등록말소에서 가장 어려운 것이 압류말소, 외국인이 차를 놓고 해외로 도주 또는 귀국한 경우(차량 위치 파악이 안 되면 더더욱)다. 또한 차량의 위치가 파악이 안 되면 멸실말소를 하여야 한다. 차량의 위치를 못 찾으면 멸실말소 방법으로 진행해야 하는데 전제조건은 3년간 운행 이력이 없어야 한다.

이번 사례의 경우 차량은 계속 운행을 하고 있는 상태이므로 멸실말소가 되지 않았기에, 정말 어려울 뻔했던 것이다. 전날 저녁 그렇게 해결이 되었다고 연락을 받고, 다음날 오전부터 다른 업무들을 하며 틈틈이 차령초과폐차말소에 대해 다시 조사, 검색하기 시작했다. 먼저, 공부할 때처럼 숲을 먼저 그리고 나무를 보는 방법으로 가기로 했다. 문제가 무엇인지, 전체 논점이 무엇인지를 파악한 것이다. 그렇게 크게 가닥을 잡았다. 폐차를 할 수 있는 상황이고, 압류와 과태료는 폐차와 등록말소를 먼저 하고 차량 명의자의 다른 담보(차량 등)에 이전되게 하면 되는 방법이 차령초과 폐차말소 방법이므로 폐차 업체를 찾았다. 차량이 경기도 고양시에 소재해 있기에 공식 인증된 업체를 찾았다. 참고로, 공식 인증 업체를 찾는 방법은 한국자동차해체재활용업협회 사이트에 방문후, 압류차량 말소등록 아이콘을 누르면 전체저인 내용을 안내해

주며, 하단에 폐차장검색을 클릭하면 지역별 기관도 검색할 수 있다. 또한, 자동차 정보에 관한 조회는 자동차365에 들어가 볼 수 있다.(여기에서 관련기관 연락처라는 키워드를 검색하면 위의 한국자동차해제재활용업협회가 나온다.)

차령초과폐차말소의 조건은 두 가지 조건을 모두 만족할 때만 이용할 수가 있다.

첫째는 한 건 이상의 압류, 세금(자동차세, 건강 보험료 등), 과태료(과속, 주차위반 등)를 오랜 기간 납부하지 않아 발생하는 압류가 자동차에 한 건 이상 있을 것.

둘째는 차령(=차량 연령이라고 생각하면 편하다. 차량 출고 후 기간을 말한다.)이 일정 기간 넘어야 할 것.

법에서 정한 담보물로의 가치로서 감가가 모두 사라진 후에 폐차를 진행할 수가 있기 때문이다. 이것은 차량이 출고 후 일정 기간이 넘어야 하는데, 자동차 등록증의 생산 날짜를 통해서 기간을 확인하는 방법이 있다. 나의 경우 공식 폐차 업체에 전화를 걸어 차 번호를 말해주었다. 담당자는 전산으로 차량을 조회해서 대상 여부를 알려주었다.

■ 법에서 정한 출고 후 기간

1. 승합차, 소형 화물차 : 10년
2. 승용차 : 11년
3. 중대형 화물차 : 12년

해당 차량은 2.5톤 트럭이었고, 친구 말로는 10년은 그냥 넘었다고 했으니 대상이 되지 싶었다. 다행히 전화해 본 공식 업체 2곳 모두 대상이 된다고 하였다. 처음 전화한 곳에서는 과태료의 건수를 정확히 알려주었는데, 20건이었다. 압류는 그 이상이었다. 다음으로 전화한 곳에서는 차량의 출고 연도를 알려주었는데, 2003년도였다. 친구도 모르고 있었던 건이었기에 모두 즉시 알려주었다. 참고로, 차령초과폐차말소는 실무에서 담당자들이 '압류말소'라는 용어로 이야기하며, 차령초과말소라고 설명하면 바로 알아듣지 못하는 경우가 있다. 다음으로 접수를 하면 등록말소까지 최소 45일, 보통 60일로 약 2달을 기다려야 한다는 점을 의뢰인에게 설명해주어야 한다.

■ **견인 요청**

나는 하루 동안 2곳에 전화를 했는데, 2곳의 견적은 각각 달랐다. 처음 전화한 곳은 150만 원, 두 번째는 100만 원이었다. 단, 첫 번째 업체는 차량을 가지러 간다는 이야기는 하지 않았고, 전문성이 조금 떨어진 느낌을 받았다. 두 번째는 안내 멘트와 번호가 나뉘어있고 상담 전문 직원이 받는 느낌이 있었다. 또한 매뉴얼대로 안내를 해주었고 견인 날짜와 차량이 있는 곳을 알려주면 기사가 픽업을 간다고 했다. 의뢰를 하면 전담 견인 기사와 견인차를 배정한다.

뒤늦게 부끄러운 얘기시만, 폐차비는 얼마인지 물어본 실문에 답변을 150만 원이라고 받았을 때, 우리 측에서 비용을 지불해야 하는 것인 줄 알았다. 그 정도로 폐차에 대해 무지했다. 고물비를 받는 것이므로 폐차비를 받는 것인데, 그것도 몰랐다니 뒤늦게나마 부끄러운 마음을 고백한다.(물론, 의뢰인인 친구는 이 사실을 알고 있고 나중에 후일담을 나눌 때 "네가 친구니까 한 번 해보라고. 경험도 쌓고 좋으니 몰라도 맡긴 거야. 넌 잘할 거 아니까."라고 해주었다.) 중요한 부분은, 운행 가능 여부다. 운행이 가능하면 위 사례처럼 제 값을 잘 받을 수 있으나, 운행이 불가한 상태라면 가격이 많이 떨어진다. 이 점을 유의하여야 한다. 또한, 대부분 차량의 사진을 요청한다. 견적을 받았던 처음 2곳 중 한 곳에서는 구시렁거렸다. 사진을 봐야 견적을 내는 거지 사진도 안 보고 왈가왈부할 수 없다고 했다. 살짝 불쾌해서 "사진이 있는데 일부러 안 보내는 게 아니지 않겠나. 따지자고 전화한 건 아니지 않냐."라고 쏘아붙였다. 전화 또는 만남 시 응대 매너가 안 좋은 직원은 나 역시 인사도 잘 않게 되고 똑같이 쌀쌀맞게 대하게 된다. 오는 말이 고와야 가는 말이 곱다. 안될 것도 친절함 앞에선 될 수도 있다는 것을 모르는 사람이 많다. 부디 행정사 개업 후 의뢰인들로부터 전화가 온다면 그들보다는 나은, 적어도 전문 자격사로서 품위를 갖춘 응대를 하길 바란다. 기본만 지켜도 무조건 중간 이상은 간다. 이 업뿐 아니라 오랜 사회생활을 통해 느낀 바다. 사람들이 느끼는 것은 거의 비슷하다.

▨ 서류 제출 방법

말소 행정 처리 시 필요한 서류를 제출하는데, 복잡하지 않다. 휴대전화로 신분증(주민등록증 또는 운전면허증) 앞면을 사진 찍어서 문자로 보낸다. 또는 사본을 보내도 된다. 차량등록증 원본은 차 안에 두면 되는데, 이번 사례에서는 등록증 원본이 없어 재발급을 받아 제출하였다. 등록증 원본 재발급은 어렵지 않으니 검색을 통해서도 충분히 금방 의뢰인에게 알려줄 수 있다. 자동차민원 대국민포털 사이트를 검색하면 된다.

압류는 의뢰인인 친구 장모님의 다른 담보물로 이전하고, 과태료는 건건이 모두 각각의 부과 관청에 연락을 해야 했다. 약 20건의 과태료는 모두 전국에서 흩어져서 부과가 되었다. 지방세원으로 귀속되는 것으로 재량이 지방자치단체 각각에서 있기에, 모두 일일이 친구와 전화를 걸기로 했다.

이렇게까지 업무를 일단락하는데 약 1주일가량 소요되었다. 친구는 아직 업무가 끝나지 않았음에도, 단지 이제 어떻게 하면 마무리가 될지 확실해지고 방향이 정해진 것일 뿐임에도 "행정사님, 그럼 수임료는 얼마 드려야 하나요?"라며 위트 있게 물었다. 수임료는 아직 정하지 말자고 했다. 일이 더 힘들어지면 조금 더 받아야 할 수도, 덜 힘들게 끝나면 덜 받을 수도 있기 때문이라고 했다. 적어도 처음 의뢰했던 모르는 곳보다는, 친구이기에 더 잘해주되 덜 받기로 마음먹었기 때문에 수임료는 마무리하고 이야기하지고 했다.

더불어, 9기 김학환행정사도 중간중간 같이 도움을 주었기에 공조에 대한 고마움으로 수임료를 나누겠다 처음부터 확실히 말했으나, 일이 진행돼 가는 도중 "저는 이번에 행정사님 덕분에 같이 공부해 본 걸로 충분해요. 제가 도움드린 것도 별로 없었는걸요. 행정사님 한 번 더 볼 겸 식사 한 끼 정도로 마무리하면 정말, 정말 충분합니다. 진짜로요. 그렇게 해주세요 꼭!"라고 했다. 제갈공명도 삼고초려로 넘어왔는데, 학행은 3번 이상 제안을 했음에도 극구 사양했다. 당시 아직 상황이 정리된 것도 아니고 일이 끝난 게 아니었기에, 어떤 식으로든 보상을 해주어야겠다는 마음을 안은 채 나 홀로 수임 건 업무 마무리에 전념했다. 그 이후에는 나 혼자 단독 진행을 했다. 김학환 행정사도 다른 업무들이 갑자기 여러 개 들어와 바쁘다고 했다. 다만 내용이 궁금할 뿐이니 중간에 내용만 공유해 주면 본인도 공부하고 참고하는 데에 도움이 될 것 같다 하여 진행 과정을 중간중간 공유해 주곤 했다.

위에 언급한 한국자동차폐차업협회에 들어가서 폐차장 검색이 되는, 관허사업 허가받은 곳에서만 진행하여야 한다. 관허사업 허가를 받지 않은 곳에 의뢰하면 폐차인수증명서 발급을 받지 못할 뿐 아니라 자동차등록말소 처리가 되지 않아 문제 소지가 크다.

그로부터 며칠간 일이 딜레이(delay) 되었다. 친구가 다른 업체에도 견적을 내보고 싶다 하여 헤이딜러라는 앱으로 폐차 견적을 올렸다. 친구가 연락을 받은 업체는 폐차 견적이 내가 받았던 곳의 2~3배가량 되었다. 차령초과폐차말소로 진행한 것이 맞냐 물었는데, 친구는 잘 모르겠다고 했다. 아무래도 이상하다 싶어 번호를 받아 직접 전화를 걸었다. 내용을 확인해 보니 일반 폐차 기준으로 견적을 준 것이었다. 상황 설명을 자세히 하니 그러면 견적이 달라질 거라 했다. 폐차 의뢰 지역은 무관하기에 해당 업체가 화성에 위치하였어도 괜찮다 싶어, 자동차등록증 원본을 사진 찍어 보내주기로 했다. 자동차등록증 원본이 차에 있다고 들었던 것과 달리, 친구의 말은 또 바뀌었다. 현재 차를 갖고 다니는 사람이 아무래도 없을 것 같다고, 새로 뽑는 방법을 알려달라고 했다. 자동차365에서 자동차등록증 재발급을 할 수 있다고 안내하고 링크를 보내주었다. 또한 정부24에서 자동차등록원부 재발급을 검색하여 현재 누적된 압류건 등을 통합조회했다. 이때 처음 알았지만, 주행거리가 36만km나 된, 정말 오래된 차였다. 경찰청통합민원24(이파인) 사이트에서는 과태료 검색이 가능하다. 관허사업자들은 모두 견인차량을 보낸다. 참고로, 약 2달간 소요될 경우 보관료를 받는다.(시세는 약 20만 원 가량) 견적은 여러 곳 받는 것을 무조건 추천한다. 앞서 언급한 응대 매너나, 견적 등 마음이 가는 곳으로 하길 바란다. 또한 관허사업자는 말소대행 서비스가 가능하니 이 부분도 같이 확인하고 진행하여야 한다. 폐차장 등록말소 대행은 차주요구 시 의무화되어있다. 단, 비용은 차주 부담이다. 또한 폐차를 할 거라는 이유로 차량을 무단방치하는 경우는 과태료 사유에 해당한다. 관건은 운행 가능 여부다. 운행이 불가능하면 차량 견적은 많게는 3분의 1, 적게는 2분의 1 정도씩 깎인다.

또한 폐차 후 1개월 이내 관할 시·도에 말소등록의무가 있으니 잊으면 안 된다. 말소 미등록 시 50만 원의 과태료를 부과할 수 있다.(자동차관리법) 자동차등록을 말소해야만 자동차세, 검사의무 등이 면제된다.

자동차등록증도 재발급받고, 이제 업체에 날짜를 정하여 폐차장으로 견인을 요청하기만 되었다. 하지만 다시 또 문제가 생겼다. 현재 차를 몰고 다니는 A씨가 다시 연락이 안 되기 시작했단다. 경찰서에 차량 도난신고를 해야 할 판이라고, 다시 원점이라고 한숨을 쉬었으나 끈질기게 전화를 걸어보라고 했다. 다행히도 다시 전화 연결이 되었다. 그 다음 주에 차량을 폐차하기로 이야기가 되었다.

차령초과폐차말소에서
압류말소 후 법인 명의이전으로

4월 22일, 약 1주일가량 업무의 방향이 계속 바뀌었다가 최종적으로 차량 명의이전 쪽으로 방향이 변경되었다. 의뢰인인 친구와 약 10분간 통화를 했다. 첫 번째 방법은 앞서 진행 중이었던 차령초과폐차말소였고, 다음 방법은 새롭게 논의가 되는 차량 명의이전이었다. 차량 명의이전할 경우 700만 원을 지급받고 약 400만 원 가량의 압류를 말소하고 명의이전하는 조건으로 가기로 했다. 즉, 결국 약 250~300만 원 정도가 수중에 남게 되는 경우는 두 가지 방법 모두 동일한 것이다. 후자로 선택하기로 확정을 하고, 다음날 23일 본격 구비서류를 안내했다. 친구는 내가 고생해 준 기간과 여러 번의 상담, 각종 업무들을 해준 것이 고맙기에 단순 차량명의이전으로 끝내더라도 차령초과폐차말소의 단가로 비용을 지급하겠다고 했다. 어차피 나 역시 차령초과폐차말소로 진행하여도 친구가 먼저 받았던 견적의 금액만큼 받을 생각이 없었기에(금액은 먼저 제시하지 않았다.) 최대한 저렴한 금액으로, 내게 좋은 경험치인 것만으로도 충분한 정도로 비용을 책정하기로 했다. 먼저 챙겨주고자 하는 친구의 마음을 충분히 확인했으니, 친구도 나도 만족스러울 금액으로 정리하고자 했다. 이제 본격적인 차량명의이전 과정에 돌입했다. 첫째로, 내가 제안한 것은 거래 상대방의 신용이 경험상 좋지 않으므로(다량의 압류, 과태료와 연락 두절 등) 필요한 경우 이행각서를 써줄 테니 그렇게 하더라도 선금을 받으라고 했다. 다음으로 돈이 입금되면 약 20건이 넘는 압류를 말소하기로 했다. 그리고 명의이전을 위한 구비서류를 요청하기에 다음과 같이 안내했다.

구비서류는 참고로 개인-법인인지, 개인-개인인지, 법인-개인인지, 법인-법인인지 등의 경우의 수로 나누어야 하며, 법인은 신분증 대신 법인등기라고 생각하면 된다. 양도인이 개인이고 양수인이 법인일 경우의 구비서류는 다음과 같다.

■ **양도인(개인) 준비서류**
① 자동차 등록증
② 자동차매도용인감증명서(자동차 매도용 / 1개월 이내)
③ 도장(개인 도장이어도 무관하다.)
④ 자동차양도증명서(양도인, 양수인 공통 - 1장에 각각 기재, 도장 날인된 원본)
⑤ 신분증 사본(양도인 - 실제 처리 시 구청에서는 신분증 사본은 불필요하다고 했다.)

■ 법인이 양수인일 때 자동차등록이전 구비서류

① 신분증 사본(개인 – 대표)

② 법인인감증명서(법인) – 3개월 이내

③ 법인등기부(법인) – '말소사항포함'으로 출력 – 15일 이내의 것

④ 사업자등록증 사본(법인)

⑤ 법인인감(법인) – 3개월 이내

⑥ 법인의 대표가 아닌 경우 위임장(법인인감도장 날인)

⑦ 자동차양도증명서*(양도인, 양수인 공통 – 1장에 각각 기재)

⑧ 위임장(법인인감도장이 날인되어야 한다.)

> *자동차양도증명서의 경우 서울은 구청 사이트에서 서식 다운로드 가능하다. 또한 온라인 기준으로 자동차민원포털(자동차365)에서 '양도증명서'를 검색하며 민원서식 '[별지 제15호서식] 자동차양도증명서(양도인·양수인 직접 거래용)' 다운로드가 가능하며, 오프라인의 경우에는 차량등록사업소에 방문하여 작성할 수 있다.

법인명을 기재할 때에는 주식회사로 돼있는지, (주)로 돼있는지 유의하자. 사업자등록증상 명칭과 그대로 기재되어 있어야 한다. 주소 역시 법인 등기부상 주소와 현재 사업자등록증상 주소가 동일하여야 한다. 또한 차량 보험이 현재 유효한 상태여야 한다. (자동차보험의 책임보험이 들어있어야 한다. 이 부분이 중요하다.) 개인의 보험 상태에서 법인 명의로 이전하기 전에도 미리 가입이 가능하므로, 가입을 해둔 후 이전하여야 한다.

다음으로 행정사가 대리인이 되어 명의이전하는 경우에는, 다를 것은 없으며 양도인·양수인 모두의 위임장과 인감도장 날인본이

원칙이다. 다만, 이번 건에서는 양도인 쪽의 위임장은 필요하지 않다고 하여 양수인인 법인의 위임장만 받아 진행하였다. 대리인은 당연히 대리인 본인의 신분증을 지참하면 된다. 차량의 등록 소재지가 아니어도, 서울은 사무소 또는 업무 처리가 편리한 가까운 구청에서도 가능하다. 물론, 차량등록사업소에서는 당연히 가능하다. 지방의 경우는 행정구역 단위가 구별로 돼있지 않은 곳도 많고, 행정력이 부족할 경우 차량등록사업소에서만 처리가 가능할 수 있다.

차량 이전 등록세(취득세)는 차량 가액 기준으로 계산되므로 세무 확인도 필요할 수 있다. 시가표준액과 매도를 원하는 차량 가액 중 높은 금액으로 취득세를 부과한다. 이번 건에서는 100만 원의 매도가액을 적었는데, 시가표준액을 확인해 보니 106만 2천 원이었기에 106만 2천 원을 적용하였다. 취득세는 차량 크기 등에 따라 조금씩 다른데, 자동차 취득세는 자가용 승용차(비영업용 승용자동차)의 경우 차량가액의 7%이고, 자가용 승용차 이외의 자동차는 차량가액의 5%를 부과한다. 다만, 취득세 감면 특례에 따라 해당하는 차량은 취득세를 감면 또는 면제받을 수도 있다.

참고로, 중요한 부분이 또 있다. 2.5톤 이상의 트럭이나 화물 등 특수차종은 차고지 신고증명서가 필요하다. 차량명의이전 전에 관할 구청 또는 등록소에 차 번호를 말하면, 신고증명서 발급 대상인지 알려준다. 이번 건의 경우 차고지등록대상이라고 하여 차고지증명원이 필요하다고 했다. 차고지증명원에 기재할 주소는 차고지를 할 관할지(구청 시청이나 자동차등록소)에 전화하여 구비서류를 받으면 된다. 불법 주정차 등으로 주변의 소음을 유발하거나 도로교통의 방해 예방을 위해 대형차들에게 증명서를 추가로 발급하게 하는 것이다.

다음날인 2025년 4월 24일, 오전에 친구에게서 연락이 왔다. 700만 원이 입금되었고, 친구는 한 곳씩 압류 해제 전화를 걸고 있다고 했다. 점심시간에는 연락이 안 되므로 오후 1시경, 마지막 1곳을 끝으로 모두 압류 말소 요청을 했다. 이제 바통이 나에게 넘어왔으므로 사무실과 가까운 동작구청 교통과에 전화를 걸었다. 압류 말소 확인을 요청하고 차량번호를 알려주면 말소확인이 되었는지 알려준다. 확인이 되어 앞서 언급한 구비서류를 모두 준비하기로 했다. 참고로, 차량명의이전 신청과 취득세 납부는 다른 업무지만 같은 부서에 있는 경우가 많으므로 한 번에 당일 모두 처리가 가능하다. 며칠 동안 서류를 요청하여 받는 과정을 진행하기로 했다. 주말이 지나고, 월요일 오전 부재중이 여러 통 와있었다. 전화 회신을 하니 양수인 쪽(법인)의 대표였다. 의뢰인 친구의 말로는 해당 법인 대표가 불친절하고 불쾌하게 통화를 한다고 했으나, 나에게는 굉장히 친절하고 상냥했다. 직접 서류를 전달하고자 사무실 앞에 들렀었다고 한다. 못 만난 것에 대해 되레 내가 미안하여야 함에도, "불쑥 찾아뵈어 실례했다."라며 굉장히 예의 바르게 인사를 했다. 관련 서류 중 위임 서류가 있기에 우편으로 몇 번을 주고받아야 하나 걱정했는데, 직접 방문하여 도장을 찍어

주고 간다고 하여 매우 수월했다. 전날 통화하여 차고지증명서 등을 모두 발급받고 법인 관련 서류를 준비해 주기로 이야기가 되었다. 양도인의 구비서류인 차량매도용인감증명을 요청했다. 참고로 인감증명은 대리인이 발급한 것도 가능하다고는 하나, 어차피 대리인이 발급하러 가도 본인의 위임이 필요하므로 가급적 본인이 직접 발급하는 것이 편하다. 차량 양도증명서와 위임 서류 등을 전날 준비해두었다. 차량 양도증명서는 구청에서 관련 서식을 올려두었으므로 다운로드해 작성하면 된다. 인적 사항에 법인인 경우 사업자와 대표자, 주소 등이 정확히 기재되어야 하고 개인인 경우 주민번호와 인적 사항이 틀림없어야 하므로 여러 번 확인하고 적어야 한다. 차량 정보는 자동차등록증에 있는 내용을 기재하고 잔금지급일이나 인도일은 구청에 서류를 내러 가는 날을 기준으로 써도 된다. 자동차 양도증명서는 중요한 역할을 한다. 먼저 첫째로, 차량 소유권 이전을 증명하는 서류로서의 의미를 가진다. 이전등록 절차 완료 후 차량의 모든 권리와 의무가 양수인에게 이전됨을 증명하는 서류이기도 하며, 양도인과 양수인 간의 법적 책임을 명확히 하기 위함이기도 하다. 양도증명서를 작성하지 않고 차량을 양도하면, 양도인이 차량에 대한 세금 및 과태료 등의 책임을 계속 지게 될 수 있다. 더불어 설명하자면, 자동차 양도 후 15일 이내 이전 등록은 필수로 하여야 한다. 15일 이내에 이전 등록을 마치지 않을 경우에는 기간별 누진하여 최대 50만 원 이하의 과태료가 부과될 수 있다. 보통은 구비서류를 준비하고 양도·양수 과정을 거쳐 당일에 서류를 제출, 명의이전까지 한 번에 끝내므로 과태료를 부과 받는 경우는 드물다.

4월 28일, 양수인 쪽인 법인의 대표가 직접 전화가 왔다. 오전 일찍 사무실에 방문했는데 아직 내가 출근을 안 했다고 하여 통화로만 인사를 나눴다. 의뢰인인 친구가 다시 전화를 했을 때에는 매우 비협조적이며 불친절하고 공격적이었다고 한다. 반면에 이번에도 내가 통화했을 때에는 "행정사님, 행정사님, 실례될까 해서~."등의 언어를 사용하며 매우 친절하였고, 나를 높여주었다. 그래서 다행히도 협조가 용이했다. 구비서류를 모두 정리하여 문자로 다시 남긴 후, 다음날 오후 1시에 사무실에서 최종 인감도장의 도장을 찍고 구비서류를 확인하기로 했다.

다음날 4월 29일, 오후 1시가 조금 안된 시간 양수인은 제시간에 맞춰 도착하였다. 정말 다행인 것은, 양수인 쪽이 법인이라 구비서류가 앞서 언급한 대로 많았기에 제대로 준비를 해올 수 있을까 걱정이었지만 잘 준비가 되었기에 수월했다. 다만, 법인 명의로 이전할 때에 차량 보험이 양도인이 아닌 양수인인 법인으로 가입이 되어있어야 한다는 것을 꼭 잊으면 안 된다.(책임보험 포함) 양수인인 법인 대표는 사무실에 노트북을 지참하여 사무실에서 바로 종합보험을 가입했고, 나의 사무실 팩스로 가입확인서까지 수령하여 모든 구비 서류를 완성하였다. 양도인 쪽의 구비서류와 도장을 받아 구청에 출발했다. 교통민원과의 건물이 따로 있었기에 바로 방문하여 서류를 제출했다. 근데, 내가 간과한 게 하나 있었다. 차량승낙서라는 서면을 받아 가지고 갔었는데, 이는 차고지증명원을 발급받기 위해 차고지에서 승낙서를 준 것 일뿐, 그 승낙서를 들고 차고지 소재지의 시·군·구청에 가서 이 원본을 제출하여 최종 승낙서를 받아야 함을 경험하지 못했던 것이다. 구청담당자는 해당 서류는 승낙서고, 승낙서의 원본을 다시 회수 후에차고지증명원(서면 명칭은 정확히 '화물자동차 사용신고확인증'이었다. 참고하길 바란다.)을 다시 발급받아와야 한다고 했다. 서류를 반환받고 양수인인 법인 대표에게 "대표님 죄송합니다. 제가 꼼꼼히검토하지 못한 과실이 있었습니다. 승낙서 원본을 번거로우시더라도 다시 회수하시어 이 원본을 제출하셔서 최종 증명원을 받아주셔야 할 거 같습니다."라고 전화로 양해를 구했다. 법인 대표는흔쾌히 걱정하지 말라며, 방법을 알려주면 내일 오전 일찍 서류를사무실에서 픽업하여 구비해 주겠다 했다. 사무실로 돌아오는 길구청 담당자에게 전화를 걸어, 어디에서 받아야 하는지와 차고지증명원은 사본으로 받아도 되는지 더블 체크를 했다. 다행인 것은차고지증명원은 원본을 제출하지 않아도 됐다.(위임장, 인감증명은원본이어야 한다.) 그렇게 그날의 업무를 일단락했다. 그래도 좋았던 것은, 그 서류만 구비해 오면 명의이전에는 문제가 없다는 것을 확답받았기에 마음이 한결 가벼웠다. 구청에서 나오기 전에,차량이전부서 바로 옆의 취득세부서가 있어 방문을 해보았다. 차량취득세와 수입인지세, 채권 비용까지 확인을 하여 양수인인 법인 대표에게 금액을 미리 전달하였고, 가상계좌를 받아 바로 이체하면 등록증을 새로 현장에서 발급해 준다는 내용까지 함께 전달하였다.

여담으로, 대표가 내게 더 호의적이고 적극적이었던 이유를 알게 되었다. 본인의 아들 이름도 '승주'라는 것. 물론, 성이 달랐지만 '승주'라는 이름을 정말 애착을 갖고 열심히 알아본 후에 중성적인 이름으로 찾아 지은 것이라며, 좋은 이름이라고 했다. 내 이름은 잊어버리지 않을 것 같다며, 보험 가입 후 팩스 송달을 기다리며 약 20분간 인생 선배로서의 조언도 듣고, 그의 아들에 대한 이야기도 듣게 되었다.

다음날, 2025년 4월 30일이 되었다. 전날 미리 협의해 둔 대로 사무실 우편함에 차고지승낙서 원본을 봉투에 넣어두었다. 오전 일찍 양수인인 법인 대표는 서류를 픽업해 갔고, 오전 9시경 메시지가 와있었다. 서류 수령 후 화물자동차 사용신고확인증을 발급했고 팩스를 보냈다고 했다. 사진도 보내주었기에 서류가 구비되었음을 미리 확인할 수 있었다. 그렇게 사무실에 도착한 후, 월말이라 매우 바쁜 결산과 각종 업무일정이 있어 미리 갔다 오는 것이 낫겠다는 판단하에, 바로 구청에 출발했다. 마음은 한결 가벼웠다. 구비서류 하나만 더 되면 확실히 이전이 끝날 것이었기 때문이다. 그 구비서류를 준비했으니 됐다 싶었다. 11시가 조금 넘었음에도 담당 공무원들이 교대로 식사를 갈 채비를 했다. 사람이 북적댔으나 다행히 창구는 비어있어, 전날 만났던 담당 공무원에게 서류를 구비했다고 이야기했다. km를 정획히 기재해야 한다고 하며 조회한 대로 불러주어 수정하고, 기타 잔잔하게 몇 가지를 수정했다. 차량이전신청서를 작성하고, 작성자에 내 이름을 적었다. 관계는 '대리인-행정사'를 기재하였다. 기분이 묘했다. 서류를 입력하는 동안, 구청 담당자에게 "악성민원인도 많은지" 물으며 라뽀를 형성했다. 이런 질문을 받으면 사람은 경계를 허물기도 하고 자신에게 따뜻한 웃음으로 몇 마디를 건네는 사람에게 금방 마음이 열리게 되어있다. 아니나 다를까, 그 공무원도 사담으로 나에게 물었다.

"양도인이 소재지가 안동이고, 양수인이 남양주인데 왜 동작구청에 오셔서 진행하세요?"

내가 행정사인데 의뢰해 주셔서 수임받아서 왔다고 했다. (물론, 정장 차림에 배지를 착용하였으므로 알고 있었을 것이다.) 명의이전신청까지 접수가 끝나고, 수입인지 1,500원을 카드로 결제했다. 그리고 바로 옆에 있는 취득세과로 갔다. 취득세는 서울에서 이전등록을 신청 시, 양수인의 소재지인 경기도 소재로 납부할 고지서의 가상계좌가 나오지 않는다고 했다. 즉, 같은 관할 시라면 가상계좌가 부여되지만 다른 행정구역은 가상계좌가 나오지 않는다고 했다. 원래대로라면 해당 관할 행정기관에 전화하여 가상계좌를 받는 것이 원칙이지만, 나의 경우 고맙게도 담당 공무원이 가상계좌를 직접 찾아서 종이를 출력해 주었다. 다른 건물 1층에 은행으로 가서 수입인지와 채권매입액을 이체하고 다시 돌아오면 등록증을 교부하겠다고 했다. 참고로, 수입인지는 현금만 되므로 현금을 일부 챙겨가는 것이 좋다. 가상계좌 받은 것과 각종 서류를 사진으로 찍어 채권액과 취득세를 양수인에게 전달했다. 해당 금액 이체만 확인되면 등록증이 나오니, 지금 바로 이체를 해달라고 했다. 그다음으로 내가 낸 사비로 같이 주겠다고 하기에 내 계좌도 마지막으로 입력해 주었다. "띠링띠링" 하나씩 확인되었음을 알리는 문자가 왔다.

"전부 이체했습니다."라는 문자를 받고, 다시 처음에 갔던 담당 공무원에게 갔다. 모두 이체되었음을 확인하더니, 그토록 원하던 '자동차등록증'을 새로운 명의인인 법인 양수인의 이름으로 내어주었다. 등록증을 받기 전, 잠깐의 시간 동안 창구 앞에서 어떤 서류가 쌓여있는 것을 보았는데, 거기에는 'xx행정사사무소'라고 되어있는 영수증이 하나 있었다. 공무원에게 이것이 무엇인지 물으니, 신청서라고 했다. "행정사들도 많이 오나 봐요?"라고 했더니, 공무원이 뒤에 있는 이를 가리키며 "저분"이라고 했다. 내가 은행 업무를 보고 다시 들어올 때, 어떤 어르신이 나를 한참 빤히 보았다. 내가 지나가고 나서도 나를 계속 빤히 보았는데, 왜 그러나 싶었으나 별 관심 없이 넘어갔었다. 그제야 왜 그리 나를 보았는지 알게 되었다. 다시 보니, 그 어르신의 재킷에도 행정사 배지가 있었다. 내 배지를 보고 행정사구나 싶었나 보다. 별도로 인사를 나누지는 않고, 서류가 나왔다고 하기에 서류를 받았다. 그리고 바로 유튜브 촬영을 했다. 그 영상을 올린 것이 있으니 시간이 되는 독자님들은 한 번 보셔도 좋을 것 같다.

[행정사 업무 Vlog] 개업 후 첫 수임건 업무완료!
보수가 입금되니 너무 좋더라구요.

〖사진 출처 : '행정사 이승주TV' 구청 앞에서, 명의이전 업무 대행 완료 후〗

　이승주행정사사무소 대봉투에 관련 서류를 고이 넣어, 법인 대표의 자택 주소로 입력하여 택배를 발송하고 문자를 보냈다.(이런 경우 눈치껏 착불이 아닌 자비로, 선불로 내길 바란다.) 그리고 의뢰인이었던 양도인 측 친구에게 모든 업무가 끝났음을 전달하였고, 과정을 상세히 설명해 주었다. 너무 고생 많았다며, 수임료를 얼마 지나지 않아 이체해 주었다. 행정사로서 첫 업무를 '완료'까지 했다. 수임은 벌써 3건째였지만, 첫 번째는 계약서 작성 당일에 불발(수고비 수령), 세 번째 건은 협조가 안되어 불발, 드디어 두 번째 건이 정식 수임 중 첫 완료가 된 것이다. 4월 3일에 첫 연락을 받고 거의 4주간, 길게 이어진 건이었다. 사실 명의이전만 신청했고 별도의 압류나 과태료 등 문제가 없었다면, 하루면 당일에 바로 끝날 간단한 일이고 수임료도 매우 저렴했을 거다. 앞서 스토리를 본 대로, 차령초과폐차말소를 한창 진행하다가 갑자기 변동이 되었으므로 수임료가 올라갔다. 고맙게도 친구는 처음에 차령초과폐차말소 견적을 받았던 금액 그대로를 주겠다고 했으나, 그렇게 받을 일도 아니고 친한 친구 사이에 그렇게 받으면 안 된다고 생각했기에, 서로가 만족할만한 합리적인 금액으로, 내 선에서도 아주 납득이 될만한 금액으로 마무리지었다. 행정사로서 일을 하고 처음으로 마무리까지 지어본 이번 일은, 내게 정말 뜻깊은 경험이었다.

이번 차량등록 업무로 정말 많은 공부가 되었다.

에피스드 Point

어떤 일이든 모르는 일을 처음에 맡으면 막막하다. 그럴 때에는 크게 2가지 방법을 생각하고 일을 해결하면 좋다. 첫째, 공부할 때와 마찬가지로 숲을 보고 나무를 하나씩 보는 방법이다. 어떤 것을 해야 하는지, 목적이 무엇인지, 관계법령은 무엇인지 핵심을 찾는 것이다. 다음으로, 법조문을 찾아보는 것이다. 법 조문을 보면, 원칙이 있고 단서 규정이나 예외 규정이 있다. 조문의 원칙만 보면 일을 해결하기가 어려울 때가 많다. 단서나 예외를 보고 다른 방법이 없는지 찾아보아야 해결될 때가 있다. 이번 건 역시 원칙은 자동차등록말소 시에는 압류나 과태료를 모두 사전에 납부하고 말소하여야 했다. 하지만, 차령초과폐차말소(압류차량 말소) 빙빕을 확인하고 이에 따라 공식 지정 업체에 폐차를 맡기며 업무가 진행되는 방법이 있다.

성인PC방 임대차 계약과
권리금 계약서 작성 의뢰의 건

25년 4월 3일, 앞서 설명한 에피소드인 압류 및 과태료 덩어리
(?) 자동차 등록말소건을 해보기로 한 날이었다. 군대 선임이었던
형에게 전화가 왔다. 어둠의 세계(?)에 있는 형이라, 나와는 접점
이 잘 없어 평소에 연락이 와도 내가 바쁠 때 또는 타이밍이 맞
질 않아 전화를 잘 받지 못했다. 이번 전화는 우연히 시간이 맞아
바로 받을 수 있었다. 애정표현으로 거친 욕을 시전하며 내게 안
부를 물었다. 이야기를 나누다가,

"형이 성인PC방 하나 계약하려고 하는데 직거래로 할 거거든.
권리금도 있고. 근처 부동산 가서 써달라고 하면 되는 거지?"

"형, 부동산 직거래 계약서나 권리금 계약서는 공인중개사가 할
수 없는 업무야. 중개대상물을 중개하고 해당 계약을 작성해 주는
것 말고는 안돼. 그건 행정사라는 직업이 해주는 업무야."

"내가 아는 행정사가 어딨냐."

"형, 내가 행정사야."

이렇게 형과의 이야기가 급속도로 진행되면서, 졸지에 내가 해

당 계약서들을 작성해 주게 되었다. 그렇게 동시 첫 수임 의뢰는, 내 전문 분야인 부동산 계약서 작성이 되었다. 업종은 성인PC방으로, 임대차 계약서와 권리금 양도 · 양수 계약서를 작성해 주게 된 것이다. 총 계약서를 2개 작성해야 했다. 권리금이 있었기 때문에 권리금 계약서를 기존 임차인과 신규 임차인에 맞추어 1부, 임대차 계약서를 작성해야 하므로 임대인과 신규 임차인의 계약서를 맞추어 1부 작성해야 했다. 비록 직거래 계약서를 작성해 주는 것으로 중개가 아니기에 대상물을 확인하고 설명할 의무는 없으나, 중개사를 하고 있는 이상 해당 업종에 대해 양도 · 양수가 문제없을지 확인을 해보기로 했다. 이것은 지인이기도 하거니와 내 직업의식, 내 책임감에서 비롯된 +@라고 생각하면 될 듯하다. 먼저, 내가 알아본 성인PC방의 개설 조건으로는 다음과 같다.

■ 시설

당연히 컴퓨터, 모니터, 의자 등 장비를 구입, 설치하여야 하며 게임 라이선스 등에 관한 계약을 별도로 체결하여야 한다.

성인PC방의 경우 200m 이내 학교정화구역에 해당되면 안 된다. 개인적으로 거리를 재고 말 것이 아니라, 관할 교육청에 문의하는 것이 가장 정확하다. 녹음은 필수로 해두어야 한다. 영업할 점포의 주소를 말해주면 대부분 지도를 보거나 구역을 확인하고 가능 여부를 말해준다. 최초로 임대차하는 경우라면 계약을 섣불리 하는 것보다 사전에 이런 내용들을 확인 후 서류상 이상이 없는 상태로 진행해야 한다.

다음으로 건축물대장상 단순 근린생활시설로 나와 있는 게 아니라 '인터넷게임시설 제공업'으로 등록되어 있어야 한다. 그렇지 않을 경우 임대인이 직접 관할 시·군·구청 건축과에 신청을 하여 변경이 되는 경우가 있으나, 이 방법으로 해결되지 않을 경우 비용을 지불하고 용도를 변경하여야 운영을 할 수 있다. 건축설계사를 통하여 용도변경하는 경우도 있다. 이럴 경우 비용이 약 200만~300만 원 사이로 형성된다. 또한 전기안전검사필증을 반드시 구비하여야 한다.

다음으로 소방완비필증인데, 스프링쿨러와 소방전기시설 공사가 필요하다. 단, 1층은 필요하지 않으나 지하 1층 매장은 비용이 다소 많이 들어가므로 보통은 지상층에 구하는 경우가 많다.

최종적으로, 임대차 계약서를 기본으로, 신분증, PC방 등록증, 전기안전검사필증, 소방완비필증을 가지고 세무서에 방문하면 사업자 등록을 할 수 있다. 성인PC방이나 성인게임장은 PC방 관련 허가 조건이 다소 까다로우므로 구비요건을 잘 확인하고 계약을 진행하여야 한다.

다만, 해당 계약 건에서는 200m 거리 이내 학교가 있었는데 기존 허가를 받은 기득권이었다. 허가 승계라서 괜찮다고 확인을 받았다고 한다. 내가 직접 구청 담당자에게 문의한 것은 아니고, 내게 의뢰를 한 형에게 수차례 물어보며 재확인했다. 구청 담당자에게 통화 문의를 하였다고 했다. 확실히 되냐고 물었다. 그렇다고 했다. 이유인즉슨 건축물대장과 등기부를 열람해 보니, 등기부 상 권리의 흠결은 존재하지 않았으나 건축물대장상 위반건축물이고 용도가 중개업소와 소매점 2개로 분류돼 있었기 때문이다. 그럼에도 본인은 확실히 확인했다고 연신 대답을 하니, 하는 수 없이 "그럼 특약에 권리 양도·양수가 정상적으로 이루어지지 않을 경우에는 첫째로 권리 양도인이 정상적인 허가권 이전에 최선을 다하며, 최후에 서류상 하자로 인해 이전이 되지 않을 경우에는 계약을 해제한다."라는 조건을 넣겠다고 했다. 문제는, 이전 임대차 계약서를 요청하여 받아봐도 90세가 돼가는 임대인과 이전 임차인의 계약서는 계약서의 양식이라고 볼 수 없을 만큼 많은 부분이 누락되어 있었다. 참고하기도 어려울 정도로 오래 전의 내용과 정상적이지 않은 기재 방식들이었다. 하는 수 없이 저녁 늦은 시간임에도 임대인에게 직접 전화를 걸어 부가세 여부, 현재 임대차 조건, 금액, 관리비 등을 자세히 물었다. 그러다 보니 졸지에 임대인의 사업자등록 관련된 상담까지 해주게 되었다. 그렇게 임대차 계약서를 우여곡절 끝에 작성하고, 권리금 계약서를 작성하기 시작했다. 권리금 계약서에서 빼두면 안 되는 것 중에 하나가, 권리금의 포함 항목이다. 영업권인지, 비품이나 시설인지, 자리값(바닥권리)인지를 확인하여 유/무형의 자산으로 분류하는 것이고, 시설을 인도받아 그대로 승계하여 바로 사용할 수 있는 조건의 필수 구비 시설물들이 열거되어야 추후 분쟁을 막을 수 있기에 하나씩 꼼꼼하게 물어가며 자세히 기재하였다.

당일에는 하루 2건이나 수임 요청이 왔었던 날인 데다가 7잡인 나의 하루는 오전 일찍부터 밤까지 물과 커피 빼고는 먹은 게 없을 만큼 바빴다. 결국 계약서 작성도 밤 10시나 돼서야 시작을 했다. 전날 오후에 연락이 와서 의뢰를 했는데 다음날 오전 일찍 계약을 쓰자고 하니... 밤늦게 계약서를 쓰기 시작했는데, 계약서에 들어갈 내용도 아무 정보도 받을 수가 없었다. 이건 완전히 무에서 유를 창조해야 하는 수준이었다. 내가 중개를 하는 게 아니기 때문에 계약서라는 서류만 작성을 해도 되는 상황에서 양도·양수의 조건과 법적인 허가 사항, 제한을 모두 검색하고 알려주고 또 임대인과 임차인의 계약관계상 필요한 모든 걸 직접 캐내어 알아야 하는 상황이니 숨이 턱 막혔다. 먹은 게 없이 하루 종일 일만 하다가 밤에 또 다른 일을 시작하니 눈이 침침하고 피로가 밀려왔다. 게다가 계약서와 제반 서류들을 모두 출력해서 퇴근길에 가져가야만 했다. 다음날 오전 일찍 사무실도 아닌 출장을 와달라고 했기 때문이다. 전날 모두 출력을 하고 도장, 펜, 봉투, 계약서류 등 모든 것을 넉넉히 챙겨 퇴근해야 했기에 마음이 급했다. 임대인에게 밤늦게 실례를 무릅쓰고 전화를 할 수밖에 없었다. 임대인은 다음날 오전에 계약을 한다는 사실도 몰랐거니와 새로운 임차인이 오기로 했다는 사실도 몰랐다. 점입가경이었다. 처음에 얘기를 들었던 부분과는 제대로 맞는 부분이 없었다. 그럼에도 내가 맡겠다고 했기에, 최선을 다해 끝까지 준비하여 자정이 넘은 시간에 정리를 하고 집으로 들어갔다. 다음날 오전 일찍, 정장 차림으로 준비를 마치고 출발 전에 문자를 보냈다. 지금 출발하고 몇 분쯤 도착한다고 말이다. 몇 분 후 전화가 울렸다. 불안했다. 불안한 예감은 참 잘 맞는다. 상대편에서 계약을 깼다고 했다. 이유를 들어보니 말 같지 않은 이유들이었다. 계약금을 미리 안 보내줘서 빈정이 상했다는 둥, 권리금을 줬는데 허가 이전이 안되면 계약을 해제한다는 게 말이 되냐는 둥 얼토당토않는 이야기들로 취소를 했다고 했다. 전날 밤 굶어가며 들뜬 마음으로 작성했던 계약서들과 구비한 서류 수십 장이 졸지에 쓰레기가 됐다. 노고에 대한 대가는 받아야겠다는 생각을 하고 운을 떼려는 찰나, "고생했는데 형이 미안하니까 수고비 10만 원 줄게."라고 했다. 보통의 상황이었다면 거절을 했을지도 모르지만, 이번 건은 더더욱 그러면 안 된다고 생각했다. 그래서 수락하고 계좌번호를 불러주어 돈을 받았다. 그날 오후, 그 형에게서 전화가 또 왔다. 다른 곳을 또 구했다며 너무 저렴한 가격에 계약서를 작성해달라고 했다. 내키지 않았고, 업종도 신뢰가 가지 않는 업종의 사람들이기에 더욱더 꺼려졌다. 그리고 무엇보다, 내 시간이 가능한지는 그들의 협의 사항에 없었다. 마치 내가 아무 때나 되는 사람인 것처럼, 그들이 시간을 잡고 내게 통보하는 식이었기에 더더욱 내키지 않았다. 1분 단위로 시간을 쪼개서 살아가는 내가, 출장까지 가며 너무 저렴한 가격에 시간까지 다 맞춰가며 일할 수는 없었다. 그래서 그 다음은 거절하여 전화를 끊고, 그 이후부터 오는 전화는 받지 않았다. 비록 제대로 된 수입이라고 할 수 없는 일이었지만 수고비를 받았기에 수입은 생겼던, 그런 반 수입(?)의 건이었다. 하지만 기뻤던 것은, 공인중개사를 했다면 쓰지 못했을, 직거래 계약서와 권리금 계약서를 이제는 눈치 볼 사람 없이 합법적인 권한으로 자유롭게 쓸 수 있다는 점이 너무나 좋았다.

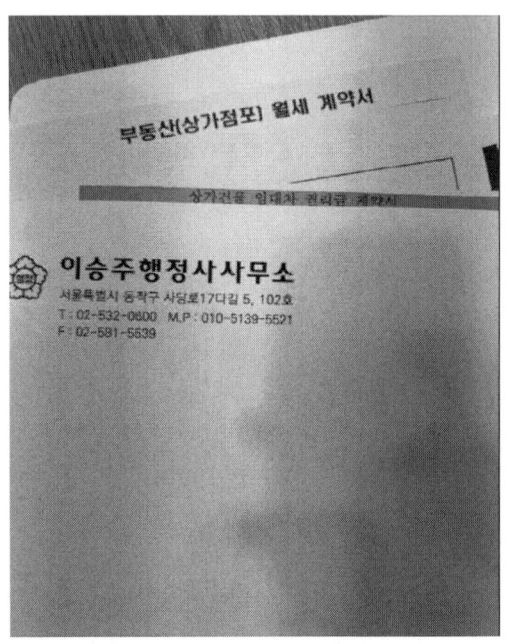

〖자정 무렵, 퇴근길 챙겨둔 작성 서류들〗

아는 행정사도 마침 이 무렵 똑같은 건으로 의뢰를 받았다고 했다. 그는 나보다 복잡한 계약이 아니었던 것으로 기억하는데, 100만 원의 수임료를 받기로 했다고 했다. 이번 일로 느낀 점이 있다. 금액을 낮춰주는 것만이 수임을 위한 길은 아니라는 것이다. 그리고, 지인이라고 터무니없는 금액으로 해줘도 호의가 호의로 받아들여지지 않을 수 있다는 점도 말이다. 내 가치는 내가 정하는 것이고, 내가 주도권을 뺏기면 안 된다는 사실도 몸소 느꼈다. 이번 수임은 30만 원에 진행하기로 했었는데, 심지어 상대편은 본인들이 직접 계약서를 써서 해도 되는 것을 굳이 돈을 주고 맡기고 싶지 않다고 하여 비용을 주지 않겠다고 했다. 내게 의뢰한 형에게, 한 쪽으로만 30만 원을 받기로 하고 진행하기로 했으나, 결국 이렇게 10만 원의 수고비로 연습게임처럼 끝나버리게 되었다. 하지만 시작이 미비하고 끝은 창대할 거라는 확신이 있기에, 나는 전혀 아쉽지 않았다. 그리고, 다음날 중개로 기분 좋게 전세 계약을 마무리하며 그의 몇 배에 해당하는 보수를 받게 되었기에, 전혀 담아둘 일이 아니었다. 2025년의 행정사로서 목표는, 개업과 그에 필요한 교육을 모두 수료하는 것이 1차 목표였고 업무는 뭐든 수임하여 경험해 보겠다는 마음가짐 때문이었다. 2025년에는 학원 강사를 데뷔하고 여러 권의 새 교재와 저서를 출간해야 하는 해였다. 더불어 하반기에는 중개 실무의 강사로서 추가로 새로운 데뷔를 해야 했기에, 새로운 업을 2개 다 집중하기엔 무리가 있다는 판단에서였다.

행정사의 업무 수임료는 자신이 책정하기에 달렸다. 너무 싼 금액을 이야기한다고 수임이 되는 것이 아니라는 것을 명심해야 한다. 다음으로, 용도변경하는 경우 세움터에서 행정사가 대행 업무를 할 수 있다. 또한 해당 업종에서 체크하여야 할 정화구역의 경우도 토지이음에서 확인할 수 있으니 사전에 확인해 볼 수도 있다. 끝으로, 양도·양수 시 양도인의 행정처분 이력도 있었는지 확인해 보아야 한다는 팁을 주면 더욱더 전문적으로 보일 수 있다. 거리에 따라, 방문 여부에 따라 비용을 별도로 받는 것이 좋다. 본인의 과실 없이 계약서 작성 의뢰가 종료된 경우, 소정의 수고비를 받는 것으로 하자. 이 건의 경우도 계약서 작성 시 거래 당사자들의 정보를 일절 주지 않았으며, 임대인조차 거래 사실을 모르고 있어 굳이 행정사가 나서지 않아도 될 일에 여기저기 전화를 하며 거의 중개처럼 대행을 했다. 중개사로서 업을 하고 있다면 직업병(?)처럼 거래 당사자들에게 전화를 하게 될 것이고, 본인이 중개와 중재를 하는 습관이 생길 것이다. 행정사의 업무는 계약서 작성으로 마무리하는 것이기 때문에, 너무 많이 개입할 필요가 없다. 점점 거래 당사자들이 본인에게 전화 세례를 하게 되는 상황이 생긴다. 선을 잘 긋는 것이 중요하다.

집합건물의 관리단 미동의, 미결로 끝난
옥외영업신고 업무

4월 16일, 밤이었다. 모델을 먼저 시작한 선배이자, 나와 키가 똑같은, 현재는 송파구 문정동에서 성업 중인 음식점 및 술집을 운영 중인 형으로부터 연락이 왔다.

"승주야 잘 지내지? 오랜만이야. 물어볼 게 있어서 연락했어."

옥외영업신고에서 가장 중요한 부분은, 첫째 공법상의 각종 제한이 있는지를 체크할 것과 둘째로 건물의 형태가 집합건물인지, 단독주택 건물 형태인지를 구분하여 그에 따른 동의 주체를 파악하는 것이다. 이번 건의 문제는 '관리단의 대표 동의'였고 이 때문에 다른 구비서류나 제한은 문제가 없었으나 업무가 불발되었기 때문이다. 끝으로, 옥외영업신고는 음식점, 카페, 베이커리만 가능하므로 타 업종은 불가하다.

서두에 밝히자면, 처음 맡은 '생판 모르는 업무'에 도움을 받을 수 있도록 단톡방을 알려준 12기 동기 행정사이자 법무사가 된 이에게 진심으로 고마운 마음을 전한다. 다음으로, 그의 소개로 들어간 단톡방의 방장이자 아낌없이 모든 정보를 나눠주고 자료를 전달해 준 광진구의 여름행정사사무소 선배 행정사에게 진심으로 감사 인사를 전한다. 이번 건을 진행하면서 정말 아낌없이 알려주는 그를 보며 많은 생각이 들었다. (해당 에피소드를 처음에 쓰고 나서, 몇 개월 후 출간이 임박할 때 글을 쓰자면, 그가 유명 연애 TV 프로그램에 나오게 되면서 내 유튜브 채널의 댓글 및 내 여러 지인들이 그와 내가 나이, 상황, 조건 등이 비슷하다고 한다. 나는 해당 프로그램을 보지 않지만, 들어보니 연극영화과 졸업, 또래, 큰 키, 공인중개사를 보유한 것 등이 유사하다는 것 같다. 본서를 통해 조금이나마 그가 홍보되기를 하는 바람에 몇 자 함께 적었다.) 또한, 도움을 받는 중간 그가 한 말이 생각난다. "저는 의뢰인이 하고자 하는 마음만 있다면 법률적인 부분과 행정적인 부분은 어떻게든 도움을 드린다고 항상 말씀드립니다." 이처럼 아낌없이 알려주는 단톡방을 소개받거나 업역이 다양한 행정사의 특성상 선배 행정사들이 자문을 해주는 경우들을 찾아볼 수 있으므로 알음알음하는 것도 중요하며, 행정사들끼리 커뮤니티를 잘 형성하는 것도 중요하다. 업무가 전국구로 이루어지고 다양한 업역이 들어오므로 서로 소개하고 공조하는 부분이 매우 중요하다.

행정사의 업무는 대리인지 대행인지 구분이 매우 중요하다. 본서에서 대리와 대행에 대해 따로 분류하여 설명한 바 있으므로 그 부분은 생략한다. 위임을 받는다는 것은 대리를 한다는 것이고, 대리행위는 법률효과가 본인에게 귀속되는 것이므로 본인의 분신처럼 일을 해주는 것과 같다. 위임장에 대해 간단히 언급하고 넘어가자면, 위임장의 서식은 정해진 바는 없으나 나의 경우 '[별지 제3호서식] 위임장(민원 처리에 관한 법률 시행규칙)'에 따른 법정서식을 사용하였다. 세움터의 경우에도 별도 세움터 전용 위임장이 있으니 다운로드 받을 수 있다.

또한, 행정사 업무를 할 때에 가장 먼저 법정서식이 있는지를 찾아보아야 한다. 법정서식이 있는 경우 말 그대로 법에서 정한 서식이므로 해당 표준 서식을 사용하여야 하는 경우가 많다. 민원 처리를 할 때에는 1순위로 법정서식을 사용하고, 없을 경우 2순위로 법정서식은 아니나 기관에서 발행한 서식 순으로 하는 것을 공식으로 생각하면 된다. 만약 둘 다 해당하지 않는 경우에는 직접 만들어 제출하면 된다.

본격적으로, 구비서류를 먼저 나열해 보겠다. 업무를 수임하면서 임차인에게 요청할 사항이 몇 가지 있다.

① 해당 업장의 임대차 계약서 사본
② 임차인 본인 신분증 사본
③ 등기사항전부증명서(등기부등본이라고 많이 하지만, 정식 명칭은 등기사항전부증명서다.) 사본
④ 세움터 아이디 및 비밀번호를 요청한다.

그 후 세움터에서 집합건물이라면 개별 호실 평면도 발급 신청을 한다. 송파구였으므로 해당 송파구의 건축과 건축물대장 담당자에게 전화하여 '세움터 평면도를 신청했으니 승인해 달라'고 하면 시간이 조금 빨라진다. (전화하지 않아도 기다리면 해주긴 하지만,

확인해 달라고 전화를 하면 더 빨라진다는 이야기다.)

다음으로 앞서 언급한 서식인 위임장에 의뢰인 인감 날인, 면적 변경신청서에 인감 날인을 한다.(그 후 제출 시 인감증명서 지참, 임차인 신분증 사본 지참하면 된다.)

면적변경신고서는 식품위생법 시행규칙에 따른 변경신고서로 준비하여, 면적변경신고서에는 변경 전 란에 기존 사항 모두를 기입하고, 변경 후 란에는 다른 칸은 '변경 없음'을 표시하고 면적 부분만 옥외영업을 할 옥외 면적을 기재하면 된다.

또한 목적에 '식품접객업 면적변경신고의 대리'를 기재하면 된다. (행정사는 '신고'와 '허가'를 잘 구분하여야 한다는 점을 잊지 말자.) 옥외영업허가 부서에 전화를 해보았다. 담당자는 약간은 날카로운 목소리였으며, 콧대가 높은 느낌의 남성이었다. 그는 건물로 가능 여부 판단은 어렵다고 했으며, 절차를 메모한 사항은 다음과 같다.

① 음식점 하고 있는 사람이 1층이면 출입문 앞 공간에 옥외영업을 하여야 함.
② 해당 시설 임대차 계약서를 갖고 구청 방문 후 건축물현황도 관련 서류(배치도, 평면도 2가지를 부동산정보과에서 발급받을 것.) 대표자가 직접 갈 수 있는데 위임은 부동산정보과에 문의하라고 했다. (가능하다.)
③ 해당 건물의 등기사항전부증명서 발급
④ 발급받은 배치도 평면도에 옥외영업할 곳 정확한 면적을 형광펜으로 기재(정확히는 색칠이라고 봐야 한다.)한 후 빈 공간에 가로*세로 몇 제곱미터를 사용할지 기재한다. 즉, 도면에 위치를 기재하고 사진에 어디부터 어디까지 할 것인지 길이를

비교할 수 있도록 기재하라는 것이다.

⑤ 배치도 & 평면도에 다 기재하였다면 해당되는 부분의 가게 실제 현황 사진을 찍는다.

⑥ 출입문은 옥외영업을 못한다. 옥외영업장소를 원거리에서 사진 찍고, 가까이에서 찍어서 영업하는 곳 총 사진 3장 이상 촬영해서 제출해야 한다. 그중에 전체 부분이 나오게도 반드시 1장을 찍어야 한다. 구청에 방문했을 때 체크리스트를 주면 그것을 가지고 건축과, 주택관리과, 도로과에 민원인이 다니면서 사용해도 되는지 승인을 받아야 한다고 했다.

문제가 없다고 하면 '임대인 동의서'를 받아오는 것이 핵심인데, 집합건물의 경우 관리사무소에 가서 '옥외영업 가능 동의서'를 받아야 한다고 했다. 정해진 양식이 있냐 물었더니, 그런 것은 없고 해당 호수의 임차인은 반드시 이름이 들어가야 한다고 했다. 즉, 1장에 관리단 임대인, 임차인 넣어도 되고 따로따로 넣어도 되지만 임차인의 이름이 함께 들어가야 한다는 것이다. 가로*세로의 옥외영업 면적을 기재하고, 각각 인감도장을 찍어오라고 했다.

동일한 건임에도 실제 지인 행정사는 다른 구청에 동일한 업무를 했는데, 일전에 업무를 함께 해 본 담당자여서 거의 누워서 떡 먹기로 바로 일 처리가 끝났다고 했다. 또한 집합건물이 아닌 단독 소유주의 단독 등기였기에 매우 수월했을 것이고, 해당 구청은 송파구 담당자처럼 하나씩 전부 다 해오라고 지시하지 않고 자체적으로 몇 가지 서류를 도움을 준 것으로 알고 있다. 여기서 말하고 싶은 깃은, 입무는 지자제의 담당자벌로 새량노, 업무 스킬도,

응대 매너도 다 다르기 때문에 때로는 케바케(케이스 바이 케이스), 담당자 운도 필요하다는 것이다. 나는 이번 건에서 여러모로 담당자 운이 좋지 않았음은 확실하다. 참고로, 면적변경신고서에 옥외영업할 곳의 면적을 기재할 때 기존 면적은 건축물대장 등을 통해서도 확인이 가능하지만, 옥외영업신고의 경우 기존에 발급받은 영업신고증에 내부 영업장 면적이 기재가 되어있으므로 그 면적을 체크하면 된다. 따라서, 영업신고증을 요청하여 사본을 받아보아야 한다. 해당 면적에 기재할 신고 부분 때문에 배치도와 평면도에 형광펜으로 영업할 장소를 체크하고 가로, 세로 면적을 직접 기재하여 표시하는 것이다. 이후 옥외영업신고가 수리되면 건물 내부 장소 옆의 건물 외부 장소 란이 공란에서 신고한 면적만큼 기재되는 것이다. 그리고 기존의 영업신고증은 반납하고 옥외 영업장 면적이 추가된 영업신고증을 받아 의뢰인에게 전달하면 된다.

사업자등록증 사본도 필요하기에, 영업신고증과 함께 사업자 사본도 사진으로 받아보았다. 개업연월일이 표시되어 있는데, 개업연월일에는 신기하게도 내가 행정사 최종합격을 한, 합격자 발표일인 2024.12.04.였다. 기분이 묘했다. 별거 아닌 거에 의미 부여하는 스타일이기도 하지만, 한편으로 보면 365일 중 그 날짜에 개업을 했다는 것, 그 개업한 의뢰인이 내가 합격을 한 날짜에 개업 후 내게 의뢰를 했다는 사실이 새삼 묘했다.

배치도, 평면도의 경우 세움터에서 발급받을 수 있다. 둘 다 '건축물현황도발급'라는 민원서비스의 카테고리에 들어가면 신청할 수 있다. 처음에 세움터에 접속을 시도했을 때 화면이 아무것도 뜨지 않았다. 크롬, 엣지 모두 시도해 보았지만 되지 않아 세움터에 직접 전화를 걸었다. 원인은 어도비의 활성화 설정 문제였다. 해결방법은 다음과 같으니 어도비 프로그램을 쓰는 이들은 동일한 상황을 겪을 시에 아래와 같이 해결하면 된다.

크롬 실행 → 오른쪽 화면의 '설정' 버튼 → 확장 프로그램 → 설치된 어도비의 '비활성화 접속'으로 상태변경 후 크롬을 종료하고 다시 시도하면 화면이 보인다. 세움터의 상담사의 말로는, 엣지는 이럼에도 안 되는 경우가 있기에 크롬을 권장한다고 했다.

이제 다시 본론으로 들어가 보자. 옥외영업신고의 구비서류 중 하나인 배치도의 경우는 누구나 발급을 받아볼 수 있다. 단, 평면도의 경우 법에서 규정한 이해관계인이 아니면 받을 수 없다. 신청자격이 있는 이해관계인이란, 다음과 같다.

건축물 소유자 및 그 배우자, 직계존비속 및 그 배우자, 경매·공매 중인 경우 또는 법원의 감정 촉탁이 있는 경우, 건축물의 소유자로부터 건축물의 설계, 시공, 중개 등을 의뢰받은 경우, 건축물 소유자 또는 소유자를 위한 금융기관, 공공사업의 시행자 등으로부터 감정평가를 의뢰받은 감정평가법인, 건축물의 관리자로부터 건축물의 점검을 의뢰받은 경우와 끝으로 해당 건축물의 임차인 등이다.

따라서 수임을 받는 경우 위임인인 이해관계인(임차인인 경우가 가장 많다. 옥외영업신고의 목적은 대부분 매장 확장 운영을 위한 야장이기 때문이다.)에게 관련 서류를 받아 첨부하여야 한다. 이번 건의 경우 대부분의 사례처럼 임차인이 신청을 하였기에 임대차 계약서를 첨부하면 평면도를 발급해 준다. 유의할 점은, 집합건물의 경우 표제부와 전유부가 나뉘고 전유부는 해당 부분을 임차하여 권리가 있기에 발급이 되지만, 표제부는 발급이 되지 않는다. 단독주택은 전유부분이 따로 있지 않으므로 표제부, 전유부가 나뉘지 않는다. 공인중개사 업무를 함께 하고 있는 이들이라면 매우 쉽게 이해가 될 것이다. 따라서 행정기관에 서류를 제출할 때에 집합건물의 경우는 구비요건에 배치도의 표제부를 제출하라고 하지 않으므로, 구분소유가 되어있는 집합건물은 전유부분만 진행을 하면 된다. 실제 표제부를 신청하면 아래 사진과 같이 '처리불가'가 된다.

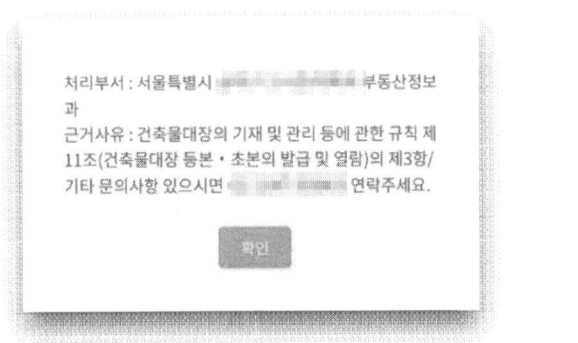

【배치도와 평면도의 신청 화면 – 세움터】

【집합건물의 경우 배치도는 표제부 발급이 불가하다.】

4월 22일 저녁, 바쁜 업무를 일단락한 후에 빗길을 뚫고 위임장의 도장과 인감증명서, 각종 서류 등의 서명을 위해 의뢰인의 매장에 방문했다. 구석 자리에 조용히 앉아 서류를 검토하고, 관리사무소에 방문하기 전 옥외영업장소의 면적을 줄 자로 재보았다. 550*410(가로*세로)이었다. 이제, 관리사무소의 관리단 동대표의 동의만 받으면 나머지는 문제가 없어 보였다. 물론, 나머지 서류들은 서로의 신뢰가 있는 상태라 협조를 받는 것에 전혀 문제가 없었을뿐더러 의뢰인도 매우 협조적이었기에 둘 사이의 문제는 전혀 없었다. 단, 초반부터 관건이자 걱정했던 관리단의 동의가 매우 문제였다. 집합건물의 경우 관리단의 동의가 매우 중요하기에 의뢰인과 직접 관리센터에 방문했다. 관리센터장이라는 사람은 초지일관 부정적으로 방향을 잡았다. 이런 걸 해준 전례가 없다, 이력이 없다, 기대는 않는 게 좋다는 식의 반응이었고, 다른 이들과의 이해관계가 얽히고설켜 있으므로 어려울 거라고 반응하였다. 관리센터장은 매우 날 선 반응을 보였고, 우리의 말을 한두 마디 이상 듣지 않고 말을 끊어먹기 바빴다. 본인의 의견만을 이야기하였고 30분간 같은 상황을 반복하다 보니 우리 쪽에서도 약간의 불쾌감을 드러낼 수밖에 없었다. 서로 눈을 부라리며 약간의 언쟁이 오갔다. 나도 화를 참느라 혼났다. 의뢰인 앞에서 감정적으로 대응을 하면 가능성도 줄어들뿐더러 일을 그르칠 수 있기에 많이 참았다. 약간의 언쟁 끝에 마무리는 하고 나왔으나, 결국 돌아오는 대답은 "안될 거다"였다. 모든 구비서류가 다 준비되었고 수리

요건을 충족하였지만 결국 관리단 동대표의 서명 또는 날인이 없다면 무의미한 것이기에, 결국 이렇게 끝내는 쪽으로 방향을 잡을 수밖에 없었다. 1시간이 걸려 갔다가, 1시간이 걸려 다시 돌아오는 비 오는 날의 발걸음이 무거웠다. 관리소센터장은 "이미 많은 매장 운영 대표들이 방문했었고 건축사사무소 등 숱하게 방문하였지만 동의를 해준 전례가 없다."라는 식이었다. 불편함을 감수하고 간 것은 아무 문제가 되지 않았으나, 저런 반응으로 결국 구분소유자의 권리를 제한하고 임차인의 영업을 위한 협조를 해줄 의향이 전혀 없어 보이는 상황은 '답이 없다.'로 종결될 뿐이었다. 사실 관리소센터장은 말을 전달해 주는 입장일 뿐, 아무 권한이 없다. 그렇기에 동대표와 직접 접촉을 하고자 해도 번호를 알려주려 하지 않았다. 임대인에게 연락을 해보아도 받기가 쉽지 않았다. 알음알음 다른 관리소장이라는 번호를 받아 전화를 걸어보았다. 기대를 품고 전화를 걸어 대화를 하니, 그때 그 센터장이었다. 돌아오는 대답은 그대로였고, 바뀌는 것이 없었다. 옥외영업신고 전문 행정사 선배에게도 자문을 구했으나 그런 경우에는 답이 없다고 했다. 그 센터장이 말한 대로, 수차례 많은 다른 점주들이 문을 두드렸으나 되지 않은 것이다. 그래서 결국엔 이 건은, 첫 옥외영업신고 수임 건은 진행이 되지 않아 끝내기로 했다. 인감도장과 인감증명은 우편으로 반환하였다. 원래 처음 수임 시 내고의 또는 과실이 없는 경우에는 소정의 수고비를 받기로 했었다. 하지만 업무를 종결할 때 그 선배에게 받지 않겠다고 말했다. 나 역시 초반이고 좋은 경험이라 생각하여 수고비 없이 마무리하기로 했다. 대신, 옥외영업신고에 대한 절차와 요건 등을 몸소 확실히 공부하게 된 터임은 분명했다. 또한, 첫 업무부터 상당히 어려운 조건을 진행했으므로 다음에는 더 수월하게 받을 수 있을 거란 자신감이 생긴 것으로 충분했다. 그렇게 맨땅에 헤딩한 첫 옥외영업 신고업무는, 이렇게 마무리하게 되었다.

끝으로 강조하고 싶은 것은, 앞서 언급한 대로 옥외영업신고는 식품접객업 중 일반음식점, 휴게음식점, 제과점만이 가능하다는 것이다. 따라서 세 업종이 아닌 영업장임에도 테이블과 의자를 설치하여 영업하는 것은 식품위생법 위반이 된다. 물론, 해당되는 3업종의 영업장도 옥외영업신고를 하지 않으면 위반으로서 신고 대상이 된다.

옥외영업신고를 하면 영업신고서 중간에 영업장 면적 중 건물 외부 장소에 옥외영업신고한 부분만큼 기재해 준다. 즉, 영업신고증을 보게 되면 옥외영업신고가 정상적으로 완료된 후에는 영업장 면적에 표시된 사항으로 건물 내부와 건물 외부에 각각의 부분 면적 표시가 되는 것이다.

모든 카페나 음식점, 제과점이 건물 외부에 옥외영업 신고를 할 수 있는 것은 아니다. 옥외영업 신고를 할 수 있는 곳은 '영업점과 맞닿아 있는 외부 공간'으로서 건물의 공유지이어야 한다. 이 점이 중요하다. 옥외영업을 하고자 하는 곳이 공개공지이거나 건축선 및 인접 대지 경계선으로부터 띄워야 하는 거리에 포함되는 경우, 피난 및 소화에 필요한 통로인 경우, 도로나 주차장인 경우에는 옥외영업이 허용되지 않는다는 부분을 주의사항으로 알리며 마무리한다.

옥외영업신고가 가능한 업종을 기본적으로 숙지하고 상담을 진행하여야 한다는 점이 첫째, 집합건물의 경우 관리규약이 중요하며 관리단의 동의가 매우 절대적이라는 것이 둘째다. 지인 행정사가 해본 업무는 단독소유의 구분이 되어있지 않은 건물이었는데, 건물주의 동의만 받으면 되기 때문에 앞서 언급한 규제나 제한만 없다면 대부분 수월하게 진행이 가능하다. 끝으로, 어떤 업무든 그렇겠지만 관할 행정구역의 담당자 업무 능력이나 친절도 등이 복불복이라는 것이다. 쉽게 풀리면 아주 수월하게 수입을 올릴 수 있는 업무로, 꾸준히 의뢰받아 진행하면 괜찮은 업역이다.

개업 1개월 차,
영업을 전혀 하지 않았는데?!

아래의 3건은 무려 하루 동안 모두 연락이 온 것이다. 신기했다. 어디에서 어떻게 찾아 연락을 한 것인지는 모르지만, 행정사의 업무가 굉장히 다양하고 또 처음 듣는 업무들에 대한 준비, 스터디, 응대방법은 필히 준비해 두어야겠다는 생각을 한 날이다. 모두 수임은 하지 못했다. 자신이 없는 것은 둘째 치고, 당시에 다른 업무들이 워낙 많았기 때문이다. 잘하지 못하는 것은 차치하더라도, 너무 복잡하거나 확실하지 않은 업무는 '경험상' 해볼 법한 일이 아니라면 집중하지 않기로 했다.

▦ 문의 연락이 온 건은 다음과 같다.

1. 옥외 가설건축물 설치 양성화 허가건

2. 도로굴착허가건

3. 도로점용허가건

앞서 언급했던 에피소드, 차령초과폐차말소(최종적으로는 차량명의이전 업무로 완료)와 옥외영업신고, 그리고 부동산 계약서와 권리금 계약서 작성 건까지. 모두 25년 4월, 개업 만 1개월을 지날 무렵 불과 한 달 동안 연락이 온 업무들이다. 강조하고 싶은 것은, 나는 블로그도, 키워드 광고도 전혀 하지 않았는데 이 정도라면 정말 행정사로서의 업역 확보 후 연락을 받을 가능성은 매우 높다는 점이다. 공무원 출신들 중 다수는 행정사 자격증이 그냥 나오기 때문에, 행정사 자격증에 대해 좋은 평가를 하지 않는 이들이 많다. 또한 시험 준비를 하다 포기한 이들을 포함한 다수는 행정사로 밥 먹고살기 힘들다는 말을 많이 한다. 단언컨대, 그렇게 말하는 사람들은 어떤 일을 했어도 절대 성공할 수 없었을 것이다. 성공할 수 있는 사람들, 성공의 마인드를 장착한 이들은 길에서 군고구마를 팔아서도 일어날 수 있다. 내 20대가 그랬다. 그래서 지금이 됐기 때문에, 난 알고 있다. 그런 말들은 모두 무시하고, 여러분의 영업 능력과 홍보 수단을 늘려나가고 행정사로서의 나래를 펼치길 바란다.

어머니를 위한 첫 행정사 업무
여성기업인증

내가 7잡이라는 것은 익히 강조했다. 그중 하나가 36년째 되어가는 가족 사업이다. 내가 태어나고 얼마 후부터 부모님이 시작한 사업은 어느덧 2대째 운영을 해오며 가족 사업으로 발전하여 운영하고 있다. 해당 사업은 식품첨가물 살균소독제를 메인으로 주요 거래처가 대기업, 웨딩홀, 호텔, 프랜차이즈 등으로 구성되어 있다. 물론, 벤더 업체들과의 제휴로 위탁 판매도 진행하고, 온라인 판매도 진행하며 영역을 확장하고 있다. 업이 여러 개라 매일 전쟁 같은 하루하루를 보낸다. 그중 오전에 주로 하는 업무는 정말 급한 일이 아니라면 무조건 가족 사업의 업무다. 경리 업무와 각종 회계, 세무, 사무 업무를 내가 도맡아 하므로 오전에 납품을 위한 대부분의 준비와 각종 엑셀을 정리하느라 시간이 눈 깜짝할 사이에 지나간다. 가족 사업의 대표자는 어머니로, 나는 직원으로 등록되어 있다. 내가 가족 사업에 뛰어든 것은 만으로 10년이 넘었다. 산전수전에 관한 이야기는 맨땅에 헤딩, 나의 중개 일기에 담았으므로 본서에는 다루지 않겠으나, 정말 우여곡절과 고생을 많이 하며 유지하고 또 키워나간 사업이고 부모님이 이 사업으로 우리 가족을 지탱했고 한때 부를 일구기도 했으며, 나와 내 동생을 잘 키워주셨기에 장남인 나로서는 애착이 큰 사업이기도 하다. 그렇지만 업무가 점점 많아지고 업이 많아지면서 하루하루의 업무를 하기에 여념이 없었다. 그러다가 우연한 기회에 소상공인을 대상으로 컨설팅을 지원해 주는 프로그램을 어머니가 발견하시고는 내게 접수 링크를 주셨다. 행정사는 글로 돈을 버는 사람 아니겠는가. 일필휘지에 자신 있게 지원서를 써 내려갔다. 운이 좋게도 선정이 되어 경영 컨설팅을 받게 되었는데, 컨설팅을 받으면서 알게 된 것은 대표자인 어머니가 여성이기에 '여성기업인증'을 받아 여러 제도에 우대를 받아보라는 것이었다. 우리 거래처의 확장을 위하여 공공기관 거래를 위한 나라장터 등록 업무도 진행 중이었지만, 여성기업인증이라는 단어를 듣는 순간 정말 '등잔 밑이 어두웠다.'고 생각했다. 10년 간 어머니의 가업을 함께 도우며 운영하면서 어머니가 여성이라 여성기업인증을 받을 수 있다는 사실을 간과했던 것이다. 메모를 해둔 후 시간을 내어 여성기업인증에 대한 절차와 구비서류 등을 확인해 보았다. 블로그 등을 보니 많은 행정사들이 여성기업인증을 대행하고 있었다.

친한 행정사에게 문의하니, 요즘에는 경쟁이 많아져 단가가 낮아졌지만 예전에는 이 업무 역시 비용이 적지 않았다고 했다. 아들로서, 어머니의 직원으로서 아주 미세하게나마 효도와 더불어 회사에 기여할 수 있겠다 싶었다. 또한, 행정사가 되어 아들로서

도와드릴 수 있는 첫 업무였기에 설렜다. 수입 여부는 중요하지 않았다. 보수를 받지 않을 것인데, 위임계약서 혹은 수입 여부가 무엇이 중요하겠는가 말이다.

여성기업인증의 사업 목적은 공공기관의 여성기업 제품 구매 확대를 위함이다.(여성기업의 지원에 관한 법률 및 동법 시행령에 따라, 모든 공공기관은 여성기업 제품을 일정 부분 구매하도록 되어 있다. 중소기업청과 한국여성경제인협회에서는 여성기업제품 구매촉진을 위하여 여성기업확인증 발급업무를 운영하고 있다. 「여성기업지원에 관한 법률」 제9조 및 동법 시행령 제7조) 여성기업인증을 필요로 하는 이들에게 도움이 될 수 있도록, 이 글을 보는 (예비)행정사들은 다음의 내용을 참고하면 좋겠다.

■ 여성기업인증의 정의와 구비서류

○ 여성기업 정의 요약 : 여성 대표자가 소유하고 경영하는 기업
○ 소유의 개념
- 법인 : 여성대표가 최대출자자인 상법상의 회사(주식회사, 유한회사, 유한책임회사, 합자회사, 합명회사)
- 협동조합 : 협동조합기본법을 바탕으로 설립된 일반협동조합
- 개인 : 여성대표자(동업 시 동업계약서 상의 지분이 많을 것)
○ 신청하는 곳 : 공공구매종합정보망 www.smpp.go.kr(← 제출서류도 이곳에 업로드)
○ 제출서류(공통)
- 여성기업 확인 신청서 : 출력하여 중앙(한가운데) 서명 또는 날인 필수

- 사업자등록증 또는 사업자등록증명(개인사업자는 필수, 주민번호 전체공개 및 제출용)
- 신청기업현황서 : 빈칸 없이 모두 작성
- 4대사회보험 사업장 가입자명부(모두 '미성립'으로 제출 불가기업은 대체서류* 제출)

  * 대체서류 :「4대사회보험사업장가입자명부 발급 안내」 참고
- 면담확인서 : 하단 날짜와 성함 기재 후 서명 또는 날인

O 제출서류(개인사업자)
- (공동대표의 경우) 동업계약서, 공동사업자내역사실증명(홈택스에서 출력 가능)

O 제출서류(법인사업자)
- 등기사항전부증명서(말소사항 포함) 제출용
- 주식등변동상황명세서(세무사 또는 회계사 또는 법무사 날인)
- (주식회사의 경우) 주주명부(회사직인 날인)

※ 당해년도에 주식지분 변동이 있는 경우에는 '주식양도양수계약서, 증권거래세 납부영수증*' 추가

  * 납부영수증이 없는 경우, 증권거래서를 제출로 갈음.
- 증권거래세 과세표준신고서(세무대리인 직인 필수)
- 또는 상속세 or 증여세 과세표준신고 및 자진납부계산서(세무대리인 직인 필수)
- (유한회사의 경우) 사원명부(지분율 표시, 회사직인 날인) '직원명부가' 아닌 '출자자'명부
- (유한책임회사, 합자 · 합명회사의 경우) 정관(회사직인 날인)

O 제출서류(협동조합)
- 법인등기사항전부증명서(말소사항 포함)
- 주식등변동상황명세서(세무사 또는 회계사 또는 법무사 날인)
- 설립신고확인증(필요시)

- 조합원명부, 출자자명부, 임원명부(각 서류에 성별 인식 정보 및 작성일자와 회사 직인 날인)
O 기타사항(당해년도 설립 법인으로 주식등변동상황명세서 미발급 시)
- 주주명부(주식회사), 사원명부(유한회사), 출자자명부(협동조합)에 법무사 or 세무대리인 명판과 도장 날인
- 제출하는 모든 파일의 이름은 '한글'로 정확하게 표기할 것. (예: 사업자등록증명.pdf)

여성기업확인서 신청/출력

◎ 여성기업확인 신청

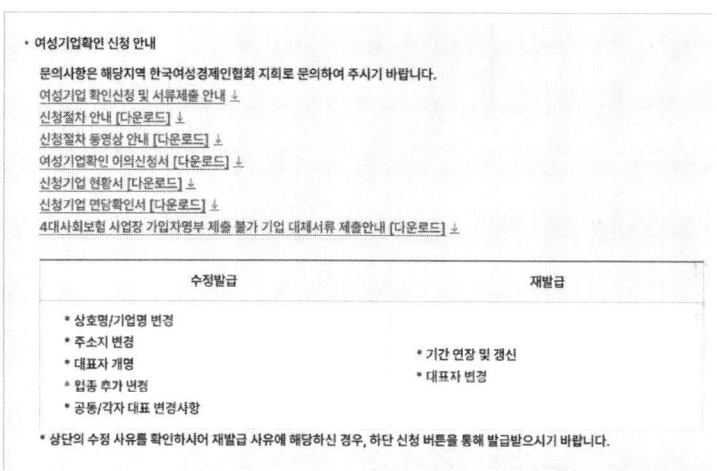

【출처 : 공공구매종합정보망 www.smpp.go.kr】

위의 공공구매종합정보망(www.smpp.go.kr)에 들어가면, 구비서류를 다운로드할 수 있다. 신청 서류는 어렵지 않다. 신청서와 기타 제출 서류를 준비할 때 몇 가지 기재할 것들이 있는데, 행정사를 합격한 정노라면 전혀 어렵지 않게 작성할 수 있다.

개인사업자라면 더 쉽고, 법인일 경우와 협동조합일 경우 추가 구비서류만 나온 대로 잘 준비하면 된다.

다음으로, 인증 절차는 아래와 같다.

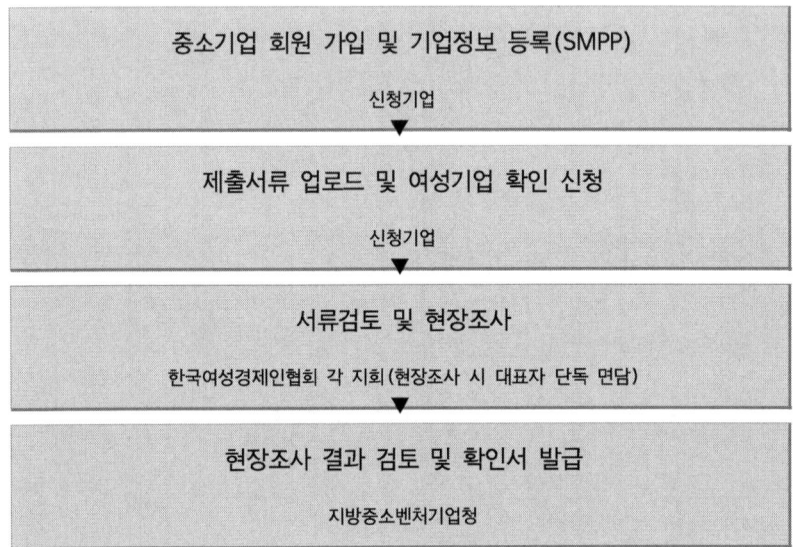

먼저, 공공구매종합정보망 사이트 → 메인 메뉴의 '중소기업 주요 서비스' → 기업확인서 신청/발급 → 여성기업인증 → 여성기업 확인서 신청/출력을 들어가면 된다.

〖여성기업 확인서 신청 절차〗

〖신청을 할 때, 다음과 같은 팝업이 뜬다.〗

　절차가 어려워 보이지만, 전혀 그렇지 않다. 사이트에 들어가서 신청 서류를 다운로드하고 각 구비서류를 채워나가면 된다. 다만, 바로 위의 사진처럼 현장실사가 진행된다고는 하나, 다음의 경우는 비대면 영상 통화로 대체한다.

① 동일 대표자가 이전의 인증 내역과 변동사항이 없이 재발급받는 경우
② 여성 1인이 상시근로자 없이 사업장을 운영하는 경우
③ 감염병 등으로 인하여 실사를 진행할 수 없는 상황인 경우
④ 그 밖에 지방중소벤처기업청장이 인정할 수 있는 특별한 경우

　어머니의 경우 위 1~4에 해당하는 사항이 없었으나, 비대면으로 진행을 하게 되었다. 신청을 한 후 다음날 비대면 통화 일정이 잡혔고 그로부터 약 5일 후(주말 포함) 비대면으로 영상통화를 통해 약 20분간 질의응답 시간을 거쳐 실사를 대체하였다. 비대면

이라고 하여 쉽게 볼 것이 아니다. 질문을 다양하게 하는데, 이때 담당자가 부적격 판정을 낼 수도 있다. 질의에 대하여 적격 여부를 평가하는데, 점수가 낮으면 부적격으로 심사가 끝날 수도 있다. 또한, 위 1-4의 경우라 할지라도 현장 실사가 무조건 생략되는 것이 아니다. 실사는 원칙으로, 실사 담당자가 인정하여야 비대면으로 진행을 할 수 있다. 비대면까지 마친 후 일반적으로 1주일 이내에 여부 통지가 온다.

그렇다면, 여성기업인증은 왜 받을까?

첫째, 중소기업 인증까지 더한다면 중소기업청의 지원프로그램이나 각종 R&D 프로그램의 지원을 받을 수 있다.

둘째, 공공기관의 예산을 사용할 때에는 용역을 제공하는 경우에는 5천만 원까지, 물품을 제공하는 경우에는 2천만 원까지 수의계약으로 계약이 가능한데, 이때 우대를 받을 수 있다. 예를 들어, 물품·용역의 제공은 각각 구매 총액의 5% 이상, 공사의 경우 3% 이상 여성인증기업의 상품 또는 용역을 구매하여야 한다. 용역 또는 물품을 관공서에 제공할 수 있는 여성 기업의 경우는 등록 후 활로와 판매망을 확장하여 매출 향상에 기여할 수도 있다. 여성기업인증 확인서를 발급받은 기업의 제품은 나라장터 종합쇼핑몰 단가계약이 되어 있을 경우라면 상품이 노출된다. 동일한 상품이라면 우대받을 수 있는 것이다. 이때 여성기업 제품이라는 마크가 함께 표시된다. 단, 조달청과 직접 단가계약을 체결하고 나라장터에 등록이 되어 있어야 한다.

셋째, 여성기업 확인서를 가진 기업이 입찰에 참가할 때 가산점을 얻기도 하며 은행 금리 우대, 보증료 우대 등(신용보증기금 등) 금융 지원과 창업 공간 지원 등을 받을 수도 있다. 가산점은 확인서 발급 후 존속기간에 따라 가산점이 차등 부여된다. 3년 미만 기업은 0.25점, 3년 이상 5년 미만은 0.5점, 5년 이상 10년 미만은 0.75점 등 누진되어 가산점이 부여된다. 조달청의 물품구매 적격 심사 시 우대 혜택을 받는 것이다. 또한 여성기업 세제 혜택도 받을 수 있다.

더불어 미약하게나마 명함이 될 수 있다. '여성기업인증'업체라는 타이틀로 홍보가 추가될 수 있는 것이다. 회사의 커리어나 경력, 소개를 할 때에는 다양하게 많은 이력들과 어필될 만한 부분들을 넣는다. 예를 들면 ISO인증, 여성기업인증, 나라장터 등록 등과 같은 인증 내역이나 성적서, 허가서, 자격 사항, 유수의 대기업 등이 거래처라면 이 거래처 자체가 명함이 되기도 한다. 고객사나 영업을 할 곳들은 이러한 이력들이 많을수록 신뢰를 갖게 되는 것은 당연하다. 또한 여성리더십을 강조하는 부분으로도 어필이 될 수 있다.

끝으로 여성기업인증을 받은 업체들만의 가입할 수 있는 커뮤니티(여성기업인협회 등)에도 가입할 수 있고, 그들이 별도로 운영하는 사이트에 일정 회비를 내고 가입하면 물품 등록을 하여 해당 사이트에서 별도로 물품 판매도 가능하다.

▪ 주의할 점은 크게 다음과 같다.

1. 변경 사항이 있는지에 대한 부분을 확인하는 것이다. 대표자명이 바뀌었다거나 기타 정보가 변경되었다면 만료 전 이를 반영하여 신청하여야 하고, 남성대표에서 여성대표로 최근 변경된 경우 확인할 것이 없는지 추가로 돌다리를 두들기는 마음으로 크로스체크를 해볼 필요가 있다.

2. 인증 유효기간은 확인일로부터 3년으로, 만료 전 변동사항이 없다면 만료일 1개월 전부터 갱신을 하여야 한다. (동일한 방법으로 해당 사이트에서 진행하면 된다.) 인터넷 검색 시 2년이라고 설명한 글들이 많으나, 이어 나올 사진에 내가 발급받은 확인서의 유효기간을 보면 3년이 정확함을 알 수 있다.

3. 또한 행정사가 대행을 할 경우일지라도 서류가 반려될 수 있기에 최초에 파일을 업로드할 때에 꼼꼼하게 준비하여 한 번에 끝내는 것이 좋다. (행정사의 업무 마케팅 부분으로 첨언을 하자면, 최근에는 반려 시 1회 무상으로 재심사를 서비스하는 개념도 있다. 다만, 이는 행정사의 업무상 과실 또는 서류 누락이 아닌 부분일 경우를 말한다. 행정사 본인이 실수한 서류 누락이라면 당연히 해줘야 한다. 다음으로 행정사가 업무 수임을 받는다면, 차별화를 위해 사업장에 관하여 받을 수 있는 질문지를 몇 가지 만들어 미리 준비를 하도록 도움을 줄 수도 있다.)

추후 여성기업확인이 되면, 확인서는 정부24에서도 발급이 가능하니 참고하길 바란다. 비대면 실사를 받은 다음날, 이른 오후 어머니에게 카톡이 왔다. '[Web발신] OO의 여성기업확인 발급승인. smpp.go.kr 확인 및 출력사용가능.' 여성기업확인 발급이 승인되었다.

어머니의 일을 도와 드린 것이므로 보수 여부는 전혀, 단 1도 중요치 않았다. 자그마한 것이라도 해드릴 수 있어 기뻤다. 중소기업확인서는 예전에 미리 인증을 받아 준비를 해뒀기에, 여러 가지 소상공인으로서 받을 수 있는 혜택을 위한 준비를 모두 마쳤다. 더할 나위 없이 기뻤던 것은, 당일 기준 한참 동안 난항을 겪던 가족 사업의 판매상품이, 우여곡절 끝에 나라장터에 상품등록을 위한 서류가 통과되었다는 것이다.(출간 시점 기준 최종 등록되어 상품이 노출 중이다.) 조달청의 공고 담당자, 지역 담당자, 쇼핑몰 담당자 등과 계속 통화를 나누며 공무원 특유의 '원리원칙'이 적당하지 않은 곳에 적용되어 긴 시간 스트레스를 많이 받았는데, 우리 측에서 주장한 성적서의 유효함과 공전상, 법령상의 기준 등과 적합성 등을 주장한 것이 수용된 것이다. 이제 나라장터 등록까지 진행하면 가족 사업의 판로가, 활로가 더욱더 넓어질 것이었기에 기분이 참 좋은 날이었다.

기분 좋게, 그날을 마무리하며 작지만 뜻깊은 여성기업인증 업무를 성공적으로 마무리할 수 있었다. 매일이 오늘만 같아라!

에피소드 Point

같은 업무여도 난이도가 매우 다를 수 있다. 업무의 가장 기본은 법령 확인과 구비서류다. 의뢰인의 협조가 매우 중요하다. 이번 일은 내가 가장 사랑하는 어머니의 일이었기에, 두손 두발 다 걷어 거침없이 일을 해나간 건이었다. 속전속결로 처리가 마무리되어 참 기뻤다. 아들로서, 행정사로서 아주 작은 일이었지만 뿌듯함을 느낀 에피소드였다. 작년 이맘때, 끔찍한 2차 공부를 시작하려고 할 때를 돌이켜보면, 꿈만 같다!

NO	확인기관	신청일자 (수정발급)	진행단계	완료일자	자가 진단표	출력	수정발급
1	서울지방중소벤처기업청 (한국여성경제인협회 서울지회)	2025-05-07	발급승인	2028-05-13	🖨	확인서🖨	확인서발급 정보 변경신청

《사이트에서 출력이 가능한 모습》

■ 여성기업지원에 관한 법률 시행령 [별지 제2호서식]

발급번호 ▓▓▓▓▓▓▓

여성기업 확인서

1. 기 업 명: ▓▓

2. 사업자등록번호: ▓▓▓▓▓▓▓

3. 주 업 종: ▓▓▓▓▓▓

4. 대 표 자: ▓▓▓

5. 주 소 (본점): ▓▓▓▓▓▓▓▓▓▓▓

유효기간: 2025. 05. 14. ~ 2028. 05. 13.

「여성기업지원에 관한 법률」 제2조 및 같은 법 시행령 제2조에 따른
여성기업에 해당함을 확인합니다.

2025년 05월 14일

서울지방중소벤처기업청장

* 이 확인서는 공공구매 종합정보망(www.smpp.go.kr) 을 통해 정보를 확인하고 출력
(2025-05-14 14:51, 성찬)한 확인서입니다.
* 이 문서를 위·변조 시 처벌을 받을 수 있음

《보고싶었다. 여성기업 확인서! 》

아프리카 르완다 출신의 임차인
전세 사기로부터 보호하기!

2025년 5월 20일 화요일, 친한 동료 행정사인 9기 김학환 행정사가 연락이 왔다. 부동산 관련된 상담인데, 부동산 전문 행정사가 필요해서 내 생각이 났다고 한다. 9기 학행(줄임말로서 애칭이라 표현한다.)은 이번 저서에 가장 많이 등장하는 행정사가 아닐까 싶다. 의뢰인은 평소 거래하던 클라이언트인데, 외국인이지만 한국말을 잘하는 편이라고 했다. 내용인즉슨, 대략 들어보니 임차권등기명령(유사한 상황으로 설명을 들었기에 내가 유추한 단어임을 밝힌다), 내용증명이라는 단어가 나왔다. 일단 전화번호를 받고, 소개를 받은 것이기에 소개해준 학행의 면을 봐서도, 더욱더 최선을 다해 친절하게 무료 상담을 도왔다. 비록 이번엔 무료로 상담을 해주었지만, 그동안 부동산 전문가로서 네이버 Expert에서 이러한 유료 상담은 수없이 했다. 한 건 한 건 열심히 해왔기에 네이버 Expert 기준 공인중개사 전국 2위, 평점순 전국 1위를 하고 있기 때문에, 내 전문분야를 절대 허투루 할 수 없었다. 또한, 친절은 기본으로, 외국인임을 감안해 듣는 이의 이해도에 따라 목소리의 높낮이와 빠르기를 조절해 가며 설명했다. 중간중간에 "You' ve got it?"이라고 확인도 해가며. 처음에 추측한 대로, 전세 사기에 관련된 부분이었다. 법률적인 자문을 해야 하는데 어디까지나 외국인이므로 전문적인 용어와 의미, 그 절차를 최대한 한국어로 쉽게 설명해야겠다고 생각했다. 아무리 한국말이 능숙해도 의뢰인이 설명하는 내용은 주어와 서술어가 복잡하게 얽히는 문장이 많아 이해가 어려운 부분이 있어서, 중간에 내가 "xx 대표님, 제가 이해한 게 이게 맞죠?"라며 내용을 하나씩 정리해 나갔다. 상대방의 상황을 완전히 이해하고, 준비해야 할 절차를 안내해 나갔다. 지금은 감정적이나 법적으로 바로 대응할 단계가 아니라, 기존에 잘못 작성한 계약서를 수정해야 하는 상태라고 안내했다. 계약서를 바탕으로 다음 단계들을 진행하여야 하고, 가장 일반적이고 강력한 증거자료가 되기 때문이다. 처음에는 이 정도로 상담만 무료로 서비스 차원에서 해주고 마무리를 하려 했으나, 하루에만 10번이 넘게 걸려오는 전화, 확정일자에 관련하여 설명하였더니 동사무소에서 업무 처리가 원활하지 않아 내게 전화를 걸고, 담당자와 통화까지 연결하는 등 내가 돕게 되는 부분이 많아졌다.

그렇게 이틀 차, 그는 절실해 보였고, 그 마음이 이해가 갔다. 한국인으로서, 법률 전문가로서 이를 도와야겠다는 생각이 들어 전화를 바쁜 와중에도 놓치지 않고 받아주었다. 그리고 필요한 것은 내가 직접 전화를 하여 처리해 주기도 했다. (전날 확인했던 동사무소의 행정구역과 몇 동인지까지, 담당자까지 직접 찾아 전화를 걸어 확정일자 부분에 관하여 잘못된 부분을 자세히 명시, 계약서를 새로 수정해 갈 테니 그 부분으로 적용해 달라고 하였다. 또한, 전세 사기가 예상되기에 우선변제권의 확보와 그에 따른 순위보전을 위하여 최초 계약서의 확정일자를 유지하는 것이 중요하여 최초 확정일자가 유지되었는지도 점검하였다.) 내 성격상, 단순히 상담을 했더라도 찝찝한 게 있으면 마무리까지 꼭 지어야 하기에, 또한 외국인이 한국에서 법적으로 고생하는 것이 안쓰러운 마음이 들어 머릿속에서 계속 떠오르는 문제점들을 내가 먼저 직접 해결하게 되었다. 먼저 최초 전세 계약은 22년 4월이었다. 근데 통화상으로 기억에 임차인인 의뢰인은 대출을 받았고, 그 대출이 계약서 만료 기간이 되어 상환을 하라고 연락이 와서 급한 상태라 임의로 임대인과 원하지 않는 연장 계약서를 작성했다고 했다. 본인은 24년 4월에 만기가 되면 나가고 싶었는데 말이다. 그 말을 유추해 보건대, 대출을 받았다면 확정일자부 계약서를 제출했어야 할 것이고(공인중개사 7년 차이므로 이런 유추는 아주 식은 죽 먹기였다.)

그렇다면 확정일자기 그때 먼지 받아져 있어야 할 텐네 안 받았다는 게 납득이 가지 않았다. 본인은 모르는 사항이라고 하기에 답답한 마음으로 내가 직접 동시무소 담당자에게 전화까지 걸어 확인하게 된 것이다. 담당자는 마치 이 모든 것을 꿰뚫고 있는 내가 정말 '대리인'인가 보다 싶은지, 자세하게 내가 묻는 것에 응해주었고, 덕분에 의뢰인에게 자세히 설명하고 안심을 시켜줄 수 있었다. 앞서 언급한 대로 계약서의 만료 일자는 2년 후인 24년 4

월이어야 하는데, 다음 계약서를 보니 24년 11월이었다. 의아해서 다시 전화를 걸어 물었다. 중간에 빈 6개월(실제로 거의 7개월)은 어디 갔냐고 말이다. 그때 되어서야, 임대인이 급하게 6개월짜리 연장 계약서를 작성해 만들어 주어서 대출을 연장했다고 한다. 그리고 6개월이 지나고 나서도 또 보증금 반환이 안된다고 하여 1년짜리, 내가 처음에 받아본 그 계약서를 쓰게 된 것이라고 했다. 즉, 계약서는 총 3장, 내게 최초에 설명하여 보여 준 계약서는 마지막 3번째, 가장 최근의 계약서였다. 그 계약서를 토대로 내가 모든 기간과 정황을 유추한 것이다. 그런 부분에서 의뢰인은 내게 많은 신뢰를 주었고 답답함이 시원하게 해소된 듯하며 전화를 더욱더 편하게 걸었다. 신뢰를 준 것은 좋으나, 이 정도면 나도 일상에 많이 지장을 줄 만큼 시간을 많이 할애하였기에 소정의 상담료는 필요하다 했다. 그는 당연히 지급을 하겠다고 했다. 그러다가, 계약서를 아예 작성해 주었으면 한다는 의뢰를 받았다.

계약서를 작성할 필요는 명백했다. 첫째, 임대인의 집 주소가 누락되어 있었다. 아파트는 집합건물이므로 동·호수가 명시되어 있어야 유효한데, 누락되어 있었으며 계약서 작성일자도 잘못되어 있었다. 이에 관한 유명한 전입신고 판례도 있다. 추가적으로, 해당 계약서에서 필요한 여러 가지 특약들도 내 눈에는 모두 빠져 보였다. 공인중개사 현업에 7년 차 몸을 담으며 계약서 특강, 임대차 강의, 공인중개사 학원의 중개사법, 중개실무 강사인 나로서는 이를 본 이상 그냥 넘어갈 수는 없었다. 불현듯 강한 정의감이 들었다. 머나먼 타지를 떠나 외국에 와서, 어렵게 일하는 이가 번 피같이 번 돈을 날리게 하고 싶지 않았으며, 법적으로 안전하게 장치를 만들어 주고 싶었다. 돕고 싶었다. 당연히 계약서 작성을 해주겠다 했다. 몇 가지 옵션으로, 내가 계약서만 작성하여 파일을 넘겨주는 옵션과 양 당사자가 이승주행정사사무소에 와서 계약하는 방식, 내가 출장을 가서 모두 해결하는 방식으로 나누어 비용을 제시했다. 의뢰인은 모두 다 좋다며, 임대인과 협의하고 연락을 주겠다고 했다. 여기에서 새로운 문제가 하나 생겼는데, 임대인 측에서는 내가 제시한 금액을 원하지 않았으며, 임차인이 의뢰한 행정사라고 하니 일방적으로 불리하게 계약서를 작성하는 것이 아닐까 하는 의심을 동시에 한 듯해 보였다. 임대인이 원하는 행정사사무소를 찾았다며 매우 저렴한 가격(정말 그냥 밥값을 불렀더라. 나 같으면 그 가격에 안 했다.)을 제시한 행정사사무소의 명함을 보냈다고 한다. 임차인인 의뢰인은 그 문자 내역들을 내게 시시각각 보내주었는데, 해당 행정사사무소를 검색해 보니 시험 출신이 아닌 공무원 출신 어르신 행정사로, 공인중개사사무소를 운영하고 있었다. 처음에는 임대인의 제안으로 동네 부동산에서 대서 계약서를 쓰기로 했다 하기에, 이것 또한 위법행위라며 행정사법에 근거하여 대서, 대필, 쌍방합의 계약서 작성 등은 공인중개사가 중개한 계약서만 작성할 수 있기에 작성이 불가하니 무급이든 유급이든 중개사무소에서는 할 수 없다고 안내하였다. 임대인은 꼼꼼하게 달려드는 임차인(사실은 뒤에서 내가 조종을 시작했다는 것을 알 것이다. 갑자기 법률적으로 해박해진 임차인의 모습에 당황한 모습이었다.)의 말을 따라 행정사사무소를 찾은 듯 보였다. 그럼 거기에서 계약서를 쓰시고, 잘 마무리하시라며 상담료만 소정으로 주십사 했지만, 의뢰인은 내가 동행을 꼭 해주었으면 하고 동행하더라도 임대인의 비용까지 지급하겠다고 했다. 나는 좋은 일을 돈으로 환산하기만 하는 것은 원래의 의미가 퇴색된다고 생각하여, 임대인 비용은 원하지 않으니 의뢰인(임차인)의 비용만 받고, 출장을 가겠다고 했다. 즉, 다른 행정사사무소에서 직접 계약서를 다 작성하는데 내가 동행해서 검토만 해주는 그림이 된 것이다. 옆에서 대리인처럼 말이다. 아니, '처럼'이 아니라 사실상 대리인으로 말이다. 위임 받고 본인에게 수임 받았으며 본인도 입회를 하는데 대리인 자격으로서 무엇이 부족하겠는가 싶었다. 이런 그림은 또 처음이고, 우려됐던 부분은 상대편 행정사가 매우 불쾌해하지 않을까 하는 점이었다. 그래서 임차인인 의뢰인에게 "계약서 초안을 먼저 보내달라고 해보세요."라고 했다.

초안이 넘어왔는데, 띄어쓰기부터 오탈자가 수북했다. 거북할 정도였다. 심지어 가전제품 이름도 예를 들면, 냉장고를 냇장고라고 하는 등 곳곳에서 눈에 거슬리는 글자들과 띄어쓰기가 빈번하게 보였다. 더욱이 출간을 여러 권 하면서 띄어쓰기나 오탈자, 문장력에 크게 신경을 쓰게 되는 직업병이 생기면서 더더욱 거슬려 보였다. 이건 성의의 문제라는 생각이 들었다. 그냥 종이 한 장 써주고 끝내려는 모습이 다분해 보였다. 저렴한 가격에 계약서만 대서해 주니 나머지는 알아서 하라는 느낌인 듯했다. 갑자기 또, 정의감이 확 올라왔다. 폭풍 타이핑을 쳤다. 방대하지만 정말 정확한 법률 용어와 내용으로 꽉 채워 수정사항과 필요한 특약을 보완하여 해당 행정사에게 전달하라며 내용을 보냈다. 물론, 사전에 임차인이 개인적으로 법률적으로 따로 알아본 다음 보낸다고 알린 후에, 내가 적어준 것을 임차인이 해당 행정사사무소에 보낸 것이다. 나와 통화를 할 이유나 상황은 아직 없었기 때문이다. 행정사사무소에서 임차인인 의뢰인에게 답변이 왔다, 불쾌하다며, 그 정도로 고칠 거면, 그리고 다른 행정사가 동행할 거면 거기에서 쓰지 뭐 하러 본인에게 맡기냐며, 이번 건은 거절하겠다고 말이다. 임대인 측에도 내용을 통보한 듯했다. 그게 약 3일째, 2025년 5월 22일 늦은 저녁의 일이다. 임차인인 의뢰인은 임대인과 상의 끝에, 새로운 행정사를 구한 것처럼 하고(내가 뒤에서 조종하고 검토하고 자문해 준 것을 알면 나를 인정하지 않을 것을 생각하여 임차인인 의뢰인이 낸 묘수였다.) 내가 직접 임대인이 운영하는 매장에 가서 셋이 만나 계약서를 작성해 주는 '출장계약'을 하게 된 것이다.

2025년 5월 24일, 토요일 계약서 초안을 열심히 작성해 놓고 임차인에게 보내두었다. 통화 후 업무를 정리하고 밤에 퇴근 전 모든 필기구와 구비서류를 뽑아 퇴근 준비를 했다. 원래 일요일에 하루는 쉬어야 하지만, 임차인의 다급한 요청에, 또한 나를 신뢰하는 마음과 행정사로서의 또 한 건의 업무 수임을 위해, 2025년 05월 25일 일요일 아침 일찍 늦잠을 포기하고 수원으로 떠났다.

약속 시간 10분 전에 주차를 하고 만나기로 했다. 나는 약 11분 전 도착, 임차인에게 전화하니 나보다도 먼저 도착해 있었다. 내 경험상, 처음 거래하는 Business 관계에서 시간과 금전 관계가 정확한 사람은 대부분 다른 신뢰관계에서도 크게 흠잡을 것이 없었다. 이 부분으로 나 역시 의뢰인에 대해 더욱더 신뢰를 하게 되었다. 중개업을 하다 보면, 열심히 계약 전까지 맞춰주고 고생하고도 잠수 타는 이들, 노쇼(No-Show)등 인간 이하의 부류가 많다. 짧지만 행정사 업무를 하면서 느끼는 것은, 의뢰인들 대부분이 행정사를 전문 자격사로서 인정해 주며 또한 의뢰인들의 수준이 상대적으로 높다는 것이다. 이번에도 '행정사 따길 정말 잘했다.'는 생각이 문득, 순간 들었다. 다시 돌아와서, 주차를 마치고 의뢰인과 첫인사를 나누며 악수를 하는 찰나, 내 차 앞에서 다른 한 이가 내렸다. 임대인이 아닌 대리인이라고 칭하는 이다. 이 사람이 매우 중요한 key를 쥐고 있는 이다. 요약하면, 임대인은 소위 바지사장이다. 명의만 빌려주고 실질적인 주인은 이 대리인이다. 근데 계약서에는 이 대리인에 대한 내용이나 인적 사항은 그동안 1도 보이지 않았다. 바지사장인 명의자 임대인은 본인의 책임을 계속 피하고, 자신은 명의만 임대인이라며 주장해 온 상황이었다. 부동산 명의신탁의 위법행위를 모르는 것인지, 중개사법 강사 앞에서 '나 불법행위자요'임을 연신 강조하는 상황이었다. 이 대리인이 최초에도 계약에 관여하였다고 한다. 다행히 최초에 계약했던 중개사무소에서는 위임장을 받아주었으나 그 당시 계약한 중개사무소는 그 사이에 폐업을 했다고 한다. 그렇게 대리인이자 사실상의 소유주와 함께 바지사장인 명의자가 운영하는 카페로 들어갔다. 운영이 어려워 보이는 카페였다. 임대인은 우리를 보자마자 매우 불친절하며 퉁명스러운 태도로 인사를 무시하고 앉으라고 했다. 배지를 찬 내 모습을 보고 더욱더 경계하는 모양새였다. 처음 보자마자 한 말은, "저는 명의만 임대인이고 실제로는 옆에 계신 이 분이 임대인이에요. 아시죠? 저는 책임이 없어요. 그리고 이 계약서 수정을 지금 제가 하면 오늘 날짜로 뽑아오신 계약서에 제가 불리할 거 같아서 서명할 수 없어요."라고 했다. 당황스러웠다. 하지만 임차인을 위해 여기까지 왔고, 한국인으로서, 법률 전문가로서 이 자리에 왔기에 열받는 감정을 추스르며 썩은 미소를 띠면서 법적인 부분을 자세히 설명했다. 그리고 최종적으로 계약서의 서명을 받아낼 수 있었던 신의 한 수는, 이전 계약서에 누락된 내용 중 앞서 언급한 임대인의 동·호수였다. 이 부분을 핑계로 "동사무소에서 확정일자를 추가로 받을 수 없어서 다시 써오라고 했다. 근데 예전 계약서를 갖다가 거기에 내용만 고치고 서명하고 날짜를 쓰면 결국 오늘 날짜로 쓴 것과 무엇이 다른 것이냐. 게다가 계약서의 오타와 특약도 수정해 왔고 계약 기간이 중요한 것인데 이는 바뀌지 않았고 특약에도 모두 이런 내용을 명시해 왔다"라고 했다. 애초에도 없었던 항변권에 더 이상 추가 항변할 수 있는 핑계가 없으니, 울며 겨자 먹기로 서명을 할 모양새였다.

더욱더 당황스러운 문제가 발생했다. 대리인괴 임대인인 바지사장이 소송 중이며, 곧 확정판결이 날 건데 그러면 대리인의 앞으로 명의가 넘어갈 거라는 것이다. 임차인인 의뢰인도 매우 당황스러워했으며, 나 역시 이 내용에 대해 고지받은 게 없어 당황했다. 대리인인 자는 본인이 여러 채를 소유하고 있다며 두꺼운 파일에 여러 임차인들과 맺은 계약서 파일을 뭉텅이로 들고 왔다. 그중 하나를 찾으며 이번 의뢰인의 계약서를 꺼냈다. 그러면서, 주인이 바뀌면 어차피 임차인한테 고지할 필요 없이 그냥 임차인이 나중에 새로운 주인한테 돈을 달라면 되지 않느냐고 뻔뻔한 표정을 짓고 우리를 바라보았다. 눈앞에서 뉴스로만 보던 '전세 사기범'들을 대면하고 있는 순간이었다. 소위 '빡'이 올랐지만, 다시 그 대리인을 보며 썩은 미소를 짓고 이야기했다.

"네, 사장님. 주택임대차보호법상 임대인이 바뀌면 대항력 있는 임차인에 대해서는 새로운 임대인이 그 지위와 권한을 승계하죠. 그리고 말씀하신 대로 이 조항을 근거하여 현행 주임법 기준 임차인에게 허락받을 필요는 없습니다만, 임차인은 임대인이 바뀌는 것을 미리 듣고 그 시기에 새로운 임대인과 계약을 유지할지 혹은 해지할지를 선택할 수 있는 겁니다. 대법원 판례도 있고요. 그렇기에 관례상 그리고 도의상으로는 미리 고지를 해주셨어야 하는 게 맞습니다. 임차인도 확정일자가 추가로 안 되어있는 상태였기에 더더욱요."

내가 소위 팩트(FACT)로 그를 누르니 속으로 '젊은 놈이'라는 생각을 했을지는 몰라도, 내게 그 이상의 말을 얹지는 못했다. 그리고 중간중간 내가 임차인을 위해 질문한 내용에 대해 답을 안 하며 무시하는 경우가 있었는데, 임차인인 의뢰인은 그 모든 질문이 본인을 돕기 위해 한 질문이었음을 알고 "(대리인) 사장님, 여기 행정사님이 물어보는데 왜 대답 안 해요?"라며 따졌다. 나와 동갑이며 나보다 키는 작지만 나 못지않게 한 덩치 했던 그의 정색에 적잖이 놀란 모양새였다. 그러면서 "질문하신 게 뭐였죠?"라고 대리인이 물었다. 내가 물었던 것 중 하나는 다음과 같다. "임차권등기명령이 지금 임차인이 들어오기 전에 있었고 지금 임차인이 들어오며 그 보증금으로 반환하면서 임차권등기명령을 해지하신 거 같은데, 맞나요?"였다. 사전에 임차권등기명령제도에 대해 미리 의뢰인에게 설명한 것이 한 수였다. 본인에게 불리한 것은 대답을 피하는 모습을 보고 의뢰인이 가만히 참지 않았던 것이다. 그랬더니 대리인이자 사실상 소유주인 그는, "그 세입자가 성격이 좀 급했나 봐요. 만기도 안 됐는데 걸어버렸어."라는 소위 개소리를 했다.

내가 바로 짚어주었다. "사장님, 임차권등기명령이라는 것은 만기 시 반환해야 하는 동시 이행관계에서 상대방인 사장님이 반환의무의 이행을 하지 않아 법원에서 이를 확실하게 보고 강제적으로 내려주는 등기명령인데요. 사장님이 만기에 보증금을 안 주셔서 이 세입자가 기다리다가 건 겁니다. 그게 등기명령 요건이거든요. 이전 계약서를 방금 넘기시는 걸 제가 순간 봤는데 만기일이 지난 한참 후에 이전 세입자가 임차권등기를 한 것으로 보이네요."라고 했더니 멋쩍어했다.

　이런 식으로 전형적인 전세 사기꾼들의 면모를 보여주는 모습들에, 그간 이 임차인이 당했을 수모와 고통이 눈에 그려졌다. 펜은 주먹보다 강하다. 남자라면 알 것이다. 남자의 우람한 피지컬은 본능적으로 누군가를 압도하고 함부로 할 수 없게 만든다는 것을 말이다. 나는 190cm에 가까운 키에 왜소해 보이는 것이 싫어 모델 시절 대비 30kg을 증량하고 운동을 미친 듯이 하여 약 100kg을 유지하는 거구가 되었다. 단순히 살이 아니라 우람한 거구가 된 내 모습에 대부분은 전혀 폭력성을 보이지 않았으며, 시비를 걸거나 무시하는 태도는 받지 못했다. 그래왔다. 이번에도 이런 생각을 했다. "이 사람이 만약 내가 여자였고, 나약했고, 연세가 지긋한 어르신이었다면 똑같이 이렇게 대했을까?"라는 것 말이다. 나의 의뢰인과 내가 좋은 협공을 통해 할 말을 하되, 법적으로 다음 단계를 진행하겠다는 이야기는 자제하라고 미리 임차인에게 언질을 해두었기에 비위도 맞춰가며 계약서를 수정 없이 서명까지 받아내는 데에 성공했다.

　바지사장인 여성 임대인(명의자)은, 본인이 서명을 해준 대신에 명의가 넘어가면 다시는 자기를 찾지 말라는 식으로 얘길 했다. 그러면서 계약서에 "명의변경 후 현재 임대인인 xxx에게 어떠한 책임도 묻지 않고 이의를 제기하지 않는다."는 내용을 써달라고 했다. 계약서는 계약관계에 대한 내용만 쓸 것이며 그것은 어차피 명의가 넘어가면 이전 임대인에게는 물을 이유가 없다고 설명해도 자꾸 불안해하는 바지사장을 위해, 각서를 하나 써주었다. 최초에 대리인이 각서를 썼는데 임차인에게 불리할 소지가 크고 주어를 교묘하게 뺀 것들이 많아 보여, 임차인도 이를 확인하고서는 그 각서는 수용을 못하겠다고 했다. 또 한 번의 차가운 분위기 속에서 내가 다시 나섰다. 내가 직접 각서를 써주겠다고 하고 모든 내용과 주어, 불리함 없이 각서를 A4용지 2/3 가량을 적어 각각의 명의자 모두 서명을 받았다. 그리고 내가 썼다는, 행정사가 입회했다는 내용을 써달라기에 같이 쓰고 내 서명도 넣었다. 공증을 받진 않았지만(공증을 받으면 확정판결의 효력이 있다는 것을 알 것이다.) 그 각서는 공증을 받을 필요도, 공증에 응하고 싶지도 않았기에 먼저 언급하지 않았다. 그렇게 각서까지 마무리지었다. 참, 중간에 아차 싶어 약 10분 정도 흐른 시점에 휴대전화를 보는 척하며 '인터뷰 모드(음성이 더 집중해서 크게 들리는 녹음 방식-GALAXY의 녹음기능이다.)'로 녹음을 틀어 말을 하는 스피커 쪽으로 휴대전화를 뒤집어 정장 주머니에 자연스럽게 넣었다.

계약을 다 마치고 인사하고 나오며 의뢰인에게 물었다. "Did You record?"(녹음했어요?) 의뢰인은 "아! 안 했어요."라고 했다. "다행히도 제가 녹음을 했어요. 파일을 전송할게요." 바로 톡으로 녹음 파일을 보내주었다. 그 카페에는 약 1시간가량 있으며 손님이 단 한 명도 오지 않았다. 일요일 늦은 오전임에도 말이다. 그런 주변 환경까지 유추해 보건대 임대인은 상황이 여의치 않은 것이 확실해 보였다. 그런 내용들을 토대로 잠깐 의뢰인과 내 차에서 이야기를 나누었다. 그전에, 차에 타자마자 그는 "제가 지급하기로 한 의뢰비 지금 입금하려고 해요. 계좌번호 적어주세요."라며 인터넷뱅킹에 계좌번호 입력란을 켜고 내게 휴대전화를 건네주었다. 또 한 건의 업무 완료, 그리고 누군가를 도왔다는 뿌듯함. 일요일 오전이 전혀 힘들고 피곤하지 않았다. 그렇게 입금을 받고 감사하다는 인사를 전했다. 그 뒤, 다음 단계는 어떻게 해야 하는지, 그리고 어떤 절차를 거칠 것을 권장하는지 설명했다.

첫 번째로, 6개월 정도가 남은 상태로 현재 퇴실을 언급할 수 있으니 협조를 적극 하는 조건으로 얼마에 세를 놓을 건지 물어보고 동네 중개사무소에 모두 집을 내놓으라고 했다. 그리고 공시가격을 확인하여 보증보험이 가능한 금액으로 집을 놓을 수 있도록 안내하고, 임차인이 멀리서 근무를 하므로 귀중품을 숨겨두고 집의 비밀번호를 중개사무소에 알려줄 수 있으면 더 많은 세입자를 보여줄 수 있을 것이라고도 안내했다.

또한, 만기 3개월 전까지 지속적으로 퇴실 의사를 최고하고, 응하지 않을 경우 그때 미리 내용증명을 발송하자고 했다. 그 후 임차권등기명령까지 진행하는 것으로 순서를 설명하였다. 의뢰인은 이번 일로 내게 큰 도움을 받고 신뢰를 얻었다며, 주변에 다른 지인을 소개하고 싶다고 했다. 그는 나를 소개한 9기 학행에 대해서도 언급하며, "그 행정사님도 엄청 꼼꼼하게 일 잘해줬어요. 이런 좋은 사람들을 만나서 좋아요. 좋은 네트워크 계속 이어가면 좋겠어요."라고 했다. 나는 다음과 같이 답했다. "xx 대표님이 좋은 사람이니까, 좋은 사람들이 와준 거겠죠. 제가 더 고맙습니다." 그렇게 짧은 악수를 나누고 우리는 헤어졌다. (내 유튜브 '행정사 이승주TV'에 Vlog 영상이 있다.) 현재 글을 쓴 시점(2025년 05월 25일)에는 이렇게 그와 이번 일이 끝났지만, 앞으로 아프리카의 르완다 출신 xx 대표와는 종종 일로서도 연락을 나누게 될 것이라는 느낌이 든다.

잘 마무리된 다음날 오후(2025년 05월 26일), 의뢰인에게 전화가 왔다. 일이 다 끝나면 전화가 오지 않아야 정상인데, 뭔가 불안했다. 늦은 오후, 첫 끼를 먹으려 식당에서 주문 후 첫 숟가락을 뜨려던 찰나였다. 불안한 예감은 맞았다. 계약서의 확정일자를 받으러 동사무소를 갔는데, 이름의 알파벳이 틀렸다는 것. 아프리카 르완다인의 긴 이름을 계약서에 작성한 것은 처음이었다지만, 분명히 꼼꼼히 보고 적었는데... 미안한 마음이 들었다. 물론, 계약서 초안도 보냈고, 확인요청도 했었다. 우선 경위를 파악하고 해결책을 찾았다. 상대방인 임대인에게 내가 직접 연락을 취했고, 처음에는 다시 만나는 것을 조금 꺼려했으나 이름의 철자만 틀린 것을 고치는 것이라고 확실히 이야기하고 불안하지 않도록 했다. 어제 만난 대리인이자 명의가 변경될 예비 임대인은, 다행히도 전화 연락이 잘 닿았고 불친절하지 않았다. 또한 현재 명의자 역시도 다행히 당일 저녁 만날 수 있다고 하였다. 임차인인 의뢰인에게 내가 수정한 계약서 파일을 다시 체크한 후 보냈고, 더블 체크를 했다. 문제가 없음을 확인했고, 2장을 출력해서 당일 저녁 마무리

했다. 저녁 8시경, 임차인인 의뢰인이 임대인과 계약서 작성을 위해 만났다며, 계인(종이를 포개어 각각 원본을 이어지게 서명 또는 날인을 하는 것)을 하는 방법, 사인의 위치 등을 물어보기에 영상통화로 설명하고 마무리 지었다. 다행히 잘 마무리되었기에 마음이 편했다. 원숭이도 나무에서 떨어질 수 있다. 이럴 경우 무조건 정중히 사과하고, 불편함을 드려 죄송하다는 말을 가장 먼저 해야 한다. 그러고 나서 해결책을 강구하고, 그에 맞추어 플랜 B와 플랜 C가 있다면 제시하는 것이 좋다. 이번 일은 정말 이렇게 잘 마무리가 되었다. 내용증명을 발송할 일이 없길 바라는 마음이다. (아쉽게도, 추가적인 에피소드가 생겼다. 이 내용은 뒤에서 다룬다.)

에피소드 Point

광고나 영업을 정말 단 하나도 하지 않고도 수임 5건, 완료 3건. 딱 3개월 만의 성적표였다. 식상한 이야기로 들릴지도 모르지만, 신뢰와 주변의 소개 덕분이었다. 여러 일을 해오면서 몸으로 직접 느끼는 부분이다. 신뢰만 확실하게 줄 수 있다면, 고객이나 거래처는 반드시 나를 찾고, 또 찾는다. 물론, 수임하지 않은 업무까지 연락 온 건은 다양한 분야에서 약 20건이 넘는다. 대부분 소극적으로 응대했으며(불친절과는 다르다.), 마음이 움직이지 않은 건도 있었고, 여러 업무를 겸업하느라 감당하기 어려울 것 같아 거절한 경우도 있었다. 업무를 하면 할수록 느낀게 있다. 처음엔 그저 감사했고, 조금 지나니 실감이 났다. '아, 내가 점으로 만들어가는 순간순간의 이 이미지가 누군가에게는 신뢰로 전해졌구나.' 영업보다 강한 건 신뢰였고, 그 신뢰는 결과로 이어졌다. 그 결과를 또 다른 내 유튜브의 콘텐츠가 되었으며, 내 저서를 통해 많은 이들과 공유하고 나눌 수 있게 되었다.

"계약서 작성의 고수가 필요해"
상가 임대차 계약서 작성 의뢰 건

　친한 친구가 전화가 왔다. 방배동 소재의 건물주의 아들로서, 해당 건물에서 나오는 월세만 몇 천만 원에 달한다. 그중 1층의 임차인이 임대인인 자신의 동의도 없이 업종 변경을 이미 진행하고 있고, 바로 3일 뒤부터 기존 계약했던 사업자를 폐업하고 공사를 하겠다며 찾아왔다는 것이다. 1층 임차인의 성품에 대해서는 익히 알고 있었다. 이유는, 바로 이전 임대차 계약 시로 돌아간다. 내가 행정사가 되기 전에도 건물주인 친구가 내게 법적 지식 등을 물어보다가 해당 임차인을 직접 연결해 주었는데, 서비스 차원에서 그 임차인에게 자문을 해주었었다. 나에게 여러 법적 지식을 설명 듣고 나와 계약서 작성을 진행하기로 했었다. 갑자기 '급' 마음을 바꿨는지 계약서 작성 전날 최종 점검 차 전화를 했더니 "변호사를 선임했으니, 이제 그 변호사와 통화하세요."라고 했다. 기가 찼다. 해당 변호사는 내게 전화가 오지 않았고, 나도 하지 않았다. 기분이 더러워서 그 건에 대해 진행하지 않고 친구를 위한 계약서 검토 정도만 마무리 짓고 수고비조차 받지 못했있다.

그로부터 몇 년이 지난 것이다. 묵시적 갱신으로 계속 계약이 연장되어 왔었고, 금번에 임차인이 업종을 사전 동의 없이 변경해 버리면서 임대인인 친구네 쪽에서 하는 수 없이 그냥 업종 변경에 동의하기로 하고 계약서를 쓰기로 한 것이다. 이번에는 중개처럼 직접 확인·설명을 할 필요도, 시시비비를 길게 가릴 필요도 없었다. 행정사 이승주가 되어, 행정사법에 따른 계약서 작성을 대행하면 그만이기 때문이다. 다만, 내 성격상 당연히 서류의 검토를 위하여 기본 서류도 열람하고, 목적물에 대한 권리 및 내용들, 이전 계약서도 함께 검토했다. 다만, 진흙탕 싸움을 하듯이 중개처럼 지지고 볶고 할 필요가 없었고 임차인에게도 아쉬운 소리를 할 필요가 없었다. 해당 임차인은 지난번 공인중개사였던 내게 무례하게 굴었던 점과, 그 공인중개사가 행정사가 되어 나타났다는 사실 등 여러모로 내가 불편했음에 틀림없다. 그런 이유인지 단 한 번도 내게 전화를 하지 않고, 계속 다른 사람들을 시켜 내게 전화를 하게끔 만들었다. 같은 남자지만 정말 없어 보였다. 모르는 번호로 "xx상호의 사장 xxx가 전화 한 번 해달라고 해서 전화드렸습니다." "안녕하세요, xx상호의 xxx사장 지인인 공인중개사 xxx입니다. 임차인이 조금 예민한 성격인데, 행정사님이 정말 계약서 잘 써주셔서 제가 뭐 고쳐달라고 할 수 있진 않지만 특약 사항 x번의 내용만 조금 이러이러한 내용으로 바꿔주실 수 있을까 해서 전화드렸습니다." 등등 임대인에게 전화로 얘기해야 할 부분을 계속 나에게 전화를 걸었다. 심지어 더 짜증 났던 건, 내 개인용 휴대전화번호를 친구가 잘못 가르쳐준 탓으로 계속 개인번호로 전화가 걸려와 업무용 휴대전화로 전화 통화를 다시 한 것이 수차례다. 임대인인 친구 측은 내가 작성한 계약서 특약 외에는 어떠한 내용으로든 계약서를 수정하거나 변경할 마음이 없다고 했다. 또한 내가 작성한 계약서의 특약이 임대인 본인들이 원하는 내용을 모두 반영한, 잘 써진 계약서라 만족한다고 했다. 무엇보다, 임차인이 너무 경우가 없었다. 임대인에게 사전에 동의를 받고 업종 변경을 해야 하는데, 동의도 없이 자신 혼자 마음대로 업종을 바꾸기로 준비하고 당장 며칠 후 철거작업과 신규 사업장 공사작업을 한다니 말이다. 더하여, 임대인인 친구의 아버지는(사실상 현재 진짜 소유주다.) 자신들의 건물에 술집이 들어오는 것을 처음부터 반대한다고 했다. 또한 술집을 한 번도 받은 적이 없었는데, 이번에 바꾸려는 업종이 막걸리집이라고 들으니 더더욱 그러하였다. 상황을 알기에 이에 따라 특약에 관리적인 부분과 민원처리 부분에 대하여 상세히 기재하였고, 법률적인 근거를 법조항과 함께 명시하며 정말 전문가답게 계약서를 작성하고 초안을 임대인에게 보냈다. 초안을 받은 후 임차인은 초조했는지 이 사람 저 사람을 시켜 내게 전화를 했던 모양이다. 그렇게 여러 명과 통화를 한 다음 날, 아침에 모르는 번호로 또 전화가 걸려왔다. 이번에도 개인 휴대전화로 말이다. "이승주 행정사님 전화번호 맞으신가요? 저는 xx변호사라고 합니다." 엥? 이번엔 변호사까지 전화가 왔다. 이번에도 업무용 휴대전화로 번호를 안내하고, 통화를 십어 분 이이나

갔다. 임차인이 급하게 아침 일찍 자신을 선임했다며, 수임받고 내용을 전달받아 나에게 전화했다는 것이다. 계약서를 보았는데 아주 잘 작성했으나 임차인이 원하는 부분은 특약사항 몇 번 부분을 어떻게 바꿔주었으면 한다는 내용이었다. 이 부분은 구체적으로, 월차임 5% 인상 규정에 관한 것인데, 임대인인 친구네 측이 7년 임대차 기간 동안 단 한번 5%를 인상하고 그 이후 인상한 적이 없기에, 금번 임대차 기간이 만료 후 다음번에 5%를 인상하겠다는 사전 협의내용을 기재한 특약이었다. 그렇게 약 2-3일간 수차례 법률사무소의 변호사로부터 전화가 왔고, 계약서 내용을 주고받았다. 그리고 끝내, 내가 작성한 계약서 내용을 거의 대부분(사실상 전부다.)을 사용하고 또 그 특약과 계약서 내용을 바탕으로 계약을 하기로 했다. 한마디로, 계약서는 내가 다 쓰고, 결국 임차인 쪽에 받아야 할 계약서 작성비는 변호사가 몇 배의 비용으로 수임하여 단 하루, 법률 검토만으로 어마어마한(?) 돈을 수령하게 됐다. 임대인인 친구는 내게 고맙고 또 미안해했다. 나는 친구에게 말했다.

"내 친군데 내가 지켜줘야지. 잘못한 게 아니니까 미안해하지 말고, 대신에 그 마음까지 합쳐서 두 배로 고마워하면 돼. 너 잘못한 거 하나도 없어. 그쪽이랑 당당하게 얘기하면 돼."

그렇게 최종 계약서 내용과 특약이 확정되었다. 계약서가 완성된 후 변호사 측에서는 연락이 다시 오지 않았다. 다음날 즈음, 계약서 작성을 완료했다고 임대인인 친구에게 연락을 받았다. 나는 입회하지 않고 변호사 입회하에 양 당사자가 계약을 작성했다. (물론, 계약서는 내가 다 쓴 계약서였지만 말이다.) 어떤 사건이든, 수임이든 내가 잘하는 분야인 계약서 작성 분야에서도 건마다 주체와 상황, 금액 등 모든 내용이 다 다르다. 그렇기에 그때그때 쌓여가는 경험치와 느끼는 바는 또 다르다. 이번에 느낀 것은, 금액이 크고 중요하다고 느껴지는 계약일수록 계약 당사자는 훨씬 더 비싼(?) 법률전문가를 고용한다는 것이다. (월차임이 800만 원에 달했다. 적지 않은 금액이다.) 다음으로, 이번 계약서는 나의 자존심도 있었다. 공인중개사법 학원 강사이자, 계약서 작성 등 특강을 다니고 또 중개실무 저서를 낸 이로써 계약서를 잘 못쓴다는 이야기를 듣고 싶지 않았다. 다행히, 계약서의 내용은 인정을 받은 편이라 기분이 좋았다. 상대방의 예민도와 꼼꼼함에 따라 계약서 특약의 양이 조금 달라지는데, 평소 누구에게도 꼼꼼함으로 지고 싶지 않은 내 성격상 이번에는 이에는 이로 해줄 참이었다. 법률 근거와 법조항까지 상세히 적어 숫자로 정확하게 명시했다. 공인중개사로서 계약서를 작성할 때 그 정도로 기재하면 욕을 먹는다. 정말이다. 이번에는 상대가 변호사였기 때문에, 그리고 임대차보호법에 관련하여 법률적 검토와 논의를 해야 했기 때문에 정말 자세하게 쓰고 싶었다. 그래서 더 잘 쓴 계약서처럼 보였을지도 모른다. 이번 수임은 얼마 안 되는 수임료였지만, 친구에게 큰 신뢰를 얻었다. 그로부터 다음날, 친구는 자신의 빌라 한 채를 매도하게 되었다며 매도 전 계약금 입금과정에서 10차례에 기까운 문의 전화가 왔다. 일상 업무에 지장이 갈 수준이라, "계약은 다른 데서 하고 나한테 계속 물어보면 되겠어 안 되겠어?"라고 웃으며 뼈를 때렸다. 미안한 걸 아는 친구라 기분이 나쁘진 않았다. 기왕 도와주는 거, 친구가 문제없이 매도를 끝내길 바라는 마음에 카톡으로 문자를 보낼 내용들을 자세히 적어서 "이대로 보내."라고 했다. 고마웠던 친구는 내게 다음 이사 갈 집 중개를 요청했다. 더불어, 해당 집 매도 계약서 작성을 하고 잔금 이체까지 진행하기 전 과정을 자문료와 출장비를 줄 테니 동행해 달라고 했다. 그 부분은 나중에 이야기하기로 하고 본 사안을 마무리했다.

(해당 에피소드 기재 후 출간 전, 그 이후 상황을 정리하고자 한다. 친구는 나와 아파트 전세 계약을 했고, 그전에 타 중개사무소와 빌라 매매를 빠르게 진행했다. 타 중개사무소의 업무 처리가 여간 탐탁지 않아 지켜보며 뒤에서 친구를 조종했는데, 알고 보니 자격증 없는 무자격인 보조원이 일을 하고 계약서를 작성하고 있었다. 이건 아니다 싶어 계약 시 직접 사무소에 친구와 함께 내방하고, 내가 수정을 도와줬다. 물론, 무급으로 말이다. 모든 일 처리가 끝나고 친구는 내게 더 큰 신뢰와 감동을 받았다. 그리고 맛있는 점심을 대접받으며, 다음 건 의뢰를 내게 약속했다.)

나의 첫 내용증명 : 업무 일기

앞서 상가임대차 계약서 작성을 의뢰받아 진행이 한창일 무렵이다. 25년 6월 18일, 지난번 전세 연장계약서 작성 건으로 출장을 갔던 르완다 출신의 아프리카 임차인에게서 다시 연락이 왔다. (인천 쪽에서 수출 업무를 하는 대표라, '대표님'이라는 호칭을 사용한다.) 전화 발신인이 그인 것을 보고, 바로 느낌이 왔다. '아, 임대인이 아무래도 돈을 안 주려나 보구나. 그 건으로 연락을 하셨을 확률이 높겠다.'

"네 대표님 안녕하세요, 오랜만입니다."

전화를 받고 이야기를 나누어 보니, 아니나 다를까 현재 임차인에게 알려준 방법대로 집을 내놓고 임대인의 전화번호 등을 알려주고 집을 보여주는 데에 적극 협조하도록 했단다. 동네 중개사무소들은 모두 해당 집 주소를 보고 임대인을 안다는 듯이 대했단다. 아니, 정확히 임대인은 바지 사장이고(임대인 본인도 직접 그렇게 말한다.) 대리인을 모두 다 안다는 듯이, 그가 마치 악명 높은 악성 임대인이라는 듯이 뜨뜻미지근하게 피하거나 대충 알았다고

만 말했다고 한다. 그 말을 전달받는 순간, 중개사를 겸하고 있는 입장에서 어떤 느낌인지 단번에 알아차릴 수 있었다. 악성 임대인 즉, 전세 사기 또는 보증금 미반환으로 여러 골머리를 썩이는 임대인(엄연히는 실제 주인인 대리인)이라는 것을 말이다. 계약서 작성 건으로 출장 시에도 대리인을 직접 입회시켰던 이유도, 각서를 쓰고 계약서를 쓸 때에도 모두 대리인의 이름을 넣고 서명을 받았던 이유도 그와 같다. 해당 사건의 내막을 잘 알고 있으며 계약서 동행 시 든든함을 느꼈던 터였는지, 임차인은 내게 주저 없이 전화를 건 것이다. 만기 전에 내용증명을 보내는 것이 전혀 문제 되지 않고 또 만기가 5개월 조금 안 남은 상태라 이전의 이력(?)도 있고 해서 나 역시도 미리 고지하는 것이 좋겠다고 판단했다. 무엇보다, 거주하고 직접 느끼는 임차인 본인이 '본능적으로' 그 흐름과 느낌이 지금 빨리 보내놓아야 한다고 생각했다면, 그게 맞는 것이라 판단했다. 하루 시간을 달라고 한 후에, 내용증명 초안을 작성하기 전 '나름의 서식'을 준비하고자 이것저것 뒤져보았다. 인터넷에서 내용증명의 샘플들을 여럿 찾아보았다. 그중 가장 내가 마음에 드는 폼을 모티브로 하여 워드 파일로 직접 내용증명서의 형식을 만들었다. 다음으로, 초안이 될 내용을 하나씩 써 내려갔다. 먼저, 내용증명은 정해진 형식이 없다. 다만, 필수적인 정보가 들어가야 하는 부분들이 있다. 본 건이 '전세보증금 반환 요구'의 내용증명이므로, 그 기준에 맞춰보자면 다음과 같다.

1. 계약 당사자 정보(발신인-임차인 / 수신인-임대인 각각 성명, 주소 및 연락처)
2. 임대차 계약 내용(계약 기간, 보증금 액수 등)
3. 전세금의 반환 요구 사유 등
4. 구체적인 반환 요구 금액과 기한
5. 미반환 시 취할 조치 언급(구체적인 손해배상 청구 및 법적 조치 등)

참고로, 내용증명우편물의 내용 문서 원본, 그 등본 및 우편물의 봉투에 기재하는 발송인 및 수취인의 성명·주소는 같아야 한다.(대행해 줄 때 이 부분을 실수할 수 있다. 나도 처음에 보낼 때 이 부분을 별생각 없이 했다면 재발송했어야 할 뻔했다.)

내용증명은 쉽게 보면 문서의 기, 승, 전, 결이 있다. 제목을 먼저 작성하고, 본론에 들어가기 전에 "귀하의 무궁한 발전을 기원합니다.", "귀하의 가정의 평안함을 기원합니다." 등으로 시작한다.

다음으로 본론인 계약 내용, 구체적인 조건, 이행하지 않을 시 조치할 예정과 손해배상 등을 어떻게 특정할지 등을 정하는 것이다.

끝으로, 첨부할 사진이나 문서가 있으면 내용증명서의 끝에 첨부 또는 붙임서류 등의 단어로 첨부할 서류 등을 명시한다. 나의 경우는 '이전 임대차 계약서 사본 1부, 2. 해지 통고 내역의 문자 내역 캡처본'이라고 기재하였다. 보증금 반환 요구의 건이 아니더라도, 계약 해지 내용증명서 작성 등 임대차 관련이나 부동산 관련 계약에 대한 내용증명 등은 대부분 동일한 로직으로 진행한다.

내용증명 발송단계에 대해 간단히 정리를 해보고자 하니, 침고

하길 바란다. 먼저, 오프라인으로 우체국을 방문하여 창구에서 발송하는 방법이다.

1. 내용증명서는 3부를 준비한다. 1부는 원본, 2부는 사본(등본이라는 표현도 사용한다)을 준비한다.(여기서 말하는 원본과 사본 단어 구분에 대하여 곡해가 있을 것 같아 미리 정리한다. 우체국이 보관하는 분량 1통, 나머지 1통은 발송인이 보관한다. 그리고 1통을 수취인에게 발송하는 구조로 이해하면 좋겠다.) 의뢰인을 직접 만나기 어려울 때가 있다. 이때에는 완성 파일을 보내주고, 출력을 요청하여 그 출력본에 사인을 해달라고 하면 된다. 그 후 우편으로 원본 사인본을 받아두어야 한다. 영업적으로 팁을 주자면, '착불로 보내주세요. 제가 부담하겠습니다.'라는 한마디면 의뢰인이 별것 아니지만 고마워하니 꼭 그렇게 말하길 바란다. 몇천 원에 인색한 행정사가, 전문인이 되지 않길 바란다. 기억하자. 클라이언트는 그 많은 행정사 중 나를 선택해 준, 고마운 이다.

2. 내용증명서의 주소와 봉투에는 발신인과 수신인의 주소를 동일하게 작성한다.

3. 내용문서의 원본과 사본(등본)을 구분하여 준비해서 가져간다. 접수 우체국명과 발송 연월일 등을 기록하고 접수하기도 하는데, 나는 그렇게까지 하지는 않았다. 이유는, 사무실 앞의 우체국이며 날짜도 따로 기재를 해두었기 때문이다. 또한, 원본과 사본 중 어떤 것을 보낼 것인지 물어보는데, 원본을 보내도 사본을 보내도 효력은 동일하다.(사본이라도 기명·날인된 등본이면 원본과 같다고 보면 된다.) 나는 원본을 수취인이 받을 수 있도록 했다.(수취인에게 발송되는 것이 원본이든 등본이든 큰 차이는 없다.)

   다음으로 원본 1부와 사본 2부를 합쳐 간인을 하는데, 이는 3부가 1묶음의 세트로 이어짐을 증명하는 것이다. 1부는 수취인 보관, 1부는 발신인 보관, 1부는 우체국에서 보관한다. 의뢰인이 달라고 할 경우 본인이 보관하던 1부를 보내주면 된다. 참고할 부분은, 앞서 언급한 첨부서류 또는 붙임서류다. 붙임 항목에 열거한 문서들 역시 각 3부를 똑같이 준비한다. 이게 흔히 놓칠 수 있는 포인트니 기억하길 바란다. 그리고 다음으로, 우체국마다 다를 것이지만 내가 발송한 우체국에서는 3개의 묶음을 각각 세트로 만들어 스테이플러를 찍어오라고 했다. 그리고 보관할 사본들에는 페이지마다 간인 도장을 찍는다. 천공기라고 하여 구멍을 뚫어주는 기계를 이용한 최신식(?)으로 진행하는 경우도 있다.

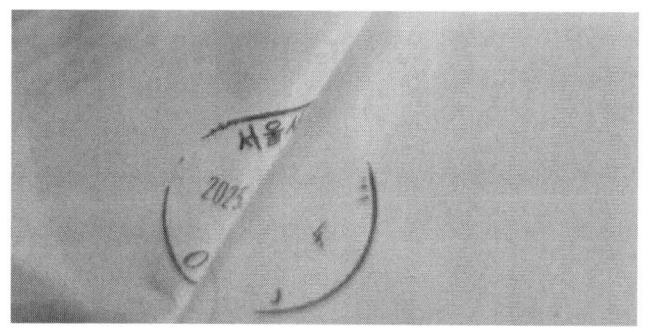

〖내용증명 보관용 간인 도장〗

4. 수수료를 납부한다. 양면은 2매로, 등본 1매당 비용을 계산한다. 매수 추가 시 각각 추가 비용이 발생한다. 나의 경우 2장을 단면으로 각각 출력하였으며, 첨부 서류가 4매, 총 6매였다. 비용은 8,470원이 발생하였다. 법령에 근거하면, 다음과 같다.

- 내용증명 취급수수료 : 기준용지의 규격을 기준으로 내용문서의 매수에 따라 계산하되, 양면에 기재한 경우에는 이를 2매로 본다.(「우편법 시행규칙」 제53조 제1항) 내용증명의 수수료는 등본 1매에 1,300원이며(배달증명은 1,600원이며 추가로 2,000원이 붙

는다.), 1매 초과할 때마다 650원이 가산된다. (「우편법 시행령」 제12조 및 「국내 통상우편요금 및 우편이용에 관한 수수료」)

5. 발송 영수증을 수령한다.

그리고, 의뢰인에게 해당 내용들을 사진 찍어 보내줌으로써 '발송 완료하였습니다.'라고 연락을 취하면 일단락된다. 유의할 점은, 내용증명을 발송한 후에는 반드시 내용증명서 사본, 발송 영수증과 더불어 '수취인 확인 사실 서류' 등을 챙겨두어야 한다. 우체국을 통해 내용증명 사실에 대한 이력을 무료로 열람할 수 있다. 이 이후에는 열람을 할 수 없기에 사본을 별도로 챙겨두고 사진을 찍어 보관하는 것을 추천한다.

온라인 우체국 이용 방법도 있다. 발신인이 의뢰인이므로, 의뢰인에게 해당 사이트 링크를 주고 본인 확인 후 로그인을 하라고 하면 전화번호를 입력한 의뢰인으로 본인 확인 후 열람이 가능하다. 참고로, 열람을 쉽게 하는 방법은 영수증의 등기번호를 입력하면 된다. 의뢰인이 열람 시 번호를 물어보면, 등기번호를 알려주길 바란다.

【인터넷우체국 내용증명 열람】

▨ 내용증명 vs 배달증명

참고로, 배달증명이라는 방식도 사용하기도 한다. 쉽게 말하면, 내용증명의 발신인에게 배달이 언제 되었는지 등을 알려주는 증명 방식이다.

'내용증명'이란 등기취급을 전제로 우체국창구 또는 정보통신망을 통하여 발송인이 수취인에게 어떤 내용의 문서를 언제 발송하였다는 사실을 우체국이 증명하는 특수취급제도를 말한다. (「우편법」 제15조 제3항 및 「우편법 시행규칙」 제25조 제1항 제4호 가목)

'배달증명'이란 등기취급을 전제로 우편물의 배달일자 및 수취인을 배달우체국에서 증명하여 발송인에게 통지하는 특수취급제도를 말한다. (「우편법」 제15조 제3항 및 「우편법 시행규칙」 제25조 제1항 제4호 다목) (앞서 언급했듯, 2,000원이 추가된다.)

행정사 수험생활을 할 때, 중개사를 현업으로 하던 터라 전세 보증금 반환이 지연되는 임대인들에 대해 집을 구해준 임차인들이 간혹 '내용증명'에 대한 문의가 있었다. 중개사였을 때에는 작성 권한이 없었기에, 변호사 또는 행정사를 소개했었다. 변호사는 수임료가 행정사에 비해 많이 높다. 일반적으로 금전적으로 부담이 되는 이들이 훨씬 많기에, 대부분 행정사를 소개해주곤 했다. 그때마다, '아, 나도 행정사를 취득하면 내용증명 업무 꼭 해보고 싶다.'라는 생각을 하며 강한 동기부여를 얻었던 기억이 생생하다. 다만, 행정사에게 의뢰했을 시 비용이 상대적으로 낮을 수밖에 없는 큰 이유가 있기노 하다. 바로, 행정사와 변호사의 차이인, '대리권'에 있을 것이다. 즉, 발신인 명의 부분이다. 변호사는 대리권이 있기에 '법무법인 xxx' 명의로 발신이 가능하지만, 행정사는 작성만 권한이 있을 뿐이기에 발신인에 행정사사무소 또는 행정사의 상호 또는 성명을 넣을 수 없다. 간혹 의뢰인이 발신인에 무게감을 주기 위해 행정사의 상호나 이름을 넣어달라는 경우가 있다고 한다. 하지만 이는 엄연하게 위험한 행동이므로, 발신인 명의로 대신 작성해 주는 것임을 확실히 주지시키고 진행하여야 한다. 대신, 행정사는 '글을 써주는, 문서를 작성해 주는 사람'인 만큼 일목요연하고 간결하되 명확한 문장력으로 강한 전달력을 주는 것이 중요할 것이다.

첫 내용증명 업무, 그렇게 발송이 끝났다. 내용증명 업무 자체가 상대방에게 압박감을 주는 용도로, 대부분 무거운 사유를 품고 있는 터라 마냥 기분이 좋게 수임할 수만은 없는 일이다. 대부분의 수임 건은 클라이언트의 인·허가 또는 필요한 내용을 도와주는 것이고 이를 달성했을 때 큰 쾌감이 있다. 물론, 내용증명 업무도 필요에 의해 보내는 서면이지만, 대부분은 그 사유가 소송을 갈 생각까지 하거나 안 좋은 사유로 보내는 것이기에 마음이 편하지 않다는 것이다. 내용증명 자체만으로는 어떠한 법적 효력을 주장할 수 없지만, 추후 강한 '증거자료'가 되는 것임엔 이견이 없을 것이다. 따라서, 내가 작성해 주는 내용증명이 매우 중요하다는 사명감과 깊은 책임감을 느끼며 첫 내용증명서를 작성했다.

내용증명서

제목 전세금 반환 요청의 건

(경기도 ▓▓▓▓▓▓▓▓▓▓▓▓▓▓▓ 호 목적물)

귀하의 무궁한 발전을 기원합니다.

1. ▓▓▓(이하 '발신인')은 경기도 ▓▓▓▓ ▓▓▓▓▓ ▓▓ ▓▓ 소재 ▓▓▓▓ 호 (이하 본 사안의 '목적물 부동산')의 임차인이며, 수신인 ▓▓▓(이하 '수신인')은 본 사안의 임대인입니다.

2. 발신인은 본 임대차 목적물을 2022.05.20.에 최초로 2년의 임대차 계약을 체결하였으며, 당시부터 대리인 ▓▓▓▓▓에게 위임하여 임대차 계약 및 연장을 진행해 왔으며,

3. 앞선 2회간 발신인은 수신인에게 연장의 의사가 없음을 적법한 기간에 적법한 방법으로 통지하였으나 수신인은 '전세보증금 반환 여력이 없음을 이유로 지급이 불능하다 하였고, 발신인은 어쩔 수 없이 연장을 하며 현재 유지중인 임대차 계약 기간에 이르렀습니다.

따라서, 금번 계약서상 임대차계약서의 만료일자는 이전 계약서상으로 약정한 1년 연장 기준으로 2025.11.19.입니다.

4. 계약 내용
귀하와 본인은 아래와 같은 내용으로 전세계약을 체결하였습니다.

- 임대차 목적물 : 경기도 ▓▓▓▓▓▓▓▓▓▓▓▓▓▓▓▓▓ ▓▓▓ 목적물
- 보증금 : 금 ▓▓▓▓원정(₩ ▓▓▓▓▓▓)
- 계약 기간 : 2024 년 11 월 20 일 ~ 2025 년 11 월 19 일
- 계약 형태 : 전세(주택임대차 계약)

5. 만기 해지통보 및 보증금반환 요청
위 계약에 따라 본인은 성실히 임차인의 의무를 이행하였으며, 계약 만료일인 2025 년 11 월 19 일에 맞추어 임대차관계를 종료 후 퇴거할 예정입니다. 이에 따라 귀하는 임대인으로서 전세보증금 ▓▓▓▓만 원 전액을 반환하실 의무가 있습니다.

이에 본 내용증명을 통해 계약 만료일인 2025 년 11 월 19 일에 맞추어 보증금 반환을 요청드립니다. 또한, 그에 앞서 필요한 조치(세입자 모집, 지급 준비 등)를 사전에 완료해주시기를 요청드립니다.

귀하께서 특별한 사정 없이 계약 만료일 이후에도 보증금을 반환하지 않으실 경우, 임차인 본인은 부득이하게 임차권등기명령과 함께 민사상 소송 제기 및 보증금 반환 청구 절차에 착수할 수밖에 없음을 알려드립니다. 이 때 발생하는 법적 비용 및 지연손해금 등은 법정 요율에 따라, 귀하의 부담으로 청구될 예정임을 사전에 고지드립니다.

더불어 본 내용증명은 분쟁 발생 시 증거로 활용될 수 있음을 알려드립니다. 따라서 만료일에 보증금 반환을 차질 없이 대응하여 주시기를 바랍니다.

2025 년 06 월 24 일

발신인(임차인) : ▓▓▓▓▓▓

첨부 : 1. 임대차계약서 사본 1 부 2. 사전에 동의한 문자 메시지 내용 캡처본

『내용증명서 1회차 발송』

행정사가 되고, 개업을 하고 나서 부동산 계약서 의뢰를 제외하고는 한 번도 동일한 업무를 한 적이 없다. 업역이 다양하다는 말을 새삼 실감해 나가는 하루하루다. 다만, 중개사로서 어느 정도 인지도가 있고 연차가 쌓여있다 보니, 부동산 계약서 작성 업무가 가장 주력이자, 자신 있는 분야임은 확실하다. 계약서 작성 업무는 차치하고, 타 업무들은 기본적으로 '배우면서' 일을 해나가야 하는데, 그때마다 가장 중요한 것이 기본이 되는 서식, 근거 법령, 대리권의 범위, 권한 등이다. 내용증명 업무는 정해진 서식이나 양식이 없기에 서식을 만드는 것이 중요했다. 이렇게 한 번 완성을 해두고 나서 보니, 다음부터 내용증명 업무가 또 들어온다면

동일한 양식을 바탕으로 하여 사용하면 될 것이기에 시간도 단축할 수 있으리라 생각된다. 또한, 한 번 해본 업무는 자신감도, 경험칙상의 기준도 생기기에 훨씬 부담감이 적을 것이라는 확신도 생겼다. 의뢰일로부터 약 6일(주말 포함) 후인 6월 24일, 의뢰인의 최종 발송 요청에 내용증명을 빠른우편으로 보냈다.

그다음 날, 의뢰인에게 연락을 해보았다. 수신이 되었다는 연락을 받지 못했다고 한다. 앞서 언급한 온라인 우체국 사이트에서 '나의 내용증명'을 통해 본인 확인을 하고 열람이 가능함을 알려주었다. 추후 임대인의 반응을 보고, 다음 단계를 준비해야 할 것이다. 소송의 범위로 넘어간다면 행정사로서는 더 이상 개입해 줄 수 없겠으나, 행정사이자 중개사로서 법률적으로 해줄 수 있는 도움과 자문은 계속해 줄 생각이다. 약 1년 반 이상 임대인의 지급 불능 상태임을 이유로 임차인은 계속 강제 연장을 할 수밖에 없었다. 대출을 받았기에, 차주로서 상환 요구는 임차인에게 들어왔기 때문이다. 이런 경우 임대인의 보증금 지급 불능으로 인한 사유 등을 인정받게끔 하는 방법으로 연장하는 한이 있더라도, 이번에는 꼭, 안전하게 임차인이 보증금을 반환받을 수 있기를, 진심으로 바라며 내용증명 서류를 발송했다.

빠른우편으로 보냈음에도 다음날 연락이 없기에, 발신인인 의뢰인에게 문의를 했다. 나 역시도 등기번호와 접수번호를 모두 입력하여 조회해 보아도 열림이 되지 않았다. '아, 수취가 안된 거구나.' 다음날, 우체국에 아침 일찍 전화를 했다. 아니나 다를까, 수취를 하지 않았고 폐문부재중이라 2회차로 집배원이 재시도한다고 했다. 우체국에서 이야기해 준 일반적인 내용증명 발신인들의 프로세스를 정리하면 다음과 같다.

폐문 부재 → 다음날 재방문 → 2회차 미수령 시 2일간 우체국 보관 → 찾아가지 않을 경우, 다시 발신인에게 반송한다.

법무사와 변호사의 일반적인 의견은, 3회 정도까지 반복을 하고 그럼에도 끝까지 안 받으면 반송 적힌 내용까지 모두 보관하여 최선의 노력을 다했음을 보여주는 증거자료로 보여주면 법정에서 유리하게 작용할 수 있다고 한다. 이를 발신인인 의뢰인에게 전화로 자세히 설명했다.

내용증명 자체만으로 법적 효력을 갖출 수 없기에, '우리가 이만큼 노력했음을' 보여주기 위한 증거자료로 활용하여야 한다는 부분을 말이다. 또한, '금일과 내일 중으로 우체국에서 내용증명 수령을 부탁드리겠습니다.'라는 문자를 남기라고 했다. 그리고 캡처해 두라고 했다. 모든 것을 증거로 활용하기 위함이다. 내용증명 한 건 대행했을 뿐이지만, 이 부분에서 괜히 피가 끓었다. 대리인이 가장 나쁘고, 임대인도 나쁘다고 했다. 임차인은 자신을 공감해 주는 내 말에 '정말 정말 나빠요'라는 말로 답을 보냈다. 그의 마음이 지금 얼마나 힘들지 느낄 수 있었다. 내용증명 2회 모두 수취인의 폐문부재로 우체국으로 반송된 상황. 공인중개사 연수교육을 들으러 간 날이었는데, 임차인이자 의뢰인에게는 문자 내용을 지우지 밀고, 캡저까지 해두라고 한 후 다음으로 쥐해야 할 조치에 대하여 설명했다.

반송된 내용증명이라면, 다음으로 어떻게 해야 할까? 대법원 판례에 따르면, 정당한 사유 없이 수취를 거부할 경우 발송 문서가 도달한 것으로 간주한다(참고로, 추정과 간주는 매우 큰 차이가 있으니 유의하여 단어를 사용하자.). 이 말인즉슨, 상대방이 불리해질 뿐만 아니라 의뢰인이 더 유리해진다는 의미다. 그런 것을 차치하더라도 이번 건은 어차피 임차인이 과실이 없고, 임대인이 전세금 반환을 지속적으로 하지 않는 상황이므로 소송에 갈 경우 패소할 것을 걱정할 일이 없다. 승소는 100%지만 반환을 '언제, 얼마나' 받을 수 있을 것인가가 중요했다. 빌라였기 때문에 만약 경매에 넘겨 1회라도 유찰이 된다면 전세가율이 높은 목적물 특성상 임차인이 보증금을 전액 회수하기 어려워지는 상황이 된다. 그럴 경우 우선매수권을 행사하여 울며 겨자 먹기로 매수를 해야 할 수도 있는 상황이다. 무엇보다, 얼마나 에너지를 덜 쓰고 마무리하는지가 중요했다.

내용증명서에도 지연 이자에 대한 부분을 명시했고, 판례도 지연 이자를 인정하기에 이 부분도 같이 청구를 해야 한다고 생각했다.

임차권등기명령은 물론이거니와, 보증금반환 소송으로 이어지면, 반송된 문서는 향후 소송에서 '의도적으로 회피했다'는 증거로 사용될 수 있다. 즉, 상대방의 주소가 잘못되어 송달이 안된 경우가 아니라 주소가 정확함에도 받지 않는다는 부분에서 소위 '괘씸죄'가 적용되는 것이며 악의성이 강조되는 것이다. 의뢰인에게 한

번 더 보내겠다고 했다. 사실 내 일은 끝났다고 생각할 수도 있지만, 그런 마음이 더 들 것 같아 일부러 아직 수임료도 받지 않은 상태였다. "한 번 더, 필요하면 2번까지, 제 사비로 모두 보내드릴게요."라고 했다. (사실, 그 날 보수가 꽤 큰 아파트 계약 한 건의 계약금이 들어가서, 기분이 좋기도 했다.)

다음으로 공시송달 신청을 준비해야 한다. 이렇게 2~3회 이상 발송하였음에도 반송되면 법원에 공시송달 신청을 통해 효력을 인정받을 수 있다. 공시송달이란, 말 그대로 공공연하게 볼 수 있는 (공시) 방법으로 게시하여 일정 시간을 두면 읽은 것으로 간주하는 수단이다. 즉, 법원 게시판에 내용을 게시함으로써 상대방에게 통지한 것으로 간주하는 제도다. 따라서, 아까 언급했듯 '내용증명 보낸 상태고 우체국에서 수령해 달라'라는 문자까지 보내라고 했던 이유도 증거는 다다익선이기 때문이다. 그것도 우리가 노력한 증거 말이다.

내용증명 2회 미수령 후 우체국에 2일 체류가 된 날, 지나가는 길에 우체국을 들렀다. 해당 상황을 설명했더니, 우체국 직원이 "내용증명 보내면 받는 사람들이 대부분 그래요. 송사에 휘말리는 일이니 안 받고 버티는 거죠."라고 했다. 최대 3회까지 보내는 것이 정설이라고 했다. 의뢰인에게 전화를 걸어, 추가 비용은 받지 않고 다시 발송해 주겠다고 했다. 도의적으로, 인간적으로 그 임대인이 너무 나쁘거니와 내 소중한 고객이므로 그 정도는 해주고 싶다고 했다.

그로부터 며칠 후, 내용증명 의뢰인이 다시 연락이 왔다. 예상 대로 반송되어 돌아왔다고 하기에. 나는 약속대로 1회 더 무료로 발송을 해주겠다고 했다.

이때, 중요한 부분이 있어 따로 기재하고자 한다. 내용증명을 재반송하는 것임을 강조하여야 한다. 즉, 기존 내용의 제목이 전세보증금 반환의 건이었다면, 이에 덧붙여 '2회차 재발송'이라는 내용을 명시해 주는 것이 좋다. 다음으로, 나의 경우는 다음과 같이 기재하였다.

'보증금 반환을 요청드리고자 2025. 06. 24. 내용증명을 발송하였으나, 귀하께서는 수령하지 않으셨으며 저의 연락도 받지 않으셨습니다. 이러한 사유로 본 내용증명서를 재발송합니다. 대법원 판례에 따르면, 정당한 사유 없이 내용증명 수취를 거부할 경우 도달한 것으로 간주할 수 있습니다. (대법원 2008. 6. 12 선고 2008다19973 판결)'

내용은 이렇게 추가 작성을 하여 재발송을 하였다. 의도적으로 수취하지 않았음을 표시하는 것이 포인트다. 다음으로 중요한 부분을 설명하자면, 1회차 발송 시 반송된 내용증명에는 반송 표시가 있다. 반송되었다는 우편을 따로 사진을 찍기도 하고 날짜별로 차곡차곡 모아두어야 한다. 추후 변호사를 선임할 때나 개인적으로라도 법률적 절차를 거칠 때 매우 중요한 증거자료가 되기 때문이다.

위 계약에 따라 본인은 성실히 임차인의 의무를 이행하였으며, 계약 만료일인 2025 년 11 월 19 일에 맞추어 임대차관계를 종료 후 퇴거할 예정입니다. 이에 따라 귀하는 임대인으로서 **전세보증금** ▓▓ **만 원 전액을 반환하실 의무가** 있습니다.

이에 본 내용증명을 통해 계약 만료일인 2025. 11. 19.에 맞추어 보증금 반환을 요청드리고자 2025. 06. 24. 내용증명을 발송하였으나, 귀하께서는 수령하지 않으셨으며 저의 연락도 받지 않으셨습니다.

이러한 사유로 본 내용증명서를 재발송합니다.

귀하께서 특별한 사정 없이 계약 만료일 이후에도 보증금을 반환하지 않으실 경우 임차인 본인은 부득이하게 임차권등기명령과 함께 민사상 소송 제기 및 보증금 반환 청구 절차에 착수할 수밖에 없음을 알려드립니다. 이 때 발생하는 법적 비용 및 지연손해금 등은 법정 요율에 따르며, 귀하의 부담으로 청구할 예정임을 사전에 고지드립니다.

대법원 판례에 따르면, 정당한 사유없이 내용증명 수취를 거부할 경우 도달한 것으로 간주할 수 있습니다.(대법원 2008. 6. 12 선고 2008 다 19973 판결) 더불어 본 내용증명은 분쟁 발생 시 증거로 활용될 수 있음을 알려드립니다. 따라서 만료일에 보증금 반환을 차질 없이 대응하여 주시기를 바랍니다.

2025 년 07 월 08 일

발신인(임차인):   (서명 또는 날인)

첨부: 1. 임대차계약서 사본 1 부   2. 사전에 통지한 문자 메시지 내용 캡쳐본

〖내용증명서 2회차 발송본문 일부〗

　　1회차 발송 때와 같은 방식으로 파일을 의뢰인에게 보냈고, 프린트하여 서명한 원본 1부를 우편으로 받기로 했다. 며칠 후, 서명 받은 원본을 받았고, 원본에 미리 작성해둔 날짜에 맞추어 2회차 내용증명을 발송했다. 2회차까지만 서비스로 발송을 해주기로 했다. 2회의 우체국 택배 비용만 1만 6천 원 가량 되었으니, 내 선에서는 첫 내용증명 업무를 최선을 다해 서비스했다고 해도 과언이 아닐 것이다. 배달증명 방식(1,000원 추가)도 문의해 봤으나, 우체국 직원은 어차피 배달을 증명하는 내용이라 지금과 같은 경우는 크게 의미가 없다고 했다. 변호사를 선임하여 법률적으로 추후 증거자료 차원에서 진행해야 할 수준이 된 것 같아, 의뢰인에게 반송 우편을 잘 보관하라고 안내했다. 2회차 재발송할 때에는

첨부 서류에 기존 1회차 미수령한 내용에 대한 문자 발송 내역을 함께 캡처하여 발송하였다. 아마, 11월 만기인 의뢰인은 보증금 반환을 못 받을 확률이 크다. 내게 변호사를 소개해달라고 연락을 할 것 같다고 했다. 나 역시 그렇게 예측하면서, 첫 내용증명 업무는 이렇게 마무리했다.

그 이후, 해당 의뢰인은 계속 내게 연락이 왔다. 계약서 작성 업무도 출장까지 가면서 내용증명까지 2회를 보내주고, 그 이상 해줄 수 없는 만큼 열정적으로 상담을 도와주었다. 외국인이 한국에 와서 계속 사기만 당하는 것이 가슴이 아팠기 때문이다. 하지만 이번에도 내 반복되는 호의가 마치 권리가 된 것처럼, 끊임없이 내게 전화와 문의를 해서 피곤했다. 글을 보는 독자 여러분들은, 일은 어디까지나 일로서 끝맺음을 짓고 일하는 동안에는 후회 없이 최선을 다하되, 그 이후에 개인적인 연락은 받지 않는 것을 권한다. 그렇게 몇 개월이 지나 겨울이 다가오는 25년의 11월이 되었다. 결국 보증금 반환 소송을 진행해야 했고, 변호사를 소개했다. 내가 소개한 변호사가 본인 마음에 들지 않았다며 다른 변호사를 선임했는데, 알고 보니 변호사가 아닌 무자격자 사무장이 사탕발림으로, 조삼모사로 수임료 사기를 쳤단다. 후회가 막심하다며 내게 전화가 왔지만, 이미 계약이 된 건에 내 지인 변호사도, 나도 손 쓸 방법은 없었다. 그렇게 그는 울며 겨자 먹기로, 최초 계약된 수임료를 기준하여 건건이 추가비를 받는 해당 사무소의 청구에 약 2배 가까운 비용을 지불하며 소송을 진행하고 있다.

푼 돈에 충성고객을 잃지 말자!
무료 차용증 작성 건

나의 단골이자 VIP 손님이 한 명 있다. 공인중개사로서 중개업을 하면서도, 행정사를 하면서도 고정, 단골, VIP 모두 해당되는이다. 이런 손님에게는 적은 비용을 청구할만한 서류의 대행이나작성 정도는 서비스를 해주는 것이 좋다.

일례로, 내가 중개 거래를 해주면서 그의 전세금에 필요한 아파트에 대하여 가족과 금전 소비대차를 할 일이 있었다. 세무적으로증여 등에 해당될 수 있어 미리 차용증을 작성하는 것을 추천했고, 법정이자를 적용하여 차용증을 작성하고 증여에 걸리지 않는선에서 진행할 것을 권했다. 이후 차용증을 직접 써본 적 없고 쓸줄 모르는 손님은, 나에게 문의를 했다. 정해진 양식이 없고 자유롭게 작성하면 된다고 설명만 하고 넘어가기에는 마음에 걸렸다.비록 작은 일이지만, 차용증 서식을 만들어둔 것이 있어 빠르게작성을 도왔다. 인적사항, 연이율, 원금, 상환 기간, 기한 이익의상실 등 기본적으로 필요한 내용을 꼼꼼히 작성하고 차주의 계좌번호, 대주의 요구사항 등을 적어주었다. 실제로 차용증 작성은 복잡하게 가자면 끝이 없을 수도 있다. 간단하게 쓰면 이렇게 간단하게 끝나는 업무다. 그렇기에 이렇게 한 장 써주고 5만 원, 또는 그 이상(5만 원에서 최대 10만 원 사이로 받는 것이 시세지만, 사실 그 금액을 부르면 직접 작성하고 말거나 자신들끼리 따로 준비하므로 그러기엔 쉽지 않다.) 받기도 한다. 다른 예로, 각서를 작성해 준 적도 있었다. 모두 간단하게 할 수 있었던 일들로, 잠깐의 시간을 투자하여 큰 신뢰를 살 수 있었다. 물론, 전문적인 법률 용어와 잘 갖추어진 서식으로 글을 작성해 주는 것이 행정사의 주특기이므로 이런 서비스를 필요로 하는 이들에게는 노고에 대한 대가를 청구하는 것이 맞다. 다만, 앞선 고객처럼 멀리 보고 가야 하는, 그동안 자신에게 손님으로서 계속 찾아준 이들이라면 이런 서비스와 행정사로서의 법률 자문 등은 서비스로 해주는 것이 좋다. 더 큰 보상으로, 다음 업무 수임으로 돌아올 것이기 때문이다. 사업이 잘 되거나, 꾸준히 성장하는 이들을 보면 다들 그 눈앞의 이익만 좇지 않는다. 또한, 감정적이지 않고 잔잔한 성격이 많다. 서류 작성이나 제출 대행, 간단한 상담 등은 너무 칼같이 모든 이에게 따박따박 청구하지 말자. 사람에 따라 다르게 가는 것이 좋다. 단골이자 VIP 손님에게 밥값 정도 되는 금액을 매번 청구한다면, 그 고객은 새로운 단골 둥지를 틀 곳을 찾을지도 모른다. 대신, 영업적인 차원에서 "이거 원래 비용 받는 건데, 손님이니까 해드리는 거예요. 앞으로도 계속 저를 찾아주세요."라는 멘트 한마디 정도는 어렵지 않게 할 수 있을 것이다. 기억하자. 푼 돈에 충성고객을 잃지 말자.

연락 두절된 손님, 하지만 공부는 됐다!
과태료 소명서 작성 의뢰 건

8월 4일, 무더운 여름날이었다. 새로 출간될 중개실무 저서 2권과, 공인중개사 실무 강의를 준비하며 별도로 꽉 찬 외부 강의들로 스케줄이 매우 빠듯했던, 덥지만 행복했던 여름날이었다. '작년 이맘때에는 낮에 일하고 새벽에 공부하고, 주말엔 밤새 공부하고 학원 가서 시험 보고 너무 힘들었던 기억이 새록새록 하네. 지금은 정말 감사하다.'라는 생각을 하던 날이었다. 사무실로 전화가 걸려왔다. 보통은 녹음을 할 목적으로 전화를 착신해 둔 후 업무용 휴대전화로 전화가 넘어오면 받는 편이다. 사무실 내부에 사업장이 3개이므로, 어떤 전화로 걸려왔는지 몰랐기에, 늘 하던대로 "감사합니다."라고 하며 받았다.

"행정사사무소죠?"

"네, 맞습니다."

행정사사무소로 걸려온 전화였다. 쉴 새 없이 걸려오는 공인중개사사무소의 전화와는 다르게, 그에 비해 아직 행정사사무소에 전화가 걸려오는 경우는 드물기에 내심 반갑기노 했다. 반면 행정사사무소는 아직 '초보행정사'라서 아무 감흥 없이 전화를 받을 수 있는 중개사무소 전화와는 달리 새삼 긴장도 되었다. 이승주공인중개사사무소는 어떤 전화든 편하고, 쉽게, 자신 있게 상담을 하는데, 이승주행정사사무소는 아직 어려운 상담들 투성이다. 참 신기하다. 같은 이승주인데, 같은 자리에서 같은 전화를 받는 동일인 이승주인데 말이다. 전화의 요지는, 의뢰인이 주택임대사업자인데 계약 후 의무로 신고해야 하는 기간을 놓쳤단다. 따라서 미신고 건으로 과태료를 처분받을 예정이 되어 그에 앞서 소명서를 제출하라는 연락을 받았다는 것이다. 즉, 소명서를 제출하여야 하는데 작성을 해줄 수 있는지, 비용은 얼마였는지 문의하는 내용이었다. 민간임대주택사업자와 계약은 수도 없이 해보았지만, 과태료가 나와 이에 대한 소명서를 작성해 달라는 의뢰는 행정사로서 처음이었기에, 어떻게 대응해야 할지 빠르게 생각했다. 먼저, 과태료 규정이 명확하게 있고 금액도 적지 않은 것을 알고 있었다.

과태료는 굉장히 큰데, 사유에 따라 500만 원, 1000만 원, 3000만 원까지 부과가 된다. 미신고 건이라고 했으므로, 해당 사유는 1천만 원 이하로 그 안에서 감경 또는 면제가 될 수 있다. 감경 사유를 잘 작성하여야 하는 것이 이번 의뢰건의 핵심이라고 판단했다. 다음으로 현재 단계는 소명서를 제출하라고 요청이 오는 첫 단계임을 파악했다. 행정사 공부를 해 본 수험생이라면 방대한 양에 놀라는 과목, 행정절차론을 알 것이다. 사례형 문제로 단골로 출제되는, 행정절차법은 이러한 사유에 대해 논점을 파악하고,

해당 법리를 적용하고, 사안을 해결하는 것이다. 실무도 이와 같았다. 논점을 파악하고, 법리를 적용하여 감경 사유를 찾아주고, 사안을 해결해 주는 것.

다음으로 사전통지 절차로서, 이는 국민으로서 당연히 갖는 개인적 공권이자 절차적 권리다. 따라서 해당 절차를 위반하거나 누락하면, 절차적 하자로서 '중대명백설'에 의거하여 '무효'다. 합격 후 8개월이 지났음에도 공부할 때의 이론들이 마구 떠오를 정도로 중요한 내용이었다. 행정절차법상 행정기관에서는 이와 같이 사전통지와 의견제출 기회를 주는데, 그에 앞서 먼저 소명서를 제출한다.

소명서 제출과 더불어 다음에 의견제출을 하는 단계에서도 행정사의 도움이 필요하다고 판단했다. 일단 소명서 제출을 잘해야겠다는 마음이 들었다. 의뢰인이 물어본 '수임료'도 답할 수 없었다. 중개사와 다르게 보수표나 특정 시가가 있지 않기 때문에, 이 광범위한 업무 중 하나를 과연 얼마를 받아야 하는지 순간 판단이 서지 않았다. 일단 시간을 벌어야겠다고 생각했다. 수임료 시세도, 민간임대주택특별법 위반에 따른 과태료 금액과 감경 사유도 자세히 파악해 보고 전화를 해야겠다 판단했다.

조금 확인하고 전화를 다시 하겠다고 했다. 몇몇 지인 행정사들에게 문의했다. 우선, 당연히 행정기관에 제출하는, 작성하는 서류를 대행 또는 대리하는 것이므로 행정사법상 가능한 업무임에는 이견이 없었다. 다음으로 금액은, 건당 10만 원 정도가 평균이었다. 해당 금액 정도를 잡고, 과태료 규정과 감경 또는 면제 사유를 살펴보았다. 해당 건은 이미 오래 지났고 시간을 되돌릴 수 없을뿐더러 명확한 면제 사유 등이 보이지 않을 것 같아, 감경으로 포커스를 잡아야겠다 생각했다. 이제, 어느 정도 통화를 자세히 할 준비를 마치고 전화를 다시 걸었다. 의뢰인은 전화를 받지 않았다. 정확히는 이제 의뢰인이 아니라 지나간 손님이 되었다. 하지만, 앞으로 동일한 전화가 온다면 반드시 수임하리라 마음먹고, 큰 공부를 했다 생각했다. 비용은 매우 적을지라도, 이렇게 실력과 경력을 쌓아나가다 보면 반드시 큰 성장을 하게 될 것이라 확신한다. 7년 전, 공인중개사 역시 이와 같이 맨땅에 헤딩해서 혼자 성장해 나갔다. 행정사라고 안 되겠는가 말이다.

이제, 다음으로 만약 수임을 했다면 어떻게 진행했을지 절차를 한 번 살펴보자.

소명서를 제출하고 그 뒤에 의견제출서를 작성하게 되면, 의견제출서를 받은 관할 행정기관에서는 법원의 비송재판부로 해당 의견제출서를 발송한다. 비송 담당 판사에게 전달이 되면 비송 판사가 약식명령을 한다. 행정사실무법의 비송사건절차법을 여기서 다시 보게 될 줄이야. 이후 약식명령에 불복하면 항고하고, 그때 정식재판으로 전환된다. 공통적으로, 과태료 및 다른 처분 등이 생길 경우 가장 중요한 것은 기간, 위반 횟수 등을 파악해 보는 것이다. 이렇게 행정사가 여러 질문들을 통해 가능성과 작성할 요소들을 만들어가며 대화를 이끌어가는 것이 중요하다. 횟수와 빈도에 따라 가중, 감경하는 경우가 많기 때문이다. 상담 시에 이런 부분을 잘 짚고 넘어가고 처음에 법령과 법리를 판단하는 게 중요하다.

이 경우 위반은 확실했고 시간을 되돌릴 수 없기에 이미 지난 건의 미신고 적발은 감경으로 풀어야 한다. 면제로 갈 수는 없다.

다만, 간혹 누락 또는 잘못 기재된 부분으로 인한 경우를(아주 드물지만) 볼 수 있는데, 그땐 면제 사유가 되기도 한다. 이 또한 소명절차에서 아주 중요한 역할을 할 수 있다. 기본적으로 소명서에 첨부할 때에는 해당 계약의 임대차 계약서 / 등기사항전부증명서(해당 계약 주택) / 임대사업자로서 의무로 가입하여야 하는 일부 보증 또는 보증 관련 서류를 제출한다. 최우선변제금액 이내라면 보증보험 미가입동의서를 받아야 하고, 함께 첨부한다. 또한 임대사업자는 부기등기를 통해 해당 소유권자의 갑구란 순위번호에 가지번호를 붙여 민간임대주택사업자임을 공시하여야 한다. 이 역시 이행하지 아니할 경우 과태료 사유라, 추가 적발 가능성이나 요소가 있는지도 함께 봐준다면 일 잘하는 행정사로서 인정받을 수 있을 것이다. 사유에 따라 소명기간 연장도 가능하다.

수임이 결국 되지 않았지만, 이로써 또 한 번의 공부를 했던, 반갑고도 떨렸던 '행정사사무소'로 걸려온 한 통의 전화였다.

상가 임대차 부동산 직거래
계약서 작성 수임 건

상가 임대차 계약에서 특히 중요한 요소 중 하나는 권리금이다. 권리금 계약서 작성 문의와 의뢰가 꽤 들어온다. 하지만, 실무상의 문제점은 실제로 비용을 받고 진행을 하게 될 경우 대부분은 직거래로 자신들끼리 전환을 하거나, 중개사무소에서 작성을 몰래 해주고 대외적으로는 직접 거래했다고 표시하도록 한다는 것이다. 이 문제의 고질적인 맹점은 차치하고, 본 건은 임대인이 고맙게도 행정사법에 근거하여 행정사가 작성할 수 있음을 명시해 주어 계약서 작성 수임을 받게 된 사례다.

9월 15일, 당시 한창 외부 강의 및 위패스 실무 강의와 다수의 중개 계약들로 바쁘던 때였다. 방배동의 상가 건물을 보유한 임대인이 전화가 왔다. 지하의 스크린골프장에 오랜 임차인이 권리금을 받고 넘기기로 하며 신규 임차인을 주선했는데, 부동산에서 연락이 와서 본인들이 계약서를 써놓을 테니 소정의 비용을 주고 마무리하자고 했단다. 일전에도 내게 의뢰한 적이 있었던 임대인이고 행정사법에 대해 가스라이팅(?)을 해두다시피 했던 터라, 의아했는지 내게 전화를 건 것이다. 행정사법에 근거하여 권리금 계약서 작성과 직거래 계약서 작성은 모두 중개사가 할 수 없음을 다시 확인시켜 주었다. 공인중개사는 자신이 중개한 중개대상물만 계약서 작성 권한이 있음을 말이다. 이 내용을 다시 듣자마자 임대인은 득달같이 해당 중개사무소에 전화를 걸었단다. "부동산에서 직거래 계약서랑 권리금 계약서 쓸 수 있는 거예요?"라고 했더니, "네 왜 못써요?"라고 했단다. 행정사와 변호사만 작성할 수 있는 것 아니냐고 물으며 중개사 도장 들어간 정식 중개 건이냐고 똑 부러지게 물었다고 한다. 해당 중개사무소는 직거래 계약서라서 중개사 도장은 들어가지 않는다고 했다. 당연히 명쾌한 답을 하지 못했을 터. 임대인은 그렇게는 진행하지 않는다며 행정사에게 맡기겠다고 하고 캔슬을 냈다고 한다. 그리고 임차인들에게 같은 비용이든 금액이 더 들든 행정사에게 계약 진행하라고 했단다. 임차인들은 어디에서 해도 무관했기에, 알았다고 했다. 그렇게 다음날 내게 의뢰를 맡겼고, 나는 초안을 작성했다. 그에 앞서 이전에 작성했던 초안이 있는지 물었다. 해당 중개사무소에서 대서료를 받기로 하고 작성한 초안을 보내주었다고 하기에 그 계약서를 받아볼 수 있는지 물었다. 사진으로 받아보았는데, 특약이 정말 무성의의 끝판왕이었다. 주차 1대 배정한다는 내용과 기재하지 않은 사항은 임대차보호법에 따른다는 내용뿐이었다. 목적물 정보와 특약 몇 줄만 적어두고 몇만 원을 받는 것뿐 아니라 불법으로 돈까지 받는다니! 안되겠다 싶어 "계약서 작성 레벨의 차이를 보여

드리겠습니다 고객님"이라는 문자를 보냈다. 약 20개의 디테일한 특약을 작성하고, 첨부 서류까지 서비스로 모두 출력하여 출장을 갔다. 지하 스크린골프장에 먼저 도착했다. 기존 임차인과 신규 임차인이 반갑게 맞이해 주었다. 아마 내가 반가웠다기보단, 임대인이 직접 맡긴 행정사라고 하니 반갑게 맞이하지 아니하면 아니될 것이라(?) 생각했는지도 모른다. 하지만 내가 보기엔, 그 둘은 정말 인품이 좋고 친절했다. 다행히도 화기애애한 분위기에서 계약서를 브리핑하고, 도장을 찍었다. 금액이 문제가 아니었다. 저렇게 그냥 계약을 체결하게 하는 것은 도무지 내가 용납이 되지 않았다. 저렴한 비용이었지만 사무실 근처이기도 했기 때문에, 흔쾌히 수락하고 마무리 지었다. 한편으로 공인중개사들의 마음을 모르는 바 아니다. 나 역시 공인중개사이며 7년 차로 활발하게 현업에서 매일 손님들을 만나고 계약서를 쓰기 때문이다. 그렇지만, 합법적으로, 양심적으로 당당하게 계약서를 작성하기 위해, 중개사로서의 한계를 극복하기 위해 자격증을 취득했기 때문에 내가 평소에 강조하는 '불공평해야 공평하다.'는 신조에는 전혀 납득할수 없다. (과정이 불공평해야 결과가 그에 따라 공평하게 주어져야 한다는 나의 신조다.)

글을 쓰는 시점인 2025년 9월 20일, 작년 이맘때 심신의 피로가 극에 달하면서도, 몸이 상하면서까지 새벽에 공부를 이어나갔다. 끝없는 두려움과 걱정, 스트레스로 매일 밤을 지새우고 결국 합격까지 한 이 과정을 거쳐 행정사가 되었다. 그렇기에 앞으로도 이와 같은 일에는 비용을 따지지 않고 적극적으로 임할 생각이다. 아직 행정사에 대한 직업적 인식이 매우 부족하기도 하거니와, 의뢰하는 손님들이 해당 법과 해당 부분에 무지할 수밖에 없는 것이 현실이다. 시간이 지나면서, 많은 행정사들이 목소리를 내고 열심히 현장에서 발로 뛰며 알린다면, 이 부분은 시간이 해결해 주지 않을까 싶다.

임대인과 계약 후 고맙다는 인사를 나누고, 근처 순댓국 맛집에서 식사 한 끼를 대접했다.

이렇게 잠재 단골 고객(?) 한 명이 확보되었다.

부동산 계약서 관련하여

'부동산 계약서'는 너무 많이 해본 일이기에, 관련하여 행정 일기에 포괄적인 생각과 소회를 적어보려 한다. 공인중개사로 7년 차가 되고 유튜브, 강의 등으로 입지가 다져지며 중개사로는 확실히 자리가 잡히고 알려졌다. 그에 따라 자연스레 행정사의 업무 중 가장 자신 있는 것이 '부동산 계약서' 작성이었다. 그리고, 동네에서 행정사가 없기 때문에 이따금 양심적인 중개사무소 대표들이 내게 전화를 걸어 계약서 작성비용 등을 문의하곤 했다. 직거래 계약서, 대필 계약서, 연장 계약서 등이 대표적이다. 공식적으로 말하기엔 조심스러우나, 실무에서는 현실적으로 대부분의 의뢰인(손님)들은 이 역시 공인중개사가 할 수 있는 것으로 알고 있다. 또한 공인중개사조차도 이 행위가 행정사법 위반이라는 것을 모르는 이도 다수다. 실제로 동네의 중개사무소 대표들 몇몇과 이야기를 나눠보면, "그게 왜 안돼요?"라고 묻는 경우가 종종 있어 당황스러웠다. 또한 실무에서의 현실은 어차피 신고하지 않으면 알 수가 없고, 현장 적발이 되지 않으면 알 수가 없기에 대부분의 중개사들이 그냥 작성을 진행하고 소정의 비용을 받는다. 중개사 입장에서도 평소 거래하던 손님, 잘 아는 손님, 단골손님이 와서 부탁하는데 "행정사법 위반이니 저는 불가능합니다."라고 말하기가 참으로 어려웠을 터다. 실제 경험한 다양한 사례 중 일부는 뒤에서 추가로 설명하려 한다. 내가 행정 일기에 본 내용을 담는 이유는, 나는 이러한 이유 역시 행정사를 취득하게 된 중요한 계기 중 하나였기 때문이다. 나는 거의 매일 계약서를 쓴다. 근데, 나는 너무 양심적이다. 게다가 강의를 하는 강사다. 양심적으로, 도덕적으로 신의성실 해야 한다는 기준이 있다. 단지 계약서 대필만을 위해 행정사를 취득했다는 것은 말이 되지 않지만, 중개사로서 계약서의 모든 한계와 구속에서 벗어날 수 있다는 점은 매우 큰 매력으로 다가왔다.

앞으로도 중개사로서, 행정사로서 무수히 많은 계약서를 쓰게 될 것이다. 그렇기에 행정사가 된 것에, 진심으로 매번 감사하고 또 행복해하고 있다.

행정사가 직거래 계약서를 써주었을 때
거래신고 의무가 있을까?

공인중개사를 겸업하고 있는 행정사들이라면 아마 알 수도 있는 내용이지 싶다. 단, 행정사업만을 할 경우 직거래 계약서를 작성해 주는 행정사들이 공인중개사법에 대해 알기 어려울 수 있기에 이 내용을 보고 큰 도움을 받을 수 있을 거라 생각하며 해당 에피소드를 작성한다.

지인이자 선배 행정사가 전화가 왔다. "바쁘신데 죄송해요. 제가 임대차 직거래 계약서를 작성해 주었는데, 의뢰인이 신고를 행정사가 해주는 건지, 어디서 하는 건지를 물어보시는데 행정사님이 생각나서요."

마침 공인중개사법 강사로서 지식을 뽐낼(?) 수 있는 순간이라는 생각이 들었다.

먼저, 신고의무는 매매와 임대차로 나눌 수 있다.

매매일 경우 부동산거래신고 등에 관한 법령에 따라 공인중개사가 계약했을 경우는 공인중개사가 거래신고의 의무가 있다. 다만, 계약이 해제, 무효 또는 취소가 된 경우에는 공인중개사가 신고

의무가 없으며 거래당사자가 신고 의무가 있다. 단, 공인중개사가 의뢰받아 신고를 할 수는 있다. 다음으로 부동산거래신고 등에 관한 법령에 행정사에 관한 규정이 없다. 또한, 직거래를 서류 검토 및 계약서 작성해 준 것으로 거래당사자 또는 공인중개사가 아니므로 신고 의무가 없는 것이다. 행정사법에서도 계약서나 서류 등의 작성을 해줄 수 있는 것으로만 설명이 되어있고 신고에 대한 부분은 나와있지 않다.

다음으로 임대차일 경우, 공인중개사가 거래를 체결해 주었을지라도 신고 의무가 공인중개사에게 있지 않다. 거래 당사자가 신고하여야 한다. 이때 역시 행정사가 신고 의무는 없다.

온라인으로 할 경우 정부24, 오프라인의 경우 계약한 부동산 소재지 관할 동사무소(주민센터)에서 신고할 수 있다. 단, 원칙을 설명하자면 관할 시장·군수·구청장에게 신고하는 것이지만, 주민의 편의를 위하여 동사무소 등에 위임한 것으로 보면 된다. 둘 다 계약체결일로부터 30일 이내에 하여야 한다.

매매거래, 임대차거래 모두 공동신고가 원칙이나, 예외 규정으로 일방이 국가 등이거나, 한쪽이 신고를 거부한 경우에는 일방이 신고한다. (단, 거부 사유가 아닌 경우에도 일방이 '국가 등'인 경우에는 '국가 등'이 신고하여야 한다.) 이 경우를 제외하고는 공동신고인데, 공동신고가 공동 제출과는 다른 개념이므로 혼선을 빚으면 안 된다. 제출은 일방이 해도 된다. 단, 여기에서 공동신고의 개념은 거래당사자의 서명 또는 닐인이 들어있는 서류로 신고서에 같이 신고한다는 의미이지, 제출을 꼭 둘이 같이 가서 해야 한다는 의미는 아니다.

매매거래신고는 부동산거래관리시스템(rtms.molit.go.kr)에서 하면 된다. 물론, 주택임대차신고도 이곳에서도 가능하다.

요약하면 다음과 같다.

매매 : 공인중개사가 거래한 경우 공인중개사가 의무(해제는 의무 ×), 직거래인 경우 거래당사자가 의무, 행정사는 신고 의무가 없다.

임대차 : 공인중개사가 거래하였더라도 의무는 거래당사자, 직거래도 거래당사자, 행정사는 신고 의무가 없다.

행정사 업을 하며 직거래 계약서를 작성해 줄 때에, 주택임대차와 매매거래 건에 대한 문의가 있다면 다음과 같이 설명하면 된다. 조문을 찾고자 한다면,

국가법령정보센터에서 부동산거래신고 등에 관한 법률을 검색 후 법률, 시행령(대통령령), 시행규칙(국토교통부령)을 함께 참고하면 도움이 될 것이다.

부동산 권리금, 직거래, 대필, 연장 계약서
행정사로서의 현실 경험들

앞서 언급한 소주제의 연장선이다. 자리를 잡아 많은 부동산 손님이 있다. 그간 행정사로서 부동산 계약서를 몇 건 작성해 주었다. 이때 느낀 점들을 말하고자 한다.

많은 공인중개사 수험생들이 다음과 같은 환상을 갖는다.

'행정사 취득하면 부동산 대필만 해도 가랑비에 옷 젖겠는데?'

'권리금 계약서 의뢰건만 여러 건 해도 월세는 뽑겠어.'

나도 수험생활 시절, 합격하면 개업하고 첫 1년은 부동산 손님들로 그렇게 가능할 것이라 생각하고, 기본적으로 부가수입이 어느 정도 될 거 같은 기대감도 있었다.

그렇다면, 행정사 취득 후 대필 의뢰가 많이 들어올까? 정답은, '그렇긴 하지만 결국은 중개사에게 몰래 간다.'는게 지금까지의 현실이다.

글을 쓰는 지금 시점은 내가 행정사 취득 후 개업한 후 반년이 지난 시점, 8월 말이다.

식거래, 대필, 대서, 연장 계약서, 권리금 계약서 등 원칙적으로 현재 공인중개사가 작성할 수 없는 계약서의 양식들이 있다. 물론, 공인중개사의 서명 및 날인을 넣어 대필 계약서를 써주더라도 이는 '중개한 중개대상물이 맞는지' 여부에 따라 공인중개사법 위반으로 볼 소지도 다분하다. 원칙적으로 공인중개사는 '중개한 중개대상물'에 대한 해당 계약 건의 계약서를 작성할 수 있다고 보면 된다. 다음으로 행정사 역시 부동산에 관련해서는 공인중개사보다 경험상, 실무 능력 및 지식상 부족할 수 있기 때문에 공인중개사와 같이 권리를 분석하고 이에 따라 사실확인증명을 발급하여 그 내용을 강화하여야 신뢰감을 높일 수 있는 부분도 있다. 행정사법에 의하여 행정사가 가능한 계약서임은 알 것이다. 그럼에도 결국 손님들은 공인중개사에게 간다. 그 이유는 크게 두 가지다.

첫째, 인식의 부재다. 부동산 계약서는 공인중개사에게 맡긴다는 인식. 공인중개사를 겸하는 입장에서 이들을 한편으로 대변해보자면, 단골손님이, 지인이 부탁을 하면 거절하는 것이 현실적으로 쉽지 않다. 암암리에 대서, 대필 등은 불법이라는 것을 알면서도 자신이 거래해 준 중개대상물에 대하여 연장 또는 직거래 계약서로 한 장을 써달라고 하는데 '행정사법 위반이라 행정사에게 맡겨야 하니 본인은 못한다.'는 말을 하기 쉽지 않다. 손님도 끊길뿐더러 가장 중요한 것은 손님 자체가 그 말에 대해 이해를 하지 못한다.

둘째, 비용의 차이가 발생한다. 행정사가 공인중개사를 겸하지 않으면 더더욱 그런 의뢰는 들어오지 않을 것이나, 공인중개사를 겸업한다고 가정하는 것이다. 행정사는 정해진 보수표가 없기 때문에 부르는 대로 값을 정할 수 있다. 내가 경험한 바로서는 상가 직거래 계약서와 권리금 계약서를 작성해 주는데 100만 원을 받는 이도 있었다. 반대로 10만 원을 받는 이도 있다. 하지만 행정사로서 계약서를 작성해 주는데 무급으로 진행하거나 5만 원을 받는 사례는 거의 없다. 반대로 공인중개사는 금전을 수령하기 힘들뿐더러 잘 받아야 대서료 정도로 밥값 정도를 받고 서비스를 한다. 따라서 손님 입장에서는 '계약서 한 장 써주는데 무슨 돈을 받아'라고 하는 경우가 매우 흔하다. 이게 법과 현실과의 괴리다.

나는 행정사 개업 6개월 밖에 되지 않았음에도 계약서 관련한 문의가 많았기에 그에 따라 정말 많은 사례들이 있었다. 25.08.27에 내가 운영하는 행정사 유튜브 채널 '행정사 이승주 TV'에 '행정사 개업해도 대필 계약서 못 쓰는 이유'라는 주제로 다음날 해당 내용으로 영상을 촬영하려고 생각해 두었는데, 아이러니하게도 그다음 날 28일에 대필 계약을 사무실에서 진행하게 되었다. 다만, 그 경우도 공인중개사 손님으로 연락이 왔던 것이라 행정사로서 작성을 해준 것이지, 처음부터 행정사로 의뢰받은 것은 아니다. 물론, 앞서 언급한 다른 사례처럼 상가 직거래 계약서도 작성해 본 적이 있고 여타 계약서들도 작성해 보았다. 본 주제의 핵심은 앞서 언급한 '인식과 비용' 문제로 체결되지 않은 부분이므로, 이를 포커스로 이제 대표적으로 기억나는 몇 가지를 언급하고자 한다.

■ 사례 1. 아는 건물주 어르신이 찾아왔다.

"이사장. 계약서 하나만 써놔 줘." "네 사장님. 비용이 10만 원 발생합니다."로 대화는 시작됐다. 워낙 짠돌이인 그이기에 돈을 선뜻 지급할리 없단 것을 알았지만, 그는 이해하지 못했다. 지금까지 부동산에서 대필 계약서로 자신은 돈을 내본 적이 없다고 했다. 대필 계약서를 부동산에서 작성하는 것은 불법이라고 하니, "다들 쓰는데 뭔 갑자기 불법이냐." 금액을 받는다고 했더니 "야박하다. 동네의 다른 부동산 가서 하겠다."라고 하며 얼굴을 붉혔다.

■ 사례 2. 아는 임대인 사모님

"그동안 아는 부동산에서 5만 원씩 내고 했다. 이선생은 10만 원이라니 비싸다."

"그들은 중개사라 중개한 대상물 건 외에는 일반 부동산 계약서는 쓸 수가 없다. 괜히 공부해서 행정사를 취득한 게 아니다. 난 행정사이므로 합법적으로 쓰는 거다. 다만, 이를 인지하시고 깎아 달라고 하시면 할인해 드릴 의향은 있다."

"그런 걸 누가 따지고 쓰냐. 그냥 원래 쓰던 데서 쓴다."라고 하며 나갔다. 며칠 후 길에서 만나 어떻게 했는지 물었다. 다른 부동산에서 그냥 써줘서 거기서 했다고 한다. 씁쓸했다.

▨ 사례 3. 친한 친구의 어머니

직거래 계약서 한 장을 써줄 수 있냐고 연락을 주셨다. 그렇게 하겠다고, 친한 친구 어머니라 제가 어머님 계약서 작성 비용은 받지 않고, 상대방 쪽만 소정 받겠다고 했다. 약 20분간 해당 물건에 대한 권리, 상태 등에 대해 상담하며 조사 및 분석을 마쳤다. 다음날, 시간을 잡으려고 연락을 했더니, '일전에 계약했던 아는 부동산에서 그들이 임의로 계약서를 써서 갖다 준다고, 직접 도장만 찍으라'고 했단다.

▨ 사례 4. 대필료 안 받고 그냥 진행하는 부동산

공인중개사 손님으로 일전부터 알고 지냈던 임대인의 여동생(이후부터 호칭을 대리인이라고 부르겠다.)이 있었다. 이번에 부동산 계약서를 연장해야 하는데 증액을 하게 되어 연장 직거래 계약서를 작성해 달라고 했다. 행정사법을 근거로 행정사로서 작성해 주겠노라 말했다. 당일 오후, 다시 연락이 와서 '임차인이 아는 중개사무소에서 비용 없이 그냥 해주겠다고 오라고 했다.'는 것이다. 이제 흔한 사례라 푼 돈에 얽매이고 싶지도 않았다. 또한 대부분 동네 중개사무소들이라 아는 이들이고 오래 본 이들인데 행정사법 위반으로 신고할 수도 없잖은가. 관계가 불편해지는 것만큼 불편한 게 없기 때문에 그냥 넘어가려고 했다. 그렇게 다음날, 대리인에게 연락이 왔다. 임대인이 외국인이고 외국에 거주 중인 상황인데, 중개사무소에서 비자 문제, 신분증 확인 문제 등에 어려움을 겪다 보니 포기해 버린 것이다. 게다가 손님 관리 차원에서 무상으로 해주기로 했으니 더더욱 깊게 파고들려고 하지 않았을 것이다. "지금 근처인데 바로 사무실 가서 계약서를 써도 될까요?"라고 하기에, 바로 오라고 했다. 중국 대사관에서 발급받은 위임장을 보았다. 국내거소신고증도 확인하며, 신분 확인을 했다. F-4 비자였다. F-4는 국내인이 외국 국적을 취득한 경우로서 재외동포 비자라고도 한다. 이 내용을 보고 거소확인증을 요청했는데, 마침 거소등록번호가 적힌 사본을 보여주어 이를 확인할 수 있었다. 다음으로 구비한 서류 중 위임장은 그 작성일자가 최신이 아닌 것을 보고 본 계약을 위하여 새롭게 작성하여 공증을 받으라고 했다. 국적이 중국이었는데, 아포스티유 발급이 가능한 것을 설명하였더니(23년 11월부터 가능) 본인은 모르고 있다며, 원래 하던 대로 중국 내 영사관에서 이전처럼 공증을 받은 위임장을 제출하겠다고 했다. 이 내용을 특약에 기재했다. '해당 내용이 확인되면 본 계약의 연장이 유효함을 명시한다.'고 작성했다. 이미 임차인과 관계가 몇 년 있었던 상황이고 나도 이전에 거래를 할 때 이들과 정식적으로 서류 구비를 통해 확인한 적이 있고 신용이 있었던 상태라, 이 정도는 괜찮다 싶었다. 정식 중개 계약서를 작성할 때보다 더 많은 서류를 확인하고 꼼꼼하게 계약서를 작성하여 대필 계약을 완성해 주었다. 이 역시도 비용은 얼마 되지 않았지만, 행정사로서 그들에게 신뢰받고 또 지식적으로, 글을 쓰는 직업으로서 작문 능력으로 전문가로서 인정받았다는 부분이 기분이 좋았다.

팁을 하나 드리자면, 행정사를 함께 하는 공인중개사의 경우 위와 같은 직거래, 대필 계약서 작성 시 거래당사자가 외국인이라면 행정사로서 큰 도움이 된다. 비자에 관하여 이야기할 수 있을뿐더러 행정사를 아는 이가 많기 때문에 신뢰감 측면에서도 도움이 된다. 또한 이미 거래를 하게 된 것이기 때문에 종류에 따라 다르지만 추후 비자 업무를 수임받을 수도 있다. 외국인들은 국내에 아는 전문가들이 있다면 큰 탈이 없을 경우 그와 거래 관계를 유지하는 경우가 많다. 또한 주변의 지인들을 서로 소개하는 경우도 많으므로, 그렇게 업무를 늘려가면 된다. 동일한 업무를 여러 건 하다 보면 자연스레 실력과 기술, 지식이 모두 늘기 때문에 수입은 늘고 시간은 줄어들게 될 것이다.

계약서 작성 시, 상대편이 원하지 않고 비용부담 의사가 없는 상황의 딜레마

계약은 항상 상대방이 있다. 청약과 승낙이 있기 때문에(특수한 경우인 교차 청약 등은 제외한 일반적인 경우) 상대방이 동의를 해야 양 당사자의 의사가 합치되는 것이고, 그 합치된 의사를 증거로 남겨놓기 위한 방법 중 가장 보편화된 것이 바로 계약서다. 이때, 의뢰인들의 상대방이 비용이 비싸다거나 본인은 전문가를 고용하고 싶지 않다는 이유로 한쪽만이 원하는 방향으로 계약서를 작성해 주는 경우가 있다. 이는 반쪽짜리 수임이 되는데, 상대방은 대부분 본인이 비용 부담을 안 하는 조건이면 승낙한다고 하여 의뢰인이 자신의 편의를 위하여 부득 비용을 더 지불하고서라도 맡기는 경우가 있다.

이때 이 비용을 양 당사자에게 각각 청구하려던 비용으로 받을 수 없기에, 특히 출장을 가거나 원거리를 가면 더더욱 난처할 때가 많다. 더군다나, 이렇게 비협조적인 상대방일 경우 인성이 안 좋거나 금전에 대한 신뢰가 좋지 못한 이유로 의뢰인이 계약서를 부탁하여 확실히 하려는 경우가 많으므로 현장에서 살얼음판으로 진행되는 경우들이 있다. 아직 이 딜레마에 대한 만사형통 팁은 찾지 못했다. 다만, 내 기준 가장 쉬운 방법으로는 양 쪽에서 받아야 할 비용 기준 조금 할인하고, 한 쪽이 내는 비용보다는 조금 높은 '중간' 정도로 비용을 받아 마무리하는 것이다.

첫 녹취록 업무를 해보다

25년 10월 14일 화요일, 강의 촬영을 하고 쉬는 시간이 되자마자 전화기가 울렸다. 중년 남성의 목소리였다.

"행정사사무소죠? 녹취록 업무 좀 의뢰하고 싶은데요."

막연히 녹취록 업무를 해보고 싶다는 생각만 해보았는데, 내심 반가웠다. 다만, 처음 받는 녹취록 의뢰였기에 어떻게 진행을 해야 하며 어떤 질문을 해야 할지 막막했다. 내가 평소에 대략 알고 있던 지식으로 순간 생각나는 몇 가지를 질문했다. "몇 분 정도 되는 분량인가요?" "현장 녹음인가요, 음성 통화 녹음인가요?" 지금 다시 생각해 봐도 아주 적절한 질문이었다. 녹취록 의뢰가 오면 위와 같이 물어야 한다. 이유는, 현장 녹음이거나 주변 소음이 시끄러울 경우 녹취록 작성이 불완전하며, 해석 불가한 음성이 많기 때문이다. 또한 음성 식별이 어렵고 난이도가 높아지기 때문에 단가를 더 높여야 할 수도 있다. 첫 업무를 편하게 해 보라는 계시였는지, 15분 분량의 음성 통화 녹음이었고 법적인 지식 등 견해가 들어갈 필요 없이 단순 녹취 기록만 해주는 상담이었다. 문제는 단가였다. 행정사의 모든 업무는 정해진 보수표가 없고, 일반적인 관례상 시세만이 존재했기에 해당 업무에 대한 단가를 책정하기가 매우 난해했다. 어려운 업무가 아니기 때문에 단가가 비싸지 않다는 것만 알고 있었다. 본능적으로 다음과 같이 불렀다.

"1분당 1만 원입니다."

의뢰인은 이전에 동일한 녹취록을 의뢰한 적이 있었는데, 해당 행정사는 10만 원에 해주었다고 했다. 그 행정사에게 맡긴 업무를 왜 다시 맡겼는지 물어보았더니, 정본을 1부만 받았는데 현재 정본이 없어졌다고 한다. 그 행정사에게 추가비를 주고 정본을 다시 요청했어도 될 일이라 생각했는데, 그 행정사가 병원에 입원을 하여 업무를 못한다고 했다. 업무를 의뢰하려 전화한 이에게 그 이상의 이야기를 할 필요는 없다 판단했다. 그래서 이전에 의뢰했던 단가 그대로 수임하기로 했다. 물론, 단가에 관해서는 바로 협의하지 않았고, 통화를 일단락하며 잠시 후 전화드리겠다는 말로 시간을 벌었다. 전화를 끊자마자 블로그 등을 통해 일반적인 시세를 찾아본 후에, 해당 금액이 타당한 지 보았다. 그렇게 당일 상담 후 바로 착수를 하기로 했다. 기한은 3일을 달라고 했다. 우선 의뢰받은 당일은 강의를 저녁까지 해야 했기에 불가했고, 다음날부터 진행을 하는데 최종 마무리까지 이틀이 걸린다고 했다. (다른 업무들이 이미 많았기 때문에 넉넉히 시간을 잡았으며, 첫 녹취록 업무였기 때문에 양식, 프로세스 등을 몰라 시행착오가 필요했다. 여러분도 처음 맡는 업무는 착수 후 마무리까지 가급적 시간을 충분히 벌어두길 바란다. '급할수록 돌아가라'라는 말이 있다.) 일단 행정사 업무는 한 번 해보고 나면 그 업무의 증명서 또는 제목 표지나 자료 폼(form), 프로세스를 익힐 수 있어 다음 의뢰인부터는 자신 있게 받을 수 있게 된다. 중개업을 오래 한 터라 중개업처럼 계약 후 잔금 시 보수를 받는 습관이 있어, 착수하기로만 해두고 비용 입금을 요청하지 않았다. 동료 행정사들에게 문의하니, 의뢰인을 모르고 대면을 한 상태도 아니거니와 금액도 적기 때문에 더더욱 착수금을 먼저 수취해야 한다고 했다. 착수금을 요청하여 선금을 받았다. 강의를 마친 후, 14일 밤 10시 반부터 1시간 반 동안 녹취를 들으며 텍스트 기록을 완성했다.

다음날 "금일 녹취록 초안 완성 후 보내드릴게요."라고 연락을 취해두고, 녹취록 초안을 완성했다.

처음에는 엑셀 파일에 표를 생성하여 화자를 구분하고, 타임코드를 삽입하여 시간별 화자 및 텍스트를 넣었다. 엑셀로 할 경우 화자별 구분을 위하여 각각 다른 색상을 칠하는 방법을 사용해 보는 것도 좋다. 다른 행정사의 작업물을 보니 시간 아래에 화자를 기록하기도 하였다. 초안을 보낸 후 다음날, 의뢰인은 엑셀파일의 자간이 좁고 글자가 작아 보기가 불편하다는 의견을 주었다. 그때 생각이 난 것이 있었다. 수사기관(경찰서 등)에서는 보통 워드 또는 한글 파일로 타이핑을 하고 글자 간격을 크게, 글자 크기도 크게 하여 출력 후 진술서를 모두 읽게 하고 장마다 간인하게 하는 방식을 취한다는 것이 생각났다. 엑셀 파일에 작성했던 모든 텍스트들을 긁어 모아 한글 파일을 열어 글자 크기를 키우고 글자 간격을 넓혔다. 8매였던 분량이 15매로 약 2배 가량 늘었다. 그 대신, 가독성이 훨씬 높았다. 의뢰인은 만족해했다. 그렇게 총 2회 수정을 하며 의뢰인이 요청한 수정사항 약 10여 곳을 손보았다. 눈이 매우 피로했다. 의뢰인마다 예민함과 까다로움이 달라 이는 복불복이지만, 이번 의뢰인은 녹취록 의뢰 경험이 있었기에 굉장히 꼼꼼하게 음성을 수정하고 또 요청하였다. 그렇게 몇 시간 동안 틈틈이 동일한 녹음, 부분 구간들을 수차례 들었다. 에어팟으로, 블루투스로, 휴대폰과 컴퓨터를 왔다 갔다 하며 식별이 안되거나 화자간 음성이 겹치는 부분을 계속 듣고 또 들으며 찾아냈다. 식별이 어려운 부분을 계속 듣다 보니, 나중에는 화자들의 음성이 귀에서 맴돌 정도였다. 중간에 pause가 있는 경우 '(약 1.3초)...' 형태로 기재했다. 화자의 음성이 겹칠 땐 '(목소리 겹침)', 식별 불가는 '***(식별 불가)'로 기재하였으며, 녹취록 서문에 비고란을 만들었다. (녹취록 서문을 참고할 수 있도록 기꺼이 초안자료를 보내준 12기 동기 조현기 행정사에게 재차 감사 인사를 전한다.)

목소리가 겹치는 부분은 '(목소리 겹침-) 표시 후 겹치는 목소리의 텍스트 삽입하였습니다.'라는 문장을 쓰고,

'여러 번 청취 후에도 해석이 불가한 단어는 *** 표시를 하였습니다.'라고 특이사항을 기재했다. 이렇게 녹취록 최종본을 완성했다.

끝으로 팁을 하나 주자면, 음성을 인식하여 자동 자막을 변환해

주는 VREW와 같은 프로그램을 이용하여 초안을 잡고 그 후에 하나씩 디테일을 잡아서 다듬으면 훨씬 업무가 빠르다.

사실확인증명 및 녹취록 정본은 2부씩 출력하였다. 우편으로 발송도 가능하며, 근처에 있는 경우 의뢰인이 찾아가도록 해도 된다. 직접 가서 전해주는 경우는 거의 없다고 봐도 된다. 처음 업무를 맡고 당황했을 때 업무를 해 보았다며 내게 자신의 파일을 보내주기도 했던 동기 행정사, 녹취록 표지를 사용하라며 자신이 만든 표지 초안을 보내 준 동기 행정사, 또한 녹취록 업무를 해보았다며 조언을 구해준 선배 행정사까지. 이들 도움 덕에 당황스러웠던 녹취록 업무를 처음에 잘 시작할 수 있었다.

참고로 유의할 점이 있다. 먼저 본인이 대화 당사자인 경우 상대방의 동의 없이도 녹음이 가능하지만, 대화 참여자가 아닌 제3자가 몰래 녹음하는 것은 불법이라는 점을 사전에 알고 있어야 한다. 이런 형태의 녹음을 사용하게 될 경우, 수사기관에 제출할 증거 자료로서 유효하지 않으며, 더불어 형사처벌을 받을 수도 있다.

또한 문서 작성 시에는 원문 그대로 기록하는 것이 중요하다. 녹취록 기록자가 내용을 임의로 가공 또는 수정하게 되면 증거능력으로서 인정받지 못할 수 있다.

그렇다면 근본적으로 녹취록을 행정사에게 의뢰하는 이유는 무엇일까? 행정사는 본인이 처리한 사실을 확인 해 줄 수 있는 사실확인증명서를 발급할 수 있기 때문이다. 녹취록에 대하여 공증과 같은 효력을 가진 행정사에게 의뢰하는 일은 신뢰도 확보 측면에서 매우 유리하다.(녹취록 정본을 수령하러 온 의뢰인에게도 물었더니, 이전에 의뢰했던 행정사에게도 사실확인증명서를 받았고 함께 제출했었다고 한다.) 녹취록을 법원이나 공공기관에 제출할 때 행정사가 작성한 사실확인증명서를 함께 제공하면 신뢰도가 더욱 높아지기 때문이다.(이때 새삼 행정사가 되어 도장을 찍게 된 일에 대해 어느 정도 자부심이 생기기도 했다.) 행정사가 작성한 녹취록은 공식적인 문서로 인정받을 수 있다. 또한 녹취록 작성 시 필요한 경우에는 녹취 내용을 요약하거나 특정 부분을 강조하여 법적 증거로서의 가치를 극대화하는 작업도 할 수 있다. 이때, 주관을 넣거나 감정을 넣는 것이 아닌 녹취 원본의 텍스트를 최대한 반영하는 조건 하에 사실관계를 명확하게 정리하는 것을 포인트로 잡는 것이 핵심이다. 이는 녹취록 서문의 비고란에 기재해 주는 방식으로 한다. 다시 돌아와서, 약 2회 수정 후 예쁘게 만들어 둔 표지와 서문까지 비고를 기재하여 마무리했다. 업무의 제목을 다룬 표지와 사실확인증명 서식, 녹취록 등 서문 양식은 미리 구비를 해두어야 한다. 내가 느낀 것은, 동기들이 생각보다 도움을 주는 이들이 많기 때문에 너무 걱정하지 않아도 된다는 것이다. 만약 구하기 힘들다면, 이 책을 읽은 독자분들이라면 내게 부탁을 해도 메일로 보내줄 수 있다.(사실확인면서 표지디자인은 12기 동기인 구기연 행정사로부터 도움을 받았다. 본서를 빌어 채차 감사 인사를 전한다.)

2부씩 정본을 출력하고 페이지마다 간인을 했다. 약 30장이 넘는 2부의 정본들에 간인을 마쳤다. 간인에 대해 잠시 이야기하자면, 간인을 안 하는 경우도 있겠으나 정본으로서의 효력과 원본임을 표시하기 위해 이러한 문서들은 꼭 간인을 해주는 것을 추천한다. 간인은 증거로서의 신뢰성 확보 측면에서 장마다의 위·변조 우려가 줄고, 녹취록 전체가 동일한 원본임을 명확히 할 수 있다.

다음으로 행정사로서의 공신력 강화 부분이다. 서문과 사실확인 증명서에 직인·서명·간인을 모두 남기면, 법원 제출이나 수사기관 제출 시 '행정사가 확인한 문서'로서 신빙성이 올라간다.

끝으로 문서 관리상 안전장치 측면이다. 클라이언트가 일부 페이지만 편집하거나 재구성하지 못하게 방지하는 효과가 있다.

후일담인데, 사무실에 정본을 수령하러 온 의뢰인에게 내 사무소를 어떻게 찾았냐고 물어보았다. 내비게이션에 '행정사사무소'를 검색했다고 한다. 독자 여러분께 알려주고 싶은 부분이 바로 이것이다. 당시에도, 지금도 업무 관련 블로그를 단 한 개도 올리지 않았다. 영업(마케팅)도 단 하나도 하지 않았다. 지도를 등록하거나 유튜브를 하는 것만으로도 다양하게 손님은 오게 돼있다. 그 외에도 무엇으로든지 '알려야' 손님이 찾는다. 그러므로 블로그뿐 아니라 다양한 방식으로 자신의 사무소를 등록하고 홍보하길 바란다. 자신의 또 다른 입과 손과 발이 되어줄 것이다.

녹취록 업무 후 느낀 특징은 이렇다. 녹취록 업무 역시 지역 무관, 전화 업무로도 비대면 수임이 충분히 가능한 업무다. 단가가 높은 경우 사전 미팅을 하거나 비대면을 할 경우라도 위임 계약서를 보내어 진행해야 이후 착수금 및 계약 해제 시 반환 문제 등에 대해 상대적으로 자유로워지는데, 녹취록은 단가가 낮은 업무이므로 그렇게까지 진행할 필요는 없다고 생각한다. 만나서 위임계약서를 체결하지 않을 경우, 원래는 작성해 둔 계약서를 우편으로 보내서 서명 또는 날인, 계인을 하여 받아 각각 정본을 1부씩 보관한다. 그게 원칙이지만, 정본 없이도 계약서 사본을 사진으로 첨부하여 '동의하면 계좌로 이체해 달라'라는 문구와 함께 발송 후 이체 확인을 하면 계약이 체결된 것으로 보는 방법(뒤에서 자세히 언급한다. 민법 계약법의 의사실현에 의한 계약의 성립)도 있다. 계약은 청약과 승낙의 의사표시로 체결되는 것이기 때문이다. 또한 행정사사무소 직인이 없더라도, 행정사 직인으로 갈음해서 도장을 찍으면 된다. 사실확인증명 발급 표지에 행정사사무소 라고 하고 행정사 ○○○ 인 을 하면 된다.

처음에 나도 행정사사무소 직인까지 2개를 만들려다가, 행정사 직인만 만들었다. 서식은 행정사법 별표 서식을 다운로드 받으면 된다. (이뿐 아니라, 회의록 등도 유사하게 의뢰받아 진행할 수 있다. 해당 업무를 주로 하는 행정사도 종종 보이니, 업무에 참고하면 좋겠다.)

녹취록의 포인트를 요약하자면, 분량, 대화의 음질, 해석 난이도에 따라 비용을 다르게 책정해야 한다는 것이다. 즉, 현장녹음과 통화녹음으로 분류하는 것이 첫째다.

"주변 배경이 시끄럽나요?"

"법적인 지식이 들어가야 되나요?"

"해석하기가 쉬운가요?"

"녹취가 어려운 경우에는 반복 청취를 해야 되는데 그럴 때는 금액이 올라갈 수 있습니다."와 같이 사전에 언급을 하는 것이다.

기본료를 정해두고, 추가료를 받는 형식으로 가도 된다. 동료 행정사들이나 블로그를 통해 다른 행정사들의 포스팅을 보면, 5분에 10만 원도 있고(분당 2만) 난이도를 떠나 구간별 몇 분~몇 분까지 얼마로 나눈 단가표를 게시한 이도 있었다. 나는 분당 1만 원으로 기준을 잡았으며 대신 녹취록의 텍스트가 매우 디테일하게 구성된다. 또한, 2회 수정까지 가능하고 정본을 2부 지급한다. 우편으로 발송 시 우편료도 착불로 보내지 않고 내가 부담한다. 어떤 행정사의 글을 보았는데, 그는 USB에 파일을 모두 넣어 원본까지 지급하기도 했다. 나는 먼저 요청하지 않으면 굳이 USB로 넣어서까지 지급할 필요는 없다고 판단했다. 다만, 필요하다면 파일을 메일로 보내줄 수 있도록 한다.

사실확인증명서 제2025-001호

사실확인증명서

이승주 행정사사무소

행정사자격번호: 24112007289 | TEL: 02-532-0600

주소 : 서울특별시 동작구 사당로17다길 5, 1층 102호 이승주행정사사무소

「행정사법」제20조에 따라 업무에 관련된 사실의 확인증명서를 발급할 수 있습니다.

210mm×297mm[일반용지 60g/㎡(재활용품)]

〖사실확인증명서 표지〗

녹 취 록

이승주 행정사사무소

행정사자격번호: 24112007289

주소 : 서울특별시 동작구 사당로17다길 5, 1층 102호 이승주행정사사무소

H.P: 010-5139-5521 | TEL: 02-532-0600

FAX: 02-581-5539

E-Mail: leeleejoopiclove@naver.com

〘녹취록 표지〙

녹 취 록

서 문

1. 녹취장소	음성 통화 녹음(현장 녹음 아님)
2. 녹취일자	1. 음성디지털 파일 ▨▨▨▨▨▨일 15:24
3. 녹취자	▨▨▨
4. 녹취파일명	통화 녹음 ▨▨▨▨▨▨▨▨▨▨ (14:35)
5. 대화자	2인:▨▨▨▨▨▨▨▨(상대방)-▨▨▨▨▨▨
6. 청취기능	"***" 음료 표시 (대화 중 PAUSE는 시간 표시와 .'.'.'.'. 음료 표시)
7. 문서매수	녹취록 서문 및 본문, 사실확인증명서 포함 총 18면 작성 (표지 제외)

비고

1. 의뢰인에게 전달받은 디지털 파일 자료에 근거하여 객관적인 청취 내용에 대하여 행정사가 작성한 자료로 그 내용이 파일과 일치함을 확인합니다.
2. 본 녹취록은 행정사법 제2조 제1항 제2호 당사자의 권리·의무나 사실 증명에 관한 서류이며, 행정사법 제20조에 따라 사실확인증명서를 발급합니다.
3. 디지털 녹음파일의 취·변조 및 법률적 책임에 대하여는 작성자가 책임지지 않습니다.
4. 내용의 일시, 장소, 대화자는 녹취록 작성 의뢰인이 행정사에게 제공한 음성녹음 파일에 의하였습니다.
5. 녹음파일 전체분량 중 의뢰인의 요청에 따라 불필요한 부분은 삭제(생략)처리 하거나 의뢰한 구간에 대하여 작성하였습니다.
6. 녹음상태나 대화자의 발음상태 등 여러 녹취 상황에 따라 문서 생산자의 재량으로 최소한의 일부 어구 첨삭이나 어순 정리 등을 할 수 있습니다. 단, 맞춤법에 맞는 임의수정 보다는 청취되는 음성을 가급적 그대로 기록하였습니다.
7. 화자의 음성이 겹치는 부분은 (목소리 겹침~) 표시 후 겹치는 음성의 텍스트 삽입하였습니다.
8. 반복 청취 후에도 해석이 불가한 단어는 *** 표시를 하였습니다.
9. 대화 중 일시정지(PAUSE)는 괄호와 함께 시간을 표시하였습니다. 예- '(약 1.3초)...'

이 승 주 행 정 사 사 무 소

【녹취록 서문】

행정사와 공인중개사를 함께 했을 때
정말 시너지가 있을까?

나는 공인중개사 7년 차(만 6년 차)에 행정사사무소를 개업했다. 행정사와 공인중개사사무소 두 개를 모두 다 개업해 보고, 실제 개업 9개월 차에 느낀 점을 기준하여 서술해보려 한다.

▬ 고객군이 겹친다

공인중개사 고객 중, 행정사 업무가 필요한 사람이 꽤 있다. 예를 들어, 외국인이 임대차 계약을 체결하는 경우라면 출입국 업무나 비자 업무를 대행할 수 있다. 다음으로 상가 계약 시, 인·허가 신청 등을 함께 해주는 경우다. 또한, 직거래, 대필, 연장, 권리금 계약서 등을 작성해 줄 수 있기 때문에 중개사무소로 온 손님들도 자신 있게 어떤 계약서 작성이든 해줄 수 있다.

▬ 원스톱 서비스 제공 가능

앞서 언급한 것처럼, 원스톱으로 여러 업무를 다양하게 해 줄 수 있다. 고객의 입장에서는 계약부터 민원까지 한 번에 해결할 수 있기 때문에, 고객 만족도가 높아지고 번거로움을 줄일 수 있다. 일을 잘해준다면 당연히 재방문과 소개가 증가하게 되어 행정사 손님으로서도 맞이할 수 있다.

■ 수익 다변화

공인중개사 수입은 계약이 체결되어야 발생한다. 그전까지는 수입이 없다. 물론, 행정사도 수입을 받아야 하지만 중개사와는 조금 다르게 착수 시 선금을 받을 수 있고, 인 · 허가의 경우 성공하지 못하더라도 착수금을 반환하지 않는 조건 등을 걸 수도 있다. 행정사로서 단순 서류 작성이나 대행 등은 소액 반복형으로 일을 할 수도 있다. 여러 건을 한 번에 처리하게 되면 가랑비에 옷 젖을 수도 있다. 이는 수입적인 리스크를 분산함과 동시에, 비수기 대비를 함께할 수 있다. 수익 다각화 측면에서도 좋다.

■ 네임밸류 상승

'중개사 + 행정사' 타이틀만으로 신뢰도가 올라간다. 실제로, 공동중개를 해보면 행정사를 아는 이들은 행정사를 취득하는 것이 어려운 것임을 알기에 대우해 준다. 나의 예를 들면, 공동중개 시에 계약서를 작성할 때 내게 검토를 요청한다거나, 법률적인 문의를 함께 하면서 지식적으로 법률 전문가임을 인정해 주는 것이 느껴지기도 한다. 존중과 대우가 함께 느껴질 때, 가치가 높아졌음을 알 수 있다. 나처럼 명함, 간판, 유튜브, 블로그에서 두 개를 함께 운영하고 홍보함으로써 시너지 효과를 얻을 수도 있다. 또한 법률 전문가로서 법적인 상담을 할 때에도 상담료를 청구할 수 있는 범위가 넓어진다. 유의할 점은, 변호사법 위반이 될 수 있기 때문에 소송이나 형법 등에 관련된 상담을 해서는 안 된다. 철저히 행정 업무 또는 민원 상담이나 계약에 관련된 지식·정보를 나누고 상담료를 받아야 한다.

다음으로 유의할 점은, 가장 중요한 부분으로서 팔방미인은 한 분야에 전문가로 보이지 않을 수 있다는 점이다. 고객에게 이 일도, 저 일도 할 수 있는 것처럼 보이는 것은 많은 서비스를 제공하는 것처럼 보일 수도 있지만 반대로 '이 사람은 한 분야만 하는 게 아닌데, 내가 맡긴 부분을 전문적으로 잘할 수 있을까?'라는 인식을 줄 수도 있다. 이럴 때에는 손님의 주된 방문 목적과 주로 원하는 것이 무엇인지를 파악하여야 한다. 한 가지 주 업무를 중심에 두고, 다른 것은 옵션처럼 보여주는 방법이다. 끝으로 시간 분배가 필요하다. 한 번에 여러 업무를 맡게 되면 서류 업무와 현장 업무의 시간이 중첩되고 몸은 한 개이므로 밸런스를 조절하는 게 중요하다. 기한을 조절한다든지 하는 방법으로 시간을 잘 조절하여야 하나씩 수행을 마무리할 수 있다.

짧은 시간의 경험이라 앞으로 훨씬 더 많은 경험을 하게 되겠지만, 확실히 한 분야에서 자리를 잡고 있거나 인지도가 있는 경우, 또는 영업력이 좋은 경우는 분명 좋은 시너지가 생기는 것은 확실하다. 행정사는 개업 초반에 많은 손님이 오기 힘들다. 업역이 많아서 많이 오지 않겠냐고 생각하겠지만, 호히려 그 많은 업역 때문에 '행정사가 할 수 있는 일'에 대한 구체적인 이미지메이킹이 되어있지 않다. 다른 전문 자격사를 찾아가는 일도 많다. 부동산 계약서의 경우에는 어떤 계약서 종류든 '중개사무소'에 가서 쓰면 되는 것으로 아는 것처럼 말이다. 다만, 현재 출원인이 증가하고 경쟁률이 치열해지는 것을 보면 행정사에 대한 인식의 고취, 전문 자격사로서의 인정받을 가능성은 점점 더 높아질 것이라고 본다.

분야가 왜 이렇게 다양해요?

　책의 프롤로그에서 언급했듯이, 본서에서는 실제 수임하여 진행해 본 업무를 위주로, 그 외에는 기억에 남을 만한 에피소드나 상황을 기준으로 나열했다. 다만, 그 외에도 처음 들어보는 업무로 많은 연락이 왔었다는 점에서 행정사의 광범위한 업역에 새삼 놀랐다. 자신이 주로 업무를 하는 분야에서도 파생되는 다양한 문의 전화도 온다. 예를 들어 주택임대사업자가 계약체결일로부터 3개월 이내에 등록관청에 신고를 별도로 하여야 하는 의무를 위반하여 소명서를 제출하라는 연락을 받았다며 걸려온 전화처럼, 앞서 간단히 다룬 에피소드와 같은 건이다. 다음으로는 유튜브를 보고 전화했다며 외도민(외국인 도시 민박업) 허가 요건을 충족하여 에어비앤비를 하고자 관할 지자체에서 허가를 받았는데, 허가를 내어 준 공무원이 허가를 번복하여 어떻게 해야 하는지 문의하는 전화도 왔다. 집합건물의 대표 관리인이 이를 갑자기 반대하고 민원을 넣어 허가를 취소받을 상황이라고 했다. 이에 따라 행정심판을 해야 하는지 또는 공무원을 상대로 어떠한 조치를 취할 수 있는지에 대한 문의였다. 강의 중 쉬는 시간에 간단히 통화할 줄 알았던 이 건에 대해서는 어쩌다 보니 약 40분이나 그 자리에서 쉬지도 못하고 머리를 싸매며 갖은 행정절차법 관련된 지식을 나열하며 통화하기도 했다. 허가 등을 취소하려는 경우에는 어떠한 절차를 거쳐야 하는지, 공익과 사익을 비교하여 공익에 현저히 반하는 경우라면 사익이 우선되기 어려울 수도 있다든지 등과 같은, 수험생 시절 시험을 위한 공부를 했던 것과 달리 이 지식을 실전으로 사용해야 했다.

부동산 분야에는 자신 있는, 부동산 전문 행정사로 나름 자부했음에도 이 연락은 처음 받아보아 당황했다. 의뢰인이 수임료를 물어보았을 때에 금액 책정도 그렇고, 어떻게 무엇부터 물어보며 접근해야 할지도 말이다. 그 외에도 일일이 나열하기 어려운 갖가지 업무들에 대해 연락을 받았다. 그때그때 기록하지 않았다면 기억하기 어려운 생소한 업무, 단어들이 마구 튀어나왔다. 의뢰인은 대부분 가장 먼저 비용을 물어본다. 따라서 업무를 하면서 틈틈이 해당 업무와 유사한 업무에 대하여 다른 행정사들은 어느 정도 금액을 받는지 파악해 두는 시간이 필요하다. 일을 하면서 느낀 점은, 모든 분야의 업무를 다 잘할 수는 없다는 것이다. 따라서 주 업무 분야를 설정하고, 그 분야에서 먼저 자신만의 깃발을 꽂는 것을 추천한다. 일은 하면 할수록 실력이 는다. 하지만 업무는 중구난방 하다 보면 결국 시장에서 자신의 포지션이 애매해질 수 있다. 물론, 나처럼 처음 1년 차에는 다양한 경험을 해보는 깃도 좋다. 본의 아니게 다양한 분야의 업무 의뢰를 받아 일을 해보았다. 업무를 다양하게 해본 것은 좋은 일이었다. 하지만, 시간이 지남에 따라 자신이 경험 삼아 해보았던 업무들 중 맞지 않는 일은 과감하게 배제하는 것이 좋다. 그런 업무들은 동료 행정사들 중 해당 업무를 주 업무로 하는 이를 찾자. 그리고 소개를 하거나 협업 또는 공조를 하는게 낫다. 나름의 시행착오를 거치면서 꼭 자신만의 분야를 찾는 것을 추천한다.

동료 행정사들의 도움이 없었더라면

행정사의 업역은 정말 다양하다는 장점이 있지만, 반대로 업무를 의뢰받을 때 처음에는 대부분 정말 '모르는' 업무 문의가 많이 들어온다. 나 역시 처음에 전화를 받았을 때 부동산 관련 업무를 제외하고는 대부분 잘 모르는 영역이었다. 그래서 가장 많이 했던 말은, "검토 후 전화를 드려도 될까요?"였다.

행정사 수험생활을 시작할 때, 제일 먼저 많이 한 것은 블로그를 통해 선배 행정사들의 합격 수기를 읽은 것이었다. 그러면서 이웃을 신청하기도 하고, 때로는 인사도 하며 친절한 답을 받기도 했다. 그렇게 몇몇 이들은 수험생활 중 인사도 나누고 아는 사이가 되었다. 합격 후, 나를 알고 있던 이들과 직접 만나기도 하고, 처음 알게 된 블로그 계정의 댓글로도 축하 인사를 전하기도 했다. 내가 수험생활을 마치고 합격을 하게 되면 꼭 해야겠다고 계획한 것이 하나 있다. 바로, 내게 자문을 주었던, 선배 행정사들과의 협업이다.

행정사 합격 후 꼭 필요한 것 한 가지를 꼽으라면, 끊임없는 업무 공부와 더불어 동료, 선후배 행정사들과의 교류라고 말하고 싶다.

앞서 처음 겪어본 업무들 역시, 의뢰 연락을 받는 순간 관련 법령이나 절차를 몰라 당황스러웠다. 오히려 의뢰인들은 그 분야를 이미 공부하고 알아보다가 대행이나 대리를 의뢰하는 것이기 때문에, 행정사는 훨씬 더 잘 아는 사람이라는 기대 심리가 당연히 기저에 깔려있다. 그에 따라 우선 초반 업무를 할 때에는 시간을 가급적 벌어야 한다. 그때 찾아보는 것이 관련 절차나 법령도 있지만, 해당 업역의 전문 행정사 지인을 찾는 것이다. 소개를 하는 경우도 있다. 나의 경우도 정말 손도 못 대겠는, 처음 들어본 분야는 아예 다른 행정사들에게 번호를 넘겨주어 소개도 많이 했다. 나도 소개를 많이 받았는데, 부동산 전문이라는 것을 알기에 부동산 계약서에 관련된 소개를 많이 받았다. 돌이켜보면, 선배, 동기 행정사들이 보내준 서류나 양식들, 관련 경험 공유들이 없었다면 어려웠을 일들이 많다. 의뢰를 받아 일을 진행할 때에는 중간중간 막힐 때가 많다. 그때마다 지푸라기라도 잡고 싶은 심정이 드는데, 그때 해당 업무를 해본 동료 행정사가 옆에서 피드백을 주고 도와주면 천군만마를 얻은 것 같다. 동기 행정사들의 도움도 많다. 12기 행정사는 단톡방이 활발한 편이다. 개업 행정사들이 된 많은 동기들이 개업 후 받은 업무들과 진행 과정에 대해 서로 묻고 답하며 전문 분야의 행정사끼리 소개를 하고 또 도움을 준다. 나 역시 마찬가지다. 도움을 주거나 알려줄 일이 있으면 꼭 알려주고, 도움을 받을 일이 있을 때 감사히 도움을 받자. 그리고 잊지 말고 인사를 하자. 타 전문 자격사들, 그리고 행정사 역시 마찬가지로 협업과 공조를 해보며 느낀 것은, 다들 인사를 잘해준다는 것이다. 마음으로 진심으로 고마워하는 인사도 물론이거니와, 일을 소개한 후에 의뢰인으로부터 수임을 받으면 소정의 소개비를 주기도 한다. 또한 중개사의 공동중개처럼 공조와 협업을 하여 서로 비율을 계산하여 수임료를 나누어 주기도 한다. 참고로, 의뢰를 한 명의 행정사가 받고 위임계약서를 한 명의 행정사가 작성한 경우, 협업하는 행정사는 뒤에서 돕고 나서 사전에 약속한 대로 업무가 끝난 후에 일부 수임료를 수령한다. 일반 과세 유형만 가능한 업종 특성상, 지급 비용의 경비처리를 위하여 계산서를 서로 발행해 주어 매출을 누락시키지 않기도 한다. 여담으로, 수고비나 감사 인사를 소정으로 할 경우에는 현금 또는 계좌로 계산서 발행 없이 인사를 하기도 하며, 맛있는 식사 대접을 하기도 한다. 첫해에는 이렇게 전문 영역과 분야에서 입지를 다져가며 몸풀기 운동을 충분히 하는 것도 좋다고 생각한다. 그래서, 모든 분야를 다 잘하려 하지 말고 전문 분야나 한 가지 꼭 주력으로 밀고자 하는 분야만큼은 정해두어야 여러모로 안정적이라는 것을 명심하자.

그리고, 꼭 명심할 것은 반드시 동료, 선후배 행정사들과 협업 및 도움을 주고받으며 성장해 나가길 추천한다는 것이다.

업무하면서 꼭 알아야 할 단어
'대행'과 '대리'의 차이

업무를 할 때에 대행과 대리의 구분이 정말 중요하다.

먼저, 행정사법에 규정된 행정사의 업무 범위를 보면 다음과 같다.

> **제2조(업무)** ① 행정사는 다른 사람의 위임을 받아 다음 각 호의 업무를 수행한다. 다만, 다른 법률에 따라 제한된 업무는 할 수 없다.
> 1. 행정기관에 제출하는 서류의 작성
> 2. 권리·의무나 사실증명에 관한 서류의 작성
> 3. 행정기관의 업무에 관련된 서류의 번역
> 4. 제1호부터 제3호까지의 규정에 따라 작성된 서류의 제출 대행(代行)
> 5. 인가·허가 및 면허 등을 받기 위하여 행정기관에 하는 신청·청구 및 신고 등의 대리(代理)
> 6. 행정 관계 법령 및 행정에 대한 상담 또는 자문에 대한 응답
> 7. 법령에 따라 위탁받은 사무의 사실 조사 및 확인

제2조의 1항에 규정된 7가지 중, 4호와 5호를 보면 '대행'과 '대리'라는 단어가 눈에 보인다. 법에서도 명확히 규정해 놓았듯, 대행과 대리는 엄연한 차이가 있다.

대리와 대행은 둘 다 본인을 대신하여 어떠한 직무를 처리한다는 부분에서는 동일하다. 다만, 법률적으로는 엄연히 큰 차이가

있다. 대리는 쉽게 요약하면 그 법률효과가 본인에게 귀속되는 것이다. 즉, 대리인이 본인을 대신해서 법률행위를 할 수 있고, 그 효과와 결과는 본인의 책임이 되는 것이다. 대리의 자격은 법률적으로 규정된 자들만 할 수 있다. 예를 들면 변호사가 소송을 대리할 수 있는 것은 변호사가 그 자격이 되기 때문이며, 행정사가 행정기관에 하는 신청·청구 및 신고 등의 대리(代理)는 말 그대로 행정사의 대리권이 주어진 업무로 굉장히 큰 의미가 있다고 볼 수 있다.

반면 대행은, 남을 대신하여 어떠한 권한이나 직무를 대행한다는 사전적 의미로 보았을 때 유사해 보이지만, 결정적으로 '결정권'이 없다는 부분이 대행의 큰 차이점이자 직접적으로 상대방에게 조정, 조율 등을 할 수 없으므로 5호에서 규정한 바와 같이 서류의 제출 대행(代行)을 하는 것이다. 조금 더 사전적이고 깊이 있게 표현하자면, 대리의 '리'는 이치 '리' 한자를 쓴다. 즉, 이치에 맞게 일을 대신하는 사람인 것이다. 업무의 틀이 고정적으로 정해져 있는 게 아니라 창의적으로 할 수 있다. 예를 들면 세무신고 대리-세무신고를 창의적으로 한다. 법적으로 정해진 틀은 물론 있지만, 그 테두리 안에서 대리권을 부여받아 자율성이 보장된다.

반면 대행은, 행동 '행'의 한자를 쓴다. 이치에 맞는 판단을 하지는 못하고 행동으로만 행하는 것이다. 예를 들면 세무사가 조세에 관한 작성을 할 때 사실관계만 작성해야 하므로 '대행'이라는 단어를 쓰는 것이다. 반면에 납세자의 의견 진술 같은 경우는 창의적으로 해야 하기에 '대리'를 하는 것이다.

행정사의 경우에도 마찬가지다. 서류 제출은 대행으로 규정돼 있다. 정해진 행동으로만, '서류 제출'만 대신 행해주는 것이다. 반면 인·허가나 면허 등의 신청, 청구, 신고는 행정사가 대리할 수 있다. 대리권을 받아 창의적으로, 자율적으로 할 수 있기 때문이다.

24년 12월부터 뜨거워진 나라의 정치 이슈, 계엄으로 인해 탄핵이 된 윤석열 대통령을 대신하는 대통령 권한대행의 경우, 일을 창의적으로 할 수 없으므로 권한 '대행'이라 한다. 즉, 없는 것을 창의적으로 새로 만들거나 할 수는 없고 해 왔던 것을 행동으로 할 수 있는 것일 뿐이기에 대행이라고 한다. 따라서 대행과 대리의 차이를 구분하면 업무의 범위가 훨씬 수월해진다. 위임장을 받는다면 보통 대리가 가능하다고 보면 편하다. 단, 대행일지라도 기관에서 요구 시에는 위임장을 제출할 수도 있다.

행정사로서 일을 하게 되면 다양한 분야에서 문의가 온다. 앞서 언급한 경험들, 문의 건들 모두 '상상치도 못했던' 건들이었으며, 대행만 가능한지 대리도 가능한지에 대해 많이 찾아보기도 했다. 쉽게는, 행정기관에 대한 인·허가권은 많은 경우로 대리가 된다고 보면 된다. 즉, 위임을 받을 수 있다면 대리권이 부여되는 것이니 위임장이 그만큼 중요하다고 강조하는 것이다.

실제 민법을 공부할 때에도 대리권에 관한 부분이 중요하기에 많은 부분을 할당하여 공부를 하고 또 출제도 빈번히 된다는 부분은 수험생활을 해보았다면 모두 알 것이다. 그만큼 대리와 대행의 차이를 잘 구분하여야 한다. 실무의 익숙할만한 업무 사례들을 예로 들어보자면, 내용증명 등은 대행이다. 인·허가는 대리다. 출입국도 출입국관리법에 따라 대리업무가 가능하다. 다만, 사무소에 표시할 때에는 '출입국민원 대행기관'으로 표시한다. 행정사 업무의 꽃이라 하는 행정심판은 아직 대행만 가능하다. 그래서 대리권을 수여받는 권한을 얻기 위하여 협회에서도 많이 노력을 하고 있으며 화두가 많이 되고 있다.

행정심판법 제18조 제1항 제5호는 행정심판위원회의 허가를 받은 경우 변호사 아닌 자도 행정심판 청구를 대리할 수 있다고 규정하고 있다. 한편으로, 행정사법에서 행정사의 업무 중 다른 법률에 따라 제한된 업무는 할 수 없다고 규정하고 있다.(행정사법 제2조 제1항 단서), 또한 변호사법 제109조 제1호 나목은 변호사가 아닌 자의 행정심판 또는 심사청구 등에 관한 대리를 금지하고 있다. 세 개의 법이 각각 충돌하는 형국을 보이고 있는데, 현황은 변호사가 아닌 행정사가 금품·향응 또는 그 밖의 이익을 받거나 받을 것을 약속하고 행정심판 또는 심사의 청구나 이의신청, 그 밖에 행정기관에 대한 불복신청 사건을 대리할 수는 없는 것이 가장 일반적인 상황이며 타당하다는 것이다. 이 부분으로 변호사와 행정사의 업역 부분으로 일부 간의 다툼도 있는 상황이다. 노무사는 노동 관계 법령에 따른 행정심판의 대리권이 있는 상황이고, 세무사 역시 세무사법 제2조 제1호에 따른 '조세에 관한 신고·신청·청구(이의신청.심사청구 및 심판청구를 포함한다) 등의 대리'(행정심판의 청구대리를 포함하는 경우를 규정하고 있다.)에 한하여 행정심판의 대리가 가능한 상황이다. 다시 언급하지만, 추후에 어떻게 바뀔지는 모르겠으나 현행법상 행정사는 행정심판의 대리 권한이 없는 상황이다. 따라서, 행정심판 업무를 할 것이라면 대리가 아닌 대행이라고 설명을 하여야 한다. 대리와 대행의 구분도 하지 못하고 업무를 한다면 의뢰인에게 신뢰를 잃을 수 있으며, 업무의 범위도 설정하기 힘들기 때문이다.

업무 수임 후 미결 시,
수고비와 업무 위임 계약서에 관하여

1년이 안 되는 시간 동안 업무 수임들을 받아보며 느낀 점이자, 동료 행정사들과 이야기해 본 부분들을 전하고자 한다. 수임료 부분이다. 앞서 참고할 점은, 행정사는 간이과세자가 불가능한 전문직종으로서 반드시 개업 시 일반과세자로만 사업자등록이 가능하다는 것은 기본이다. 이 말은 즉, 현금영수증 또는 세금계산서를 발행할 때 10%의 부가세를 별도로 수취하고 추후 부가가치세를 납부하여야 한다는 점이다. 나는 수입을 기록할 때에 부가세는 수입으로 기록하지 않고 별도로 메모해 둔다.(부가세 통장을 따로 만드는 것도 방법이나, 기업 사업자는 여분 통장을 쉽게 개설할 수 없다. 부가세는 항상 따로 잘 분리해두자.) 독자 여러분도 이 방법을 사용하는 것을 추천한다. 일반적으로 금전을 수취하면 자신의 돈처럼 여겨지는 경우가 많기 때문에, 애초에 가계부나 수입 장부에 '내가 받아서 납부할, 내 돈이 아닌 돈'이라고 생각해야 나중에 세금을 낼 때 덜 아깝고, 미리 준비한 대로 금원을 준비할 수 있다. 이제 본론으로 들어가서, 수임료 부분이다. 먼저 수임료가 현저히 적은 단발성 건은 착수금을 받고 진행하길 추천한다. 여러 번 의뢰했던 의뢰인이라면 금원을 조금 늦게 받는 경우들도 예외적으로 존재한다. 다만, 이는 신뢰를 바탕으로 이루어진 관계라고 판단했을 경우일 뿐, 대부분 의뢰인은 나와 대면조차 하지 않은 경우가 많다. 행정사 업무 특성상 중개사와 가장 다른 한 가지 부분이 바로 이점이다. 중개사는 손님과 대면하고, 함께 목적물을 보아야 한다. 행정사는 전화로 요청을 하거나 전화로만 업무가 마무리되는 경우도 많기 때문에 물리적, 지역적 범위의 제한이 훨씬 적다. 물론, 미팅이나 출장업무도 많다. 그만큼 고객과의 신뢰가 형성되지 않은 상태고 의뢰인의 몽타주(?)조차 모르는 상태라는 것이다. 중개사 업무를 오래 해 오다가 처음 행정사 업무를 할 때 이 부분에서 평소 습관이 나왔는데, 금전을 '일을 다 마치고 받는 것'이다. 중개사 역시 계약체결 시부터 보수청구권이 발생하지만, 나의 경우는 항상 잔금을 다 치르고 업무 마무리를 하고 나서 중개보수를 수취해 왔다. 이와는 반대로 행정사는 착수금을 받아야 한다. 그래야 단순 변심에 의한 환불이나 행정사의 고의, 과실이 없는 경우 '수고비' 명목이라도 얻을 수 있다. 전문 자격사의 시간은 곧 돈이다. 전문 자격사가 일하는 일의 가치를 절대 낮게 만들어서는 안 된다. 올해 초, 업무 수임 후 출장을 왔다 갔다, 서류를 발급하고 중간중간 일을 하다가도 결국 착수금조차 받지 않은 상황에서 업무가 마무리된 적이 있었다. 성격상, 일을 마무리하지 못했는데 금전을 요구하기가 불편했다. 물론, 사전에 업무가 행정사의 고의, 과실 없이 그 외의 변수로 성취가 불가한 경우에는 수고비를 받기로 구두상 약정을 한 적도 있었다. 성격의 차이겠지만, 나의 경우 그 금원을 안 받은 경우가 있었다. 돌이켜보면, 착수금을 받고 진행했어야 했다. 이것 또한 경험이지 않을까 싶다. 내 재량이기 때문에 마음이 시키는 대로 했지만, 돌이켜보면 내 노고는 정당하게 치하 받았어야 했다. 물론, 이는 그 지인의 센스 문제이기도 하다. 센스가 있는 지인들의 경우 앞서 언급한 에피소드처럼 수고비 10만 원이라도 챙겨준다. 그리고 어떤 지인은 먼저 이야기를 한다. "만약에 최종적으로 안돼도, 고생했는데 비용을 지급하겠다."라든지 말이다. 따라서, 여러분은 지인에게 의뢰를 받았더라도 수임료를 할인해 줄지언정, 후취로 하는 경우는 지양하길 바란다.

다음으로 금액이 큰 경우, 착수금 개념으로 선금 50%와 완료 후 50%를 받는 경우가 많다.(비율은 다르게 조정해도 되지만, 보통 위와 같이 반반으로 한다.) 금액이 큰 경우에는 계약서 작성을 꼭 해두자. 업무 위임 계약서, 업무 의뢰 계약서 등 다양한 명칭으로 계약서를 받는다. 대면하지 않고도 전자서명 방식을 이용하는 이도 있고, 금액이 적은 경우 문자나 전화 녹음을 통해 계약에 대한 청약과 승낙의 의사를 확인하고 계약서 작성을 갈음하기도 한다. 민법의 계약법을 기반하여, 계약서를 발송하는 방법이 있다. 행정사 2차 민법 계약법을 공부해 본 이라면 모두 알 것이다.

> **제532조(의사실현에 의한 계약성립)** 청약자의 의사표시나 관습에 의하여 승낙의 통지가 필요하지 아니한 경우에는 계약은 승낙의 의사표시로 인정되는 사실이 있는 때에 성립한다.

1. 청약자의 의사표시에 의해 승낙의 통지가 필요 없는 경우: 청약자가 상품을 함께 보내는 것은 이를 상대방이 사용하는 순간 승낙의 통지가 없어도 계약이 성립하게 하려는 청약자의 의사이다.
2. 관습에 의해 승낙의 통지가 필요 없는 경우: 예금계약은 예금자가 예금의 의사를 표시하면서 금융기관에 돈을 제공하면 금융기관은 그 의사에 따라 돈을 확인하면 계약이 성립한다. 돈을 받은 금융기관의 직원이 금융기관에 돈을 넣지 아니하더라도 계약은 성립한다.

이 중 '1'에 해당하는 경우로 보는 방법을 취하기로 하여 상대방과 미리 약정을 하는 것이다. 즉, 원본에 계약 당사자들이 각각 서명 또는 날인하여 1부씩 보관하는 방법이 아닌, 계약서에 별도로 승낙의 의사표시를 하지 않고 승낙의 의사 없이 계약서를 받아 확인 후 "잘받았습니다. 이의 없습니다."와 같은 메시지 등을 통해 승낙의 의사표시로 보고 계약을 체결하는 방법을 말한다.

다시 강조하지만, 업무 수임을 하고 최선을 다했다면, 그리고 업무 중 과실이 없었다면 수고비 일부는 요구하여도 된다. 이에 앞서, 수임 전 사전에 협상하는 것도 좋다. 무엇보다 착수금은 금액이 소액이어도 선취하는 방향으로 가자. 그 후 본인이 판단하여 차액 일부를 반환하는 한이 있더라도, 주도권을 잡는 것이 좋다.

일을 맡게 되면
반드시 담당 부서와 공무원을 찾아보자

　행정사 업무를 해보면서 가장 필요했던 1가지다. 행정사는 행정기관에 제출할 서류의 작성 대행 또는 대리를 하는 행정계의 변호사다. 변호사가 소송 대리를 할 수 있어 법원에 왔다 갔다 하듯, 행정사는 행정기관에 왔다 갔다 한다. 행정 관련된 일은 담당 부서의 공무원이 일처리를 하기 때문에, 결국 그 담당 공무원과의 원활한 일처리가 관건이다. 담당 공무원을 찾는 방법은 간단하다. 해당 관할 지자체의 홈페이지를 찾아보면 된다. 대부분 지자체의 홈페이지에 담당 부서와 조직도를 명시해 둔다. 또한, 세부 업무를 표시해 둔다. 물론, 담당자가 변경되거나 새롭게 인사발령이 나서 옮기는 경우도 잦지만, 적당한 노가다(?)를 통하여 직접 전화로 확인이 가능하다. 이제는 아주 익숙하지만, 처음에는 "제 담당이 아니라서, 담당 부서 연결해 드릴게요." "저희 부서는 맞는데, 담당자가 아니라서요." "저희 담당자가 부재중이어서, 전화드리라고 할게요."등 한 번 통화 연결 시 기본 2~3회는 바꿔주는 사람마다 깊은 설명을 하여 최종 담당지를 찾는 것에 짜증도 났다. 하지만 금방 익숙해진다. 그러려니 하고 영혼 없이 생각을 비워두고 동시에 다른 일을 하면서 같은 말을 계속 반복하다 보면 담당자가 연결될 것이다. 운이 좋다면, 한 번에 연결도 가능하다. 다음으로 해당 업무에 관해 블로그를 찾아 참고하며 감을 익혀 본다. 유의할 점은, 블로그에 포스팅된 것과 실제 과정 또는 서류가 상이한 경우가 많다. 미세하게 또는 큰 차이로 구비 서류가 상이한 경우가 많으므로, 결국 내가 처리할 업무의 담당자가 중요한 것이다. 운이 좋으면 친절하고 성실한 공무원을 만나 금방 처리가 되기도 하지만, 얼굴을 붉힐 만큼 불친절하거나 모호한 답변으로 일을 더 어렵게 만드는 공무원도 있다. 이러나저러나 그 공무원이 '오케이'를 해주고 서류를 마무리해야 하는 일들은 의뢰인을 생각해 꾹 참고 마무리하기도 한다. 법령을 찾아 진행하는 경우도 다양하지만, 해당 부서의 해당 공무원이 그 업무를 주로 하기 때문에 소통을 하여 역으로 빠르게 근거 법령 및 서류를 구비하는 것이 훨씬 효율적이다. 최근 공무원들도 민원인보다 행정사가 전화했을 때 업무에 대한 이해도가 높고 법령에 대한 대화가 편리하다는 것을 알기 때문에, 호의적으로 변하고 있는 추세다.

고소장 작성 의뢰는
정중히 거절하자

　행정사가 계약서 작성의 만능이라고 생각을 하지만, 모든 서류에 대해서 작성할 수 있는 권한이 있는 것은 아니다. 계약서와 서류 작성의 만능은 변호사, 그다음은 법무사다. 예를 들어, 경찰 또는 법원 등에 제출하는 서류는 행정사의 업무 영역이 아니다. 앞서 언급한 사례처럼, 법원에 제출할 소장의 내용을 추가로 써달라든가 하는 것 말이다. 내가 다른 의뢰인 계약서를 작성하고자 준비하는 시점이었다. 저녁 무렵 휴대전화로 전화가 걸려왔다. 유튜브 촬영을 하던 터라 받지 못하고 촬영 후 전화 회신을 했는데, 목소리가 약간 높은 톤으로 살짝 퉁명하면서 껄렁한 말투의 중년 여성이 전화를 받았다. 행정사사무소냐며, 고소장을 써달라고 했다. "고소장은 행정사의 업무 영역이 아닙니다. 행정사가 써드릴 수 없어서요, 죄송합니다."라고 하여 일언지하에 거절하고 끊었다. 이 건을 포함하여 고소장 작성 의뢰가 6개월간 약 5회가량 왔다. 실무에서 고소장 작성 비용이 비싸기 때문에 몇몇 행정사들이 암암리에 적은 돈을 받고 대신 써준 깃 같았다. 적이도 내게 의뢰한 의뢰인들은, "지금까지 행정사 통해서 5만 원, 10만 원을 주고 했거든요. 근데 거기가 문을 닫아서 새로 찾은 거예요. 왜 못 해주는 거예요?"며 마치 입을 맞춘 듯 전화를 걸어 의뢰했다. 한편으로, 테스트 겸, 걸려들면 신고를 하려고 하는 이들인가 생각이 들 정도였다. (실제 그런 사람들이 있다는 후문도 있으니, 더더욱 주의하자.)

경찰 공무원 출신들이 이 부분에 특화되어 있기 때문에 해당 업무를 암암리에 일부 하는 이들이 있다고 들었다. 시험 출신이든, 공무원 출신이든 무관하게 행정사는 고소장 작성을 대행해 줄 수 없다. 소액 몇 푼에 위법행위를 하면 안 된다. 정확히 업무 가능 범위를 구분하고 일을 하여야 한다. 꼭 강조한다. 법원에 제출하는 서류, 경찰서에 제출하는 서류(고소장)는 행정사가 해줄 수 없다.

고소장 등 법원·검찰청 제출 서류 작성이 공식적으로 허용된 자격사는 변호사와 법무사다. 일반적으로 법무사는 해당 건에 대하여 작성 대행, 변호사는 이를 넘어 사건을 수임하면 대리를 하는 경우가 일반적이다. 물론, 변호사가 고소장 작성 대행만 해줄 수도 있다. 일반적으로 비용적인 측면에서 법무사가 조금 더 저렴한 편이다.

행정사는 행정기관에 제출하는 서류(진정서, 탄원서 등)는 작성할 수 있으나, 법원·검찰청에 제출하는 고소장 작성은 불가하다. 탄원서, 진정서, 반성문 등을 할 수 있다. 즉, 고소장은 이에 들어가지 않는다. 행정사에게 소위 '푼 돈'을 주고 작성하는 이들이 심심치 않게 있다. '카더라'일지도 모르지만, 적어도 내가 겪은 몇 건은 위와 같았다. 행정사는 이미 많은 업무를 할 수 있다. 그중에서 세분화하여 특화하는 업무도 분명 필요하다. 하지만 가능한 업역이 3,000가지라 해도, 이 사항들은 이 3,000가지 안에 들어가지 않음을 꼭 명심하자! 그리고, 거절할 수 있는 단호함도 필요하다. 끝으로, 대법원 판례 하나를 소개하며 마친다.

대법원 1989. 11. 28. 선고 89도1661 판결 [사법서사법위반] [공1990. 1. 15(864), 185]

■ 판시사항

행정서사가 형사피의사건에 관한 진술서 등의 작성을 업으로 할 수 있는지 여부(적극)

■ 판결요지

형사피의사건에 관한 진술서나 <u>진정서</u>*, 합의서 등의 작성은 법원과 검찰청의 업무와 관련되는 서류의 작성이므로 사법서사의 업무범위에 속하는 것이고 행정서사는 그러한 서류작성을 업으로 할 수 없다.

■ 참조조문

사법서사법 제3조 제1항

■ 참조판례

대법원 1976. 1. 13 선고 75도1301 판결, 1986. 6. 10 선고 86도343 판결

피 고 인   피고인
상 고 인   피고인

■ 원심판결

대전지방법원 1989. 7. 20. 선고 89노430 판결

- 출처 : 케이스노트(CaseNote)
- 사법서사 : 법무사의 구 명칭
- 행정서사 : 행정사의 구 명칭

* 해당 판결문의 '진정서'는 행정기관이 아닌, 법원에 제출하는 형사피의 사건에 관한 진정서를 말한다.

빠른 업무처리를 위한
필수 즐겨찾기 사이트

컴퓨터 앞에 앉아있는 상태에서 의뢰인과 통화를 할 경우 빠른 검색과 순간적인 대처능력이 매우 중요하다. 행정사의 장점은 업역이 다양하다는 것이지만, 단점이자 난관은 많고 많은 업무 분야 중 어떤 업무로 의뢰인이 연락을 할지 모른다는 점이다. 그렇기에 가급적 빠른 응대와 검색을 통해 적절한 임기응변과 빠른 답변을 하면 신뢰감을 형성하여 수임으로 이어질 가능성이 높다. 물론, 해박한 지식과 농익은 경험 및 대처능력은 실전으로 경험하고 다져지면서 쌓이는 것이기에, 첫 술에 배부를 수는 없다. 당연한 수순이므로 수임이 되지 않아도 연락이 온다는 사실만으로 기쁘고 고무적인 상황이라는 생각으로 긍정적으로 응대해야 한다. 나 역시 중개사로 일하던 전문 분야인 부동산 파트 외에는 모든 전화와 질문이 새롭고 낯설었다. 때로는 약간씩 위축이 되기도 했지만, 자신 있는 태도로 대답하는 것이 중요하다고 생각하여 또박또박, 힘차게 말하여 신뢰를 잃지 않으려 노력했다. 그렇다면, 행정사로서 필수로 즐겨찾기를 해두어야 하는 사이트들은 어떤 것이 있을까?

1. 항상 들어가 보게 될 사이트 - 국가법령정보센터

행정사는 인·허가 또는 재단법인 설립 등 이루 말할 수 없을 만큼 많은 법령의 근거를 준용하여 수임받은 업무를 수행하여야 한다. 동일한 업무 영역이더라도 설립하고자 하는 법인의 성격, 목적에 따라 적용되고 찾아보아야 할 법령이 다양하다. 또한, 일을 잘하는 행정사들은 대통령령 또는 시·도 조례, 자치법규, 행정규칙 등을 찾아 빠르게 인·허가를 받을 수 있도록 도움을 줄 수도 있다. 행정사가 서류 작성을 대행해 주는 것뿐 아니라, 방향을 잡고 빠른 업무를 마무리할 수 있도록 의뢰인이 비용을 지불하며 시간과 에너지를 전문가에게 맡기는 것이다. 국가법령정보센터를 자주 찾아야 한다.

2. 조문, 법의 필수 사항을 찾기 위한 사이트
- 찾기 쉬운 생활법령정보

정말 다양한 조문을 찾아야 하고, 다양한 절차 또는 방법들을 사이트 이름 그대로 '찾기 쉽게, 편하게 정리'해둔 사이트다. 표, 그림, 친근한 언어체를 구사한다. 지식과 정보는 다다익선이다. 행정사가 되면 공부할 양이 더 많다는 말을 실감하게 될 것이다.

3. 기초 서류를 뗄 수 있는 통합포털 사이트 – 정부 24

정부24는 필수적으로 등록해두어야 하는 사이트다. 중개업을 할 때에도 건축물, 토지 대장 등을 열람하기 위하여 굉장히 자주 활용하지만, 행정사 업무를 할 때에도 민원 업무 대행 또는 서류를 열람하여 구비하여야 하므로 필수적으로 등록하여야 하는 사이트다.

4. 건축행정시스템 – 세움터

건축물대장이나 건축물현황도 발급뿐 아니라, 건축물 용도변경, 건축인·허가 착공신고, 인·허가 사용승인 신청 등 건축물과 관련된 아주 중요한 사이트다. 행정사로서 가장 자주 찾는 사이트 중 하나가 아닐까 싶다.

5. 등기부열람의 필수 사이트 – 인터넷등기소

등기부를 열람할 일이 많다. 중개업은 건축물 또는 토지의 등기를 주로 열람 또는 발급했다면, 행정사업을 할 때에는 법인 등기를 열람할 일이 생각보다 많다. 특히, 기업행정을 많이 하는 행정사라면 즐겨찾기는 더할 나위 없이 필수다.

6. 비대면 문서 전송 사이트 - 문서24

행정기관과의 업무를 위해 문서를 주고받을 때, 매번 방문하기가 어려운 것이 당연하다. 그럴 때 매우 유용한 사이트로 행정기관과의 필요 문서 발송과 문서 보관함 확인을 통하여 비대면으로 빠른 업무 처리에 도움이 되는 사이트다. 회원가입은 필수다.

7. 토지의 현황과 구체적인 정보를 볼 수 있는 곳 - 토지이음

어플로도 활용이 가능하지만, pc로도 즐겨찾기는 필수다. 중개업을 하는 이들이라면 필수로 찾는 사이트이기도 하다. 지목, 면적, 개별공시지가, 공법상 제한 등과 같은 세부항목을 모두 알 수 있다. 또한 확인도면이 첨부되고 구역별 색상으로 도면에 표시되어 구분이 용이하다. 중개업을 할 때에도 확인·설명서 작성을 위해서라도 필수 사이트로서 매우 유용하다.

8. 출입국 업무를 위한 필수 즐겨찾기 사이트
- 하이코리아 / 비자 포털

하이코리아는 출입국 업무를 위한 교육을 받고자 할 때부터 필수로 찾아야 하는 사이트다. 개업 전, 후 사업자등록이 나오면 매월 공고되는 공지사항에 다음 월의 출입국 교육 공지를 보고 선착순으로 교육 신청이 이루어지기 때문이다. 개업(예정) 행정사들의 교육 일정 신청으로 인한 경쟁이 초반에 치열하다. 또한 출입국 업무에 관한 민원 처리가 다양하므로 하이코리아는 필수로 등록하여야 한다. 다음으로 비자 포털(Visa portal)은 사증 발급, 전자 비자, 외국인 초청 비자 등 비자 업무에 대한 신청과 업무를 담당하는 법무부의 운영 사이트다. 출입국 업무를 할 행정사라면 위의 두 사이트는 즐겨찾기가 필수다.

9. 법률·판례 검색 사이트

- CaseNote(케이스노트) / LBOX(엘박스) / 사법정보공개포털

행정심판을 위해서 뿐 아니라, 업무를 하다 보면 다양한 판례를 검색하여야 할 상황이 생긴다. 그럴 때에 매우 유용한 사이트다. 위의 3곳 사이트 중 가장 찾기 용이하거나 눈에 쉽게 익는 사이트를 통해 판례를 검색하여 참고하면 좋다. 추가로, 행정심판 사이트를 자주 가게 될 행정사라면, 온라인 행정심판 사이트를 즐겨찾기 해두어도 좋다.

10. 조달청 - 조달청 & 나라장터

조달청 업무, 나라장터 등록 업무를 할 행정사들이라면 나라장터 사이트를 자주 찾게 된다. 나는 아직 나라장터 업무를 수임 받아보진 못했으나, 가족 사업체를 운영하면서 직접 우리의 상품을 조달청 통해 허가받고 나라장터에 등록해 본 경험이 있다. 적격성 평가와 서류 검토 작업 등 제반 절차들이 복잡하거나 힘든 경우가 많고 근거 법령을 적용하여 구비할 서류가 다양하므로, 행정사의

도움을 받는 경우가 많다. 나라장터 조달 등록 업무를 주력으로 하는 행정사들도 꽤 있다. 업무가 어려울수록 진입장벽이 높은 편이기에, 상대적으로 해당 분야에서 고수익을 얻는 행정사들의 소식을 들어본 적이 있다.

11. 법률 - 대한법률구조공단

법률 서식을 정말 다채롭게 보유하고 있다. 무료로 다운로드할 수 있고 분야별로 구비되어 있으므로 즐겨찾기를 해두면 좋다.

12. 대한행정사회

행정사라면, 대한행정사회를 빼놓을 수 없다. 행정사로서 회원 가입을 한 후에 로그인하면 자료실 카테고리의 서식을 다운로드할 수 있다. 끝으로, 대한행정사회의 '중앙교육연수원'은 실무교육, 연수교육 등 법정 필수 교육뿐 아니라 다양하게 강의가 자주 준비되므로, 한 번씩 방문해 볼 필요도 있다.

사무장 고용에 관하여

   중개업의 경우는 소속공인중개사 또는 중개보조원을 고용한 경우 등록관청에 업무개시 전까지 교육 등을 마친 후 신고하여야 한다. 중개업을 먼저 오래 했기 때문에 행정사도 보조원(실무에서는 사무장이라고 많이 쓴다.)을 고용할 때에 사전 신고 제도가 있는지 궁금했다. 개인적으로 공부할 당시 행정사법에서 법인의 경우 소속행정사 또는 직원을 고용한 경우 신고하는 제도가 있는 것은 알고 있었지만, 개인의 경우가 궁금했다.

   25년 4월 28일 오후 1시, 직접 대한행정사회에 전화를 걸어 문의했다. 행정사회에서는 정확히 규정이 없기 때문에 설명이 어렵다고 했다. 법령을 찾아보니 행정사법에는 법인이 소속행정사를 고용한 경우에 관한 규정만이 있었다.

> **제25조의6(행정사 법인의 소속행정사 등)** ① 행정사법인은 행정사를 고용할 수 있다.
> ② 행정사법인은 제1항에 따라 행정사를 고용한 경우에는 주사무소 소재지의 시장등에게 행정안전부령으로 정하는 바에 따라 신고하여야 하며, 그 변경이 있는 경우에도 또한 같다.

③ 제1항에 따라 고용된 행정사(이하 "소속행정사"라 한다) 및 법인구성원은 업무정지 중이거나 휴업 중인 사람이 아니어야 한다.
④ 소속행정사 및 법인구성원은 그 행정사법인의 사무소 외에 따로 사무소를 둘 수 없다.
⑤ 법인업무신고를 한 행정사법인은 제25조 제1항에 따른 실무교육을 받지 아니한 사람을 소속행정사로 고용하거나 법인구성원으로 할 수 없다.
⑥ 행정사법인이 제25조의2 또는 그 밖의 이 법에 따른 법인구성원에 관한 요건을 갖추지 못하게 된 경우에는 6개월 이내에 이를 보충하여야 한다. [본조신설 2020. 6. 9.]

개인이 고용인이나 보조원을 고용한 경우에는 별도의 규정이 있지 않으므로 세무적으로만 잘 신고하면 되었다. 다른 행정사 몇몇에게도 문의해 본 결과 고용인에 대한 신고규정이 없는 것으로 알고 있다고 했다. 따라서, 공인중개사법령의 고용인 신고 제도와는 달리, 행정사법에서는 사무장(사무보조원)을 고용할 경우 4대보험을 할지, 3.3% 원천징수를 할지에 대한 급여 지급 형태만 정하여 근로계약을 하면 된다. 행정사법에 따라 별도로 고용 신고할 필요는 없다.

개인 개업행정사가 고용인을 고용하려는 경우 참고하길 바란다.

나의 경우 채용을 하게 되면 상주하여 근로소득을 지급할 필요는 없다고 판단했다. 4대보험으로 정규 직원 채용이 아닌 건 바이건으로 건마다 업무의 할당량과 기여도에 따라 원천징수 사업소득 방식으로 급여를 지급하는 비율제로 추후 고용을 계획 중이다.

"행정사 돈 못 벌어요?"

해당 소주제는 나의 유튜브 '행정사 이승주 TV'에도 업로드하여 많은 조회수를 기록한 내용이기도 하다. 본 내용은 나의 유튜브 영상으로도 볼 수 있기 때문에, 길게 내용을 기재하지 않는 것이 독자분들을 위한 것이라 생각하기에 간략하게만 소회를 밝히려 한다. 우선, 행정사 본인이 그 이야기를 한다면 본인의 영업이 안되고 있음을 말하는 것과 같다고 생각한다. 즉, 본인의 무능함을 자격사라는 이름으로 탓한다는 말이다. 아마 변호사를 해도, 여타 다른 전문 자격사를 해도 똑같은 말을 할 사람이다. 다음으로, 그 외의 행정사가 아닌 자들이 말하는 말들은 모두 무시하면 된다. 행정사를 해보고 폐업한 후에 돈을 못 번다고 말하는 이는 행정사업이 맞지 않거나 영업이 잘되지 않아 수임이 안되니 폐업을 한 이유로 돈을 못 번다고 하는 것일 테고, 일을 안 해본 이들은 행정사업계의 수임 현황, 수임료 등을 알지 못하기에 막연하게 생각하고 말을 하는 것이라 더더욱 무시해도 된다. 간혹 시험을 치르지 않은 공무원 출신 행정사들이 행정사 시험에 대해 매우 무시하는 태도나 쉽게 말하는 경향이 있다고 한다. 모든 공무원 출신 행정사가 그런 것은 아니니 절대 오해가 없길 바란다. 오히려 시험 출신 행정사보다 더 진취적이고, 더 노력하며 행정사의 인식을 고취시키고자 애쓰는 이들도 많다. 나쁘게 말하는 이들이라면 시험 공부의 가치, 행정사라는 자격의 귀중함을 느끼지 못하는 이들일 것이다. 그렇기에 그들의 말을 신경 쓸 필요가 없다는 것이다. 다만, 잊지 말아야 할 것이 있다. 그들이 몇십 년간 일한 대가로 받게 되는 자격증이라는 것이다. 그들은 몇십 년에 걸쳐 일을 했기에 그에 대한 보상을 받았다고 생각하면, 우리는 평균적으로 단 1년, 2년, 길면 3년 내에 그 자격을 받는 것이다. 시간을 시험으로, 합격으로 사는 것이다. 그러니 너무 억울해하지 않았으면 한다. 내가 만나고 직접 얘기를 나눠본 이들은 결코 수입이 적지 않았다. 심지어 수입 현황과 계좌까지 직접 보여준 행정사도 있다. 그들을 통해 느낀 점은, 행정사라는 직업은 철저한 영업직이며 하기 나름이라는 것이다. 게다가, 꾸준히 열심히 영업을 하고 활동을 하면 반드시 판로가 생긴다. 다만, 초반에는 당연히 인고의 과정이 필요하다. 타 전문직과 다르게 직업적인 인식이 부족하고 업역에 대해 '행정사에게 이것도 맡길 수 있나?' 하는 것들도 분명 존재하기 때문이다. 정말 싹수없고 일을 못하는 경우가 아니라면, 일을 잘 마무리한 경우에는 다시 찾는 경우가 대부분이다. 그리고 소개도 많이 하게 된다. 소위 레드오션 중에 레드오션이라는 중개업을 그렇게 해서 7년 차까지 키우게 되었듯이, 이 부분에서는 행정사도 유사하다는 느낌을 받았다. 다만, 불리한 점 하나는 명확히 있다는 점을 알아야 한다. 업역이 워낙 넓어 어떤 것을 주로 맡겨야 하는지에 대해 몰라서 연락을 못하는 경우들이 많다. 다음으로 행정사라는 자격사에 대한 인식의 부재가 매우 큰 것이 현실이므로, 이 부분에서는 꾸준히 행정사 개인이 각각 영업을 해야 하고 인식을 고취시켜야 한다. 처음에는 단가보다는 경험으로, 내게 의뢰해 주는 이들에 대한 신뢰를 쌓고 경험이 자산이라는 생각으로 진행하는 것을 추천한다. 단가를 조금 낮추더라도 믿고 맡겨주는 이들에 대해 최선을 다해 일을 해보는 것이 중요하다. (후려치라는 이야기가 아니다.) 업무 성공 사례들이 생기면, 해당 수임 사례가 내 데이터와 노하우가 되고 그 업무에 대한 두려움이나 거부감이 사라지게 된다. 그렇게 그 분야에도 경험이 생기며 행정사 업무 포트폴리오가 형성되는 것이다. 다음으로, 출간 시점 기준 만 1년이 안 되는 시간 동안 행정사사무소를 운영해 보면서 느낀 점은, 수임 받은 업무를 완료하게 되면 그 업무에 대한 전체적인 프로세스, 응대 방법을 익히게 된다는 것이다. 이는 절대 강의나 책으로는 얻을 수 없는 부분이다. 부딪쳐서 느껴야 한다. 다음으로 자료나 그에 따른 서식, 법령 등에 대해 구비를 할 수 있게 되어 그 업무를 다시 받게 되면 정말 자신 있게 할 수 있다. 단가 협의도 마찬가지다. 나는 첫해에 대부분 수임료를 의뢰인들에게 끌려가다시피 맞춰주었다. 돈보다 경험이 중요했기 때문이다. 이는 솔직히 말하면 자신의 업무에 대한 가치를 제대로 부여하지 못

했기 때문이라고도 생각한다. 여러분의 업무에 가치를 제대로 부여하고 자신감이 넘친다면, 정당하게 원하는 값을 말하면 된다. 그 당당함을 매력으로 느껴 의뢰인들은 의뢰를 맡길 것이다.

수입에 관하여서는 누구의 말도 듣지 말 것을 권한다. 돈을 잘 벌고 있는 이들은 '나 돈 잘 법니다'라고 떠벌리지 않는다. 정상이라면 말이다. 묵묵히 자기 길을 간다. 그리고, 오히려 행정사가 너무 알려지는 게 두렵다고 하는 이도 있다. 본인의 이러한 꿀단지 같은 수입과 일들을 경쟁으로 나눠야 할 날이 오는 것이기 때문이다. 전문 자격사가 되었다는 것은, 그만큼 쓰디쓴 열매를 달콤하게 먹을 자격이 있는 자들을 의미한다고 생각한다. 과정이 너무 힘들지만, 합격 후 자격을 부여받으면 인정받는 이유가 바로 그것이다. 남의 말에 신경 쓰는 자존감 낮은 예비행정사가 되지 말고, 달콤한 열매를 함께 나누어먹을 수 있는 행정사의 세계로 오면 좋겠다.

Chapter

4

'이어짐'의 관계가
중요한 직업,
행정사로 브랜드가 되자

일이 많아지는 건 브랜드가 나 대신 영업하기 때문이다.

'행정사 이승주'
브랜드 만들기

　내 이름을 브랜딩 하면서 알려지게 되었을 때 삶의 편리함이 많이 생긴다. 행정사는 이제 시작이지만, 중개를 하면서는 특히 그런 경험을 많이 했다. 강의를 하면서는 외부 강의를 나갈 때 시간당 강의료가 처음 출강 시점 대비 10배 이상 올랐다. 상호는 밝힐 수 없지만, 누구나 이름을 들으면 모를 수 없는 유명 학원에서의 강사 제안도 받았다. 그렇게, 가능성과 브랜딩을 함께 키워나가 보자. 내가 성장하는 소리가 들릴 것이다. 주변에서 기가 막히게 알아주고, 스노우볼이 굴러가게 될 것이다.

　행정사는 관계와 이어짐의 미학이 있다. 매년 선택받은 이들만 합격을 하고, '몇 회' 행정사로서의 자부심, 동기 간의 단합 등 마치 또 다른 작은 사회가 구성된 것 같은 느낌이다. 중개업도 공동 중개라는 것을 통해 협력을 하지만, 행정사를 하면서 겪은 공조와 협업은 조금 다른 느낌이다. 격식 있고, 윈윈하며, 서로 '선'을 지키는 것이다. 중개업은 마치 '피지컬 : 100'처럼 흙탕물 속에서 싸워 이긴 자만이 살아남는 서바이벌 느낌이 강하다. 행정사 역시 경쟁 속에서 업을 하지만, 그보다는 조금 더 상생하는 느낌, 서로 밀어주고 그에 따른 보답을 하는 느낌으로 격식 있는 느낌이 강하다. (아직까지는)

중개업을 하면서 느낀 점이 있다. 어떤 일을 하든지 내가 곧 브랜드가 되면 명예가 따르며, 불필요한 에너지 낭비를 줄일 수 있다. 또한, 내 가치가 높아지고 나면 만나는 사람들의 수준이 함께 높아진다. 어려운 일도 쉽게 할 수 있는 일들이 많다. 모든 것이 사람 간의 일이기 때문이다. 행정사 역시 '이승주 행정사'를 브랜딩하기 위해 멋진 항해를 시작하고 있다. 많은 이들에게 자신을 알리는 것, 그리고 자신을 많은 이들이 찾는 사람이 되는 순간 관계가 이어지는 순간 막힘없는 성장의 고속도로가 열릴 것이다.

중개업의 경험을 토대로,
Expert 등록으로 고객을 만나자!

　행정사로서 다양한 고객과 상담할 수 있는 경로로 추천할 만한 것이 바로 네이버 Expert다. 약 3년 전, 개업 공인중개사 4년 차의 일이다. 당시 유튜브 구독자가 늘어나고 중개사무소가 자리를 잡으면서 수없이 많은 개인 상담 문의가 폭주했다. 상담으로만 전화가 온 것은 아니기에, 업무 전화까지 줄잡아 하루 100통 이상은 각종 통화를 했던 것 같다. 가장 많이 들었던 통화 첫 마디가 "계속 통화 중이셔서요."였을 정도였다. 친하게 지내던 형과 우연히 티타임을 갖다가, 그 형이 네이버 Expert를 추천했다. 지식 상품 등록처럼, 나의 지식을 상품으로 등록하여 상담을 하는 것이다. 시간과 금액을 자유롭게 정하고, 예약을 해 준 이들과 채팅 또는 전화로 상담을 하는 것이다. 상담받은 이가 거래 확정을 누르면 익월에 일부 에스크로 수수료를 차감하고 비용을 지급한다. 하루 날을 잡고, 내가 주력으로 하는 자신 있는 분야들과 주로 손님들이 가장 많이 묻는 대주제를 바탕으로 상품을 등록했다. 네이버로 연동을 하는 것이기 때문에 내 이름을 브랜딩 하기에도, 광고를 하기에도 좋겠다 생각했다. 결과는 아주 좋았다. 약 1년 후, 네이버 Expert로 꽤 많은 상담을 했다. 불필요한 전화도 "네이버 Expert 통해서 상담 신청해 주시면 수락 후 상담 진행을 도와드릴게요."라고 했다. 비용 없이 그냥 떠보거나 물어보고자 했던 이들은 모두 걸러졌다. 나 역시 거절하기에 매우 좋은 오브제가 생겨 거절이 편했다. 불필요한 연락을 모두 차단하고 나니 일 처리의 효율성이 올라갔다. 점차 상담 숫자가 늘어나면서 다음 해에는 상담이 너무 많이 와서 내가 양해를 구하고 대부분 상담을 취소했다. 행정사 수험생활 중에도 스터디 카페에 있다가 머리를 식힐 겸(?) 상담을 잡아서 하기도 했다. 기쁘게도, 네이버에서 '공인중개사'를 검색 시 컨설팅 분야인 Expert의 공인중개사 부분 전국 2위가 되었다. 평점순 기준 전국 1위다. 돌이켜보면 Expert를 알게 해 준 형에게 진심으로 고맙다. 공교롭게 글을 쓰는 시점 기준 얼마 전 그 형과 만날 일이 있었다. 현재 네이버 Expert를 검색해서 보여줬다. 그리고 진심으로 고맙다는 인사를 했다.

【네이버 Expert 공인중개사 전국 2위 / 네이버 Expert 공인중개사 평점 전국 1위】

또 하나의 브랜딩과 명함이 생기는 것이다. 또한, 상담을 하면서 다양한 사례를 직·간접적으로 경험하게 된다. 실무를 하면서 경험해 보지 못한 사례를 공부하게 되고, 나에게 유용한 데이터베이스로 활용할 수 있게 된다. 브랜딩은 되면 될수록 나의 가치가 올라간다. 상담 시간도 협의할 수 있고, 비용도 자유롭게 책정할 수 있으며, 상품도 자신이 원하는 대로 등록할 수 있기 때문에 네이버 Expert 등록도 고려해 보자. 초반에는 상담 이벤트로 저렴한 금액에 상담을 해줄 수도 있을 것이다. 다만, 나는 가격으로만 승부하지는 않았다. 대신에 의뢰인과의 상담 시간이 종료되어도 그가 궁금한 부분이 해소될 때까지 시간을 초과하여도 상담을 해주었다. 정말 상담을 하는 순간에는 진심이었기 때문에 시간이 다 되었다고 그냥 마무리를 할 수는 없었다. 그 덕에 좋은 후기가 쌓여 최상단에 위치할 수 있었다. 최근에는 많은 강의와 저서 출간, 현업으로 더욱더 바빠진 나머지 상담을 잘 못하고 있지만, 한때 소중한 부업이자 마케팅 수단으로 잘 활용했기에 적극 추천한다.

더불어, 그 영향도 있는지는 모르겠으나(정확한 알고리즘의 기준은 모르겠다) 현재 내가 운영하는 사무소 2개 모두가 네이버에 검색 시 최상단에 위치해있다. 심지어 공인중개사사무소는 한 동네에 무수히 많은 업소가 등록되어 있음에도, 최상단에 노출되어 있다. 내가 운영하는 사무소 그 어떤 것에도 광고비는 단 1원도 쓴 적이 없다. 그렇기에 더 값지고 감사하다.

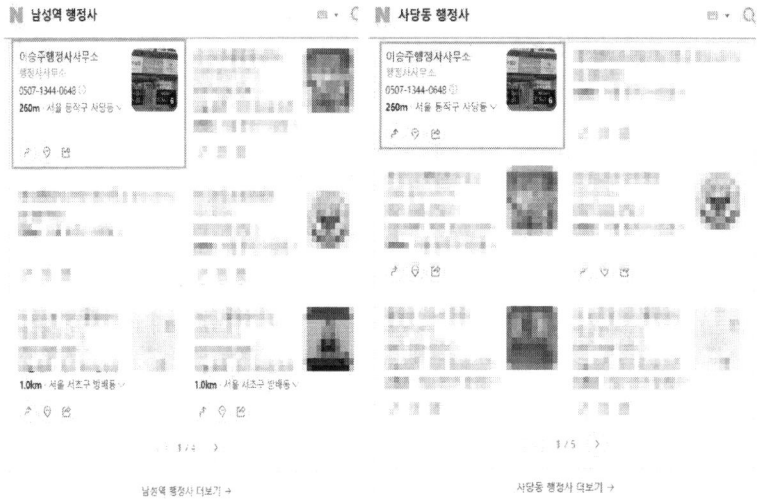

〖'남성역 행정사' 검색 시 최상단 노출 / '사당동 행정사' 검색 시 최상단 노출〗

〖'공인중개사'검색 시에도 동일하게 최상단 노출중이다.〗

똑똑한 마케팅
'지식상품' 등록

앞서 언급한 네이버 Expert 외에도, 크몽, 네이버 스마트 스토어 등에 자신의 판매 상품을 등록할 수 있다. 우리는 지식 서비스를 제공하는 업종이므로, 상품은 곧 지식 서비스 상품을 말한다. 앞에 내가 했던 업무들 모두 상품 등록을 하면 된다. 썸네일을 만들고, 상세 설명을 구성하면 된다. 씨를 뿌려야 싹이 자라고, 열매가 열린다. 씨를 뿌리지 않으면 가능성은 0이다. 자체 흉년을 확정하는 행동을 해선 안된다.

나는 행정사로는 크몽과 스마트 스토어를 운영하고 있진 않기 때문에, 이에 대한 내용을 자세하게 다루진 않는다. 관심 있는 이들은 시작해 봐도 좋다. 어떤 플랫폼에서도 1등이 있고, 살아남는 사람들은 있다. 자신에게 맞는 플랫폼을 검색해 보고, 그곳에 등록을 해서 인지도와 랭킹을 올려보자. 마치 게임을 한다는 생각으로 순위를 올리고, 레벨업을 해보자. 나는 모든 일을 그렇게 해왔더니, 정말 레벨업이 되었다.

합격 순간부터
유튜브를 촬영하고 채널을 개설한 이유

'공인중개사 이승주TV'라는 공인중개사 유튜브 채널을 5년째 운영하고 있다. 구독자 1만 8천 명을 넘어, 2만 명을 향해 열심히 달려가고 있다. 유튜브를 하면서 엄청난 광고 효과를 보았다. 유명 유튜브 채널에도 출연하고, 인터뷰도 나가고, 강의도 하게 되었다. 아직 최종 출연까지 인연이 된 적은 없지만, 방송사에서도 제안이 수차례 왔다. 모두 유튜브의 힘이었다. 물론, 먹방이나 Vlog 같은 대중적인 콘텐츠가 아니라 법률적인 지식 또는 정보를 다루다 보니 조회수나 구독자 상승 폭이 크진 않다. 다만, 구독하지 않은 이들까지 이 계통에서는 나를 한 번씩은 봤다고 할 정도로, 유튜브의 광고 효과와 브랜딩을 톡톡히 보고 있다. 공인중개사 유튜브의 경험을 토대로, 행정사가 되면 반드시 행정사 이승주TV라는 채널을 개설하고 싶다는 욕심이 컸다. 내게는 힘든 수험생 시절에 동기부여를 주는 자극제 중 하나였다. 어쩌다 그런 생각을 하게 되었는지 경위는 잘 기억나지 않지만, 첫 영상은 반드시 '합격 순간 영상'으로 찍겠노라고 다짐했다. 수험생활을 할 때,

그날의 그 순간만 생각하면 졸음이 오다가도 심장이 뛰었다. 벅찬 감정, 떨리는 감정 모두를 느낄 그 순간을 끊임없이 눈에 그리고 머릿속에서 상상했다. 내가 20살부터 거의 20년간 매년 '올해의 목표'를 메모장에 수십 개씩 적고 한 개도 빠짐없이 이루었던 원동력도 모두 '그려보는 것'이 성취 비결이었다. 물론, 2023년에는 딱 1가지를 이루지 못했는데, 행정사 최종 합격이었다. (그 목표를 2024년에는 이루어 천만다행이다.) 아마 많은 이들은 그 떨리는 순간에 자신을 촬영하겠다는 계획이나 생각 자체를 못할 거라 생각한다. 나 역시 돌이켜보면 90%가 불합격하는 당시의 상황에서 무슨 깡으로 영상을 촬영했는지 모르겠다. 불합격하면 개인 소장을 할 것이고, 합격하면 반드시 올리겠다는 마음으로, 미친 듯이 떨리는 가슴을 부여잡고 영상을 촬영했다. 그렇게, 합격을 하였고 첫 영상으로 합격 순간의 내 모습을 업로드하게 됐다. 현재는 구독자 1,000명을 넘어 1,200명에 다다르고 있다. 첫해인 올해의 목표가 1,000명이었는데, 이뤘다. 내년에도 새로운 목표를 정하고, 행정사로서 나를 끊임없이 마케팅하고 알릴 예정이다. 행정사로서 업무 수임한 내용, 공부 방법, 수험생활 팁, 시험 관련 팁 등 지금처럼 꾸준히 많은 이들과 소통할 생각이다. 내가 브랜드가 되면, 명함이 필요 없어지는 수준이 된다. 움직이면 돈이 되고, 여러 곳에서 부름을 받는다. 첫인사 또는 오랜만의 인사가 '유튜브 잘 보고 있습니다.'가 될 만큼 사람 사이를 이어주는 매개체가 되기도 한다. 개인적으로 전문가 채널은 얼굴을 알려야 하기 때문에 얼굴을 내놓고 촬영을 하여 자신을 홍보하는 것이 좋다고 생각한다. 가끔 악플이 달리기도 하지만, 그것은 오프라인에서 한낱 시궁창 인생을 살고 있는 자존감 낮은 개인의 처절하고 불쌍한 외침일 뿐, 정신병자에게 자신의 시간을 내어줄 이유는 전혀 없다. 구더기 무서워서 장 못 담그는 우매한 행동과 기우 같은 걱정은 하지 말기를 바란다.

내가 다시 처음으로 돌아간다면

　짧다면 짧지만, 그렇게 짧지도 않은 인생 38년을 살아오면서 많은 성공한 이들과 실패한 이들을 만났다. 신기한 점이 있었다. 성공한 이들은 무너져도 다시 일어나는 이들이 많았다. 한 번에 로또를 맞은 이는 주변에 없었지만, 다음과 같은 경우는 많이 보았다. 그릇이 되지 않는데 부모에게서 큰돈을 받아 고생 없이 살아가거나, 코인, 주식을 통해 졸부가 된 이들이다. 그들은 모두 공통점이 있다. 뿌리가 깊지 않다는 것이다. 젊어서 고생은 사서도 한다고 했다. 인생에서 가장 불행한 것 중 한 가지가 초년 성공이라는 말이 있을 정도로, 젊은 시절의 고생은 값진 경험이자 큰 자산이 된다는 의미일 것이다. 난 본의 아니게 젊은 시절 소위 '개고생'이라는 것을 했다. 잘 살던 집이 무너지고 난 후, 10년간 빚더미에 쌓여 경매로 집이 넘어가고 바퀴벌레가 나오는 집에서 살았다. 울면서 이를 갈고 성장했다. 절치부심이라는 사자성어는 나를 위한 것이 아니었을까 생각이 들 정도다. 다시는 겪고 싶지 않은 하루하루였다. '생지옥'이 따로 없었다. 그렇기에 이제 별 걱정이 없어진 현재의 삶이 너무나도 감사하고 하루하루가 행복하다. 가끔 그 순간들을 돌이켜본다. 끔찍하다. 그럴 때마다 내가 나에게 물어본다. "다시 돌아가면 어떻게 살아갈 것인가?" 비록 아직까지 큰 성공은 거두지 못했지만, 남에게 싫은 소리 듣고 살지 않으며 젊은 나이에 자신의 힘으로 아파트 한 채 마련하고, 먹고사는 데에 걱정 없이 살 정도면 부족함은 없는 상태라고 생각한다. 정말 성공한 이들 중에 실패했다가 다시 재기한 사람들의 공통점은 '성공하는 방법을 안다는 것'이다. 그리고 당시에 집의 경제적 상황이 무너져 너무 힘든 시간을 보낼 때에도 그들의 성공하는 방법을 많이 배우려 노력했다. 내 팔자는 요행을 바라면 이루어지지 않는 팔자다. 타고난 복이 넘치는 사람도 아니라고 생각한다. 하지만 정말 다행히도, '한 만큼은 나오는' 팔자다. 노력한 만큼, 고생한 만큼 언젠가는 반드시 빛을 본다는 믿음이 있었다. 내 인생 신조 중 하나인 '불공평해야 공평한' 결과가 올 것이라 믿었다. 그리고 바라던 그 빛은 십수 년을 노력하며 살아온, 많은 시간이 지난 지금 조금씩 보이기 시작한다. 그래서 난, 이제 점점 밝고 많은 빛을 보려 하고 있다.

Chapter

5

마치며 - Epilogue

점이 모여 선이 되는 것처럼,

그렇게 바라던
행정사가 된 지 1년

　출판사와의 일정 협의로, 생각보다 빨리 본서가 세상에 나오게 됐다. 13회 행정사 환영회에 갈 때에는 본서가 출간되었을 것이다. 꿈만 같은 합격자 발표일이 아직도 엊그제 일처럼 생생하다. 글을 쓰는 시점 기준으로 행정사가 된 지 만 1년이 되지 않았다. 짧다면 짧은 그 시간 동안, 개업을 하고 많은 수임과 경험을 했다. 더불어, 불과 1년 전 합격자로서 참석했던 대한행정사회 주관 합격자 환영회에 강사로서 강단에 잠시나마 오를 수 있는 영광을 얻게 되었다. 행정사 유튜브를 시작하면서 많은 이들이 나를 알게 되기도 했다. 그렇게, 1년이라는 시간 동안 나는 또 내 족적을 남겨가고 있다.

성공하는 사람의 비율이 적은 이유

대부분은 '~해야 되는데', '~할걸'로 끝난다. 그리고, 답이 정해져 있는 성공 공식을 알면서도 작은 쾌락에, 휴식에 눈이 멀어 하지 않는다. 무엇보다, 꾸준히 하지 않는다. 10년 넘게 헬스를 하고 있다. 매년 반복되는 현상이 있는데, 연초와 초여름에 사람들이 넘친다는 것이다. 그리고 시간이 지나면 그 많던 사람들은 싹 사라진다. 매일 얼굴 보는 소수의 몇 명끼리 눈을 마주치며 속으로 혼자 아는 척을 한다. 그리고 그들만 소수의 '헬스인'이 된다. 운동을 꾸준히, 지속적으로 오래 한 인구는 10% 남짓이라고 한다. 그중에 최상위 클래스에 있는 이들은 약 1%다. 성공하는 자의 비율도 그와 다르지 않다. 그래서 그렇게 소수인 것이다. 대한민국에서 성공한 사람의 비율은 10% 남짓이고, 그중에 최상위의 1%는 국내에서 누구나 알 만한 인물이 된다. 운동도, 게임도, 일도 모두 다 마찬가지다. 그리고 직업적인 성공도, 한 분야에 대한 성공도 모두 마찬가지로 보인다. 적어도 내가 만난 사람들은 모두 그렇다. 그리고, 적어도 남에게 아쉬운 소리 하며 살지 않게 된,

뒤처지지 않고 살아온 지금 내 삶을 돌이켜 봐도 그렇다. 20살 3월, 재수를 하기로 마음먹었다. 대성학원이라는 곳의 반수반을 가기 전까지 약 2개월의 텀이 있어 잠깐 다녔던 반포의 한 재수학원이 있었다. 그곳에서 보았던 슬로건은 20년이 되어가는 지금 시점에서도 내게는 인생의 슬로건이자 모토 중 하나가 되었다. 'slow and steady wins the race' 천천히, 하지만 꾸준히 하면 경주에서 이긴다는 것이다. 토끼와 거북이의 우화는 만고불변의 진리인가 보다. 단기간 빠르게 가는 방법도 있겠지만, 인간의 에너지는 무한하지 않기에 미래의 에너지를 당겨쓰는 꼴 밖에 안된다. 꾸준히, 주변도 챙겨가며, 건강도 챙겨가며 그렇게 자신만의 레이스를 하면 된다. 행정사 시험에 합격하게 된 것도, 지금까지 꾸준히 성장할 수 있었던 것도 '내 자신을 목표로, 내 자신과 꾸준히 약속하고 지켰기 때문'이다. 중간중간 내 위치를 확인해 보는 것은 좋지만, 남들과 비교하는 순간 본능적으로 남들의 '좋은 부분'과 자신의 '아쉬운 부분'을 비교하기 때문에 본인이 작고 한없이 낮아 보일 수가 있다. 나는 아직 성공하지 못했다. 그렇지만, 성공을 확신하고 있다. 늘 그래왔듯, 이번에도 나와의 싸움에서, 나와의 레이스에서 내가 한 목표대로 한 걸음씩 나아갈 것이기 때문이다. 행정사 업도 10% 비율의 사람들만 성공을 한다고 한다. 성공의 정의는 모르겠지만, 자신이 하고자 하는 일로서 만족하고 수입적으로 부족함이 없으며 누군가에게는 명예를 얻는 일로서 목표한 바를 이루었다면 성공했다고 할 것이다. 글을 읽는 독자 여러분 모두가 10%라는 그룹에서 함께 만나 '우리만의 리그'를 즐겼으면 한다.

나의 답안 작성을 마치며

점이 모여 선이 된다. 나는 그 점을 모아 선을 만들어, 내 뒤에 올 이들이 겪을 맨땅을 조금이나마 덜 아픈 땅으로, 헤딩해도 덜 아프도록 하는 마음에 한 땀 한 땀 수를 놓듯 이 글을 적었다. 부디 이 글을 보는 독자분들은 맨땅에 헤딩이 아닌, 앞서 내가 부딪친 땅에 다시 헤딩하지 않고 앞서 겪으며 만들어 둔 안내판을 잘 따라오며 필드에서 만나길 바란다.

이 글을 끝까지 읽어주신 독자분들께 진심으로 감사 인사를 전한다. 모두 웃으며 현업에서 만나길 바라며, 이상으로 행정사 이승주의 '맨땅에 헤딩, 나의 행정 일기' 답안 작성을 마친다.

–끝–

–이하여백–

맨땅에 헤딩, 나의 행정 일기

초판 1쇄 인쇄   2025. 12. 02
초판 1쇄 발행   2025. 12. 25

지은이   이승주

발행인   윤혜영
편집자   진연
표 지   안토그래픽
펴낸곳   로앤오더

개업일   2014년 2월 10일 ∣   등록번호 제222-23-01234호
주 소   서울시 성동구 왕십리로 8길, 21-1 2층
전 화   02-6332-1103 ∣   팩스 02-6332-1104

ISBN   979-11-6267-528-1
정 가   25,000원